U0582305

大清皇子故事

DAQING
HUANGZI GUSHI

历史人物传奇系列

姜正成◎著

中国文史出版社
CHINA CULTURAL AND HISTORICAL PRESS

图书在版编目（CIP）数据

大清皇子故事 / 姜正成著 . -- 北京：中国文史出版社，2020.2
ISBN 978-7-5205-1958-8

Ⅰ . ①大… Ⅱ . ①姜… Ⅲ . ①皇子—生平事迹—中国—清代 Ⅳ . ① K827=49

中国版本图书馆 CIP 数据核字（2020）第 010986 号

责任编辑：殷旭

出版发行：**中国文史出版社**
网　　址：www.wenshipress.com
社　　址：北京市海淀区西八里庄路 69 号　邮编：100142
电　　话：010-81136606　81136602（发行部）
传　　真：010-81136666
录　　排：智子文化
印　　装：廊坊市海涛印刷有限公司
经　　销：全国新华书店
印　　张：15　　字数：192 千字
版　　次：2020 年 8 月北京第 1 版
印　　次：2020 年 8 月第 1 次印刷
定　　价：52.00

前　言

皇家子弟，也叫“皇族”，号称“天潢贵胄”。清朝的皇族，是从太祖努尔哈赤父亲塔世克辈分开始算起，然后按嫡旁亲疏，分作“宗室”和“觉罗”两大类。凡属塔世克本支，即努尔哈赤及嫡亲兄弟以下子孙，统统归入“宗室”；凡属塔世克叔伯兄弟支系的，都叫“觉罗”。

清立国前后，努尔哈赤率领部众东征西讨，一些上层核心都是他的兄弟子侄，这中间除了因有罪遭到谪废，差不多都授以爵职。以后，随着时间的推移，皇家的子孙越来越多，于是围绕着与皇帝关系的亲疏、支派的远近和出生的嫡庶，宗室内部的等级差别也更加繁杂起来。

清代宗室的爵位，因皇子年幼未封者不计，分为亲王、郡王、贝勒、贝子、镇国公、辅国公、镇国将军、辅国将军、奉国将军、奉恩将军十个名号。如果加上亲王嫡长子授世子，郡王嫡长子授长子，镇国公和辅国公又有入八分公、不入八分公之别（努尔哈赤建立八旗制度，把权力和财产分成八份，入八分者均出任佐领以上职，可领有旗下人户。不入八分者无此权利。凡入八分辅国公以上，均归入八分之列），此外镇国将军、辅国将军和奉恩将军又各有一、二、三等，如此算来，统共有二十多等之多。

清代宗室在取得爵位后，除开国初期功勋卓著，或皇帝特准破例可世袭罔替，均每代降等袭爵。这种袭爵授爵，都严格照嫡庶长幼的宗法制原则进行。比如亲王嫡长子袭父爵，余子授不入八分公，侧福晋侧室子授二等镇国将军，妾媵所生子授二等辅国将军，如此层层递降。

为了优待宗亲，乾隆三十九年（1774年）皇帝颁旨，对爵位的承袭又作了某些松动，即封亲王爵位的每代降袭到镇国公为止，郡王到辅国公，

贝勒至未入八分镇国公，贝子到未入八分辅国公，如此等等，最低到奉恩将军，便可世爵罔替。对于女子，到一定年龄，亦按其父族爵位高低和嫡出庶出，分别授封郡主、县主直至格格等名号。另外，皇女则有固伦公主与和硕公主之别。

根据爵位降等和嫡庶制原则，有的宗室便无法取得爵位，于是出现了“闲散宗室”的名号。此外也有少量有爵位者因犯过失而削爵降为闲散行列的。随着代代繁衍，闲散宗室的人数也在迅速增加。闲散宗室原来并无品衔顶戴。乾隆皇帝认为如果让他们等同于普通百姓，实在有辱帝王金枝玉叶的风度，于是赏以四品顶戴和四品武职补服的荣耀。

清朝还有“十二铁帽子王”。这是怎么回事呢？“铁帽子王”是对清代世袭罔替的王爵的俗称，其身份高贵且封爵像铁般牢固。在清朝近三百年岁月中，获此殊荣的清代贵胄有十二家，分别为礼亲王、郑亲王、睿亲王、豫亲王、肃亲王、庄亲王、克勤郡王、顺承郡王、怡亲王、恭亲王、醇亲王以及庆亲王。十二家“铁帽子王”之中，头八位都是其祖先在清朝开国以及入关统一时期立下汗马功劳而受封，因为他们功勋卓绝，所以获得世袭罔替的永久封爵，这是因有军功而受封；其他四位则是因为与皇帝有着特殊亲密关系而受封，属于恩封。

以上知识对了解清朝皇室大有必要，因此我们作一简单介绍。

本书主要讲到了十位皇子，如权倾一时的睿亲王多尔衮，叱咤风云、勇猛善战的豫亲王多铎，蒙冤入狱的皇太子之子肃亲王豪格，身陷争储风波、忽立忽废的理亲王胤礽，主持洋务外交的恭亲王奕䜣等。

从他们的人生经历中，我们可以了解波澜壮阔的清代历史，看到惊心动魄的权力斗争，为骨肉相残到如此地步而惊叹不已，原来生在皇家有这么多的无奈和磨难。读罢此书，相信读者对人生会有更多的感悟。

目　录

人言可畏遭冷箭——礼亲王代善

此生没有皇帝命——睿亲王多尔衮

将军百战穿金甲——豫亲王多铎

恃功而骄终丧命——武英郡王阿济格

在人檐下得低头——肃亲王豪格

忽立忽废为哪般——理亲王胤礽

公忠体国谥曰“贤”——怡亲王胤祥

主持洋务有贡献——恭亲王奕䜣

平庸谨慎不爱财——醇亲王奕譞

受贿从来没个够——庆亲王奕劻

人言可畏遭冷箭

——礼亲王代善

爱新觉罗·代善（1583—1648年），努尔哈赤第二子，元妃佟佳氏生，褚英同母弟，生而英毅，智勇过人，跟随努尔哈赤征哈达、辉发、叶赫等部，论功封为贝勒。万历三十年（1602年），平定乌拉布占泰立下大功，太祖嘉其功，赐名古英巴图鲁。太祖病逝，代善与其子共拥皇太极即位。十一月，奉命率精兵万人，往征蒙古喀尔喀、扎鲁特部，大胜而回。天聪元年（1627年），从太宗征明，围锦州，拒明山海关援兵，逼近宁远，破敌而归。崇德元年（1636年），大封功臣，代善被封为和硕礼亲王。太宗死后，代善子硕托、孙阿达礼谋立多尔衮，为其发觉、举报，博得“大义灭亲，比烈周公”之美誉。顺治五年（1648年）卒。特赐银万两，立墓碑记其功。康熙十年（1671年），圣祖特表彰其懋功奇勋，加谥烈，再建丰碑，记述其一生业绩。

追随父汗，英勇善战

在努尔哈赤诸子中，代善一系是最显赫的一支。在他的八个儿子中，三人被封为亲王，两人被封为郡王，一人被封为贝子，一人被封为辅国公。在清朝世袭罔替的“铁帽子王”中，代善祖孙三代就占了三个，即代善首封的礼亲王爵，其子岳托首封的克勤郡王爵，其孙勒克德浑首封的顺承郡王爵。

爱新觉罗·代善，生于万历十一年（1583年），是努尔哈赤的第二个儿子，代善与兄长褚英，均为努尔哈赤的第一位大福晋佟佳氏（名哈哈纳扎青）所生，十四五岁时便被其父亲封为贝勒。

万历三十五年（1607年）正月，东海女真瓦尔喀部斐优城主策穆特赫，来到赫图阿拉拜谒努尔哈赤，表示想归附努尔哈赤，但苦于路途遥远，又有乌拉部布占泰贝勒欺压，渴望努尔哈赤派兵前往，护送他们的眷属来归。

此时努尔哈赤的建州女真正在壮大，并在着手统一整个女真，所以不由分说就派遣三弟舒尔哈齐、长子褚英、次子代善与大臣费英东、扈尔汉、扬古利等领兵三千，往斐优城，迎接策穆特赫部众归附。

他们到达斐优城后，先后收编四周屯寨约五百户。三位贝勒令费英东、扈尔汉带兵三百护送先行。不料此时乌拉部贝勒布占泰得到了消息，想借助这机会一举消灭努尔哈赤手下的几员得力干将，便命令博克多贝勒领兵一万余，潜伏在图们江右岸的乌碣崖一带，在三月十九日，突然冲出，拦路截杀建州部众人。扈尔汉一面让护送的五百户斐优城女真在山上竖栅扎营，遣兵一百卫守，自己率兵二百与敌军列营相持，一面派人将乌拉拦劫之事回报三位贝勒。

第二天，三位贝勒领军赶到。三人面对大军突袭，毫不畏惧。代善与兄长褚英乘机领军“登山而战，直冲入营”，大破乌拉兵。此时的代善不过才19岁而已，和现在的19岁的孩子比，真可谓是一位大英雄。

他们回师以后，努尔哈赤因代善“奋勇克敌”，斩杀了敌军统兵贝勒博克多，遂赐予“古英巴图鲁”美号，意思是“无畏的勇士”。这个尊号，有清一代，仅为代善所独有，可见努尔哈赤对代善的英勇给予了高度的嘉奖。

万历四十一年（1613年）正月，努尔哈赤听说乌拉部贝勒布占泰欲囚禁他所娶努尔哈赤的两个女儿，又要娶努尔哈赤先前已聘的叶赫布斋贝勒之女，因此大怒，亲自统兵三万，进攻乌拉部，并旗开得胜，一路连取逊扎塔、郭多、鄂谟三城。而布占泰也亲自率兵三万，越过富尔哈城迎敌，准备和努尔哈赤大战一场。

当时诸多贝勒、大臣都欲与乌拉部决一死战，身为最高军事统帅的努尔哈赤却很谨慎，他认为乌拉部是个强大的部族，对这样的大树，只能一点点地砍伐，不能一下折断，应先取各城寨，然后才能攻其首都。此话固然有一定的道理，但时间不等人，四个月以前进攻乌拉部时，就是因为努尔哈赤讲了同样的话，拒绝了三贝勒莽古尔泰、四贝勒皇太极攻其都城的建议，只俘获了为数不多的俘虏就退兵了。这次如果又中途而止，士气很难振奋，将会拖延统一女真各部的进程，这也印证了汉人的一句老成语“一鼓作气，再而衰，三而竭”。

正在这紧要关头，代善挺身而出，冒险率众将奏请进攻。他用激将法说：“布占泰倘娶叶赫女，其耻辱当何如，后虽征之，无益矣。今人强马壮，既至此，可与一战。”

努尔哈赤果然被说服了，他立即下令全军冲杀。顷刻之间，击溃敌兵，杀1万人，获甲7000副，灭了几代相传的乌拉部。代善为统一女真各部建立后金国，又立下一大功。万历四十二年（1614年）四月十五日，蒙古扎鲁特部钟嫩贝勒亲自送女儿来到翰河渡口，嫁与代善为妻。

明万历四十三年（1615年），努尔哈赤早已统一了建州女真，并且吞并了哈达、辉发、乌拉，还重创海西女真最强大的叶赫部，成为了女真历史上第二大强盛的国家，其国土数千里，人丁众多，兵强马壮，而且还确立了八旗制度。所以在第二年正月初一日，努尔哈赤正式建立后金国，登上了“英明汗”宝座，并且像历史所有开国君主一样为自己的后金政权确立了第一个年号——天命。代善也与堂弟阿敏、五弟莽古尔泰、八弟皇太极被努尔哈赤封为和硕贝勒，以年龄为序，分别称为大贝勒、二贝勒、三贝勒、四贝勒。

后金天命三年（1618年）四月十三日，努尔哈赤以“七大恨”布告天下，并誓师伐明，而且亲率八旗军队进攻抚顺，从统一女真的历史进程扩展到统一中国的伟大事业！十四日，努尔哈赤进驻瓦浑鄂谟，当天夜里天空忽晴忽雨，军营之中，努尔哈赤谕告八旗贝勒和各大臣，他说：“阴雨之时，不便前进，可回兵。”但是身为军事家的他，所做的这个选择并非一个很明智的决定，在这个关键时刻，第一次进军伐明的伟大历史时刻，如果后撤将会给后金的发展带来严重的危害，严重挫伤八旗将士的热情，进而影响以后的战斗，所以在这千钧一发之时，大贝勒代善以大局为重，冒险谏阻父汗。

最终努尔哈赤听从了自己儿子的建议，改变了想法，变化了战术。从历史上看，代善的这一番进言，从政治决策到战略战术都讲得十分清楚。因此，努尔哈赤“善其言”，撤销了退兵的决定，下令前进，于四月十五日轻取抚顺，攻克马根单、东州等城堡五百余，获人畜30万，获得了征讨明国的第一个大胜仗。因此说，代善在这关系到后金发展的重要关头，又树奇功一件。

第二年，在萨尔浒之战中，代善又立下战功。接着又追随努尔哈赤取开原、铁岭，破沈阳、辽阳。

不幸的是天命十一年（1626年）七月二十三日，努尔哈赤因半年前攻打宁远失利负伤，气愤成疾，往清河温泉休养，八月初七日病危乘舟返回，召大福晋往会，相遇于浑河，十一日在距沈阳20公里的叆鸡堡去世。

储君之位，得而复失

代善与褚英为同母所生，比褚英小三岁。在努尔哈赤诸子中，褚英与代善因为年长，最早崭露头角。但褚英心胸狭隘，擅作威福，被他欺压的诸弟和大臣们忍无可忍，群起向努尔哈赤告发，列举他的罪状。由此，努尔哈赤取消了褚英的嗣位资格。褚英不仅不思改悔，反而书写符咒，对天焚烧，企图置父亲、诸弟、五大臣于死地。阴谋被举发后，努尔哈赤下令将其囚禁。褚英在狱中仍无悔意，两年后，努尔哈赤终于下决心将他处死。

努尔哈赤处死褚英后，宣布次子代善为嗣子。这是因为，论嫡庶，代善与褚英同为大福晋佟佳氏所生；论长幼，代善在诸子中年龄居长；论军功，代善是诸子中最出色的；论实力，代善在八旗中拥有正红旗、镶红旗两旗，在诸子中最强。努尔哈赤曾预留谕旨说：“我死后，想把小儿子们和大福晋给大阿哥（代善）厚养。”实际已认定代善为汗位的继承人。

代善身居诸贝勒之首，外统重兵，内佐国政，功勋卓著。然而功高震主，权大逼君，随着权势日重，逐渐成为众矢之的。天命五年（1620年），代善38岁，接连发生的几件事，使他的汗王梦终成泡影。

第一件事，被揭发与大福晋乌拉那拉氏关系暧昧。努尔哈赤共有后妃16人。当时正妻称大福晋（大妃），妾称小福晋（小妃）。第一个妻子佟佳氏哈哈纳扎青，生长女东果格格及长子褚英、次子代善。第二个妻子富察氏衮代，原嫁给努尔哈赤叔伯哥哥威准为妻，威准死后改嫁努尔哈赤，生子莽古尔泰、德格类、费扬古和女莽古济格格。努尔哈赤又先后纳下一批妻妾，其中一些是各部落首领的女儿。他的第三个妻子叶赫那拉氏孟古哲哲，叶赫部贝勒杨吉砮之女，14岁与努尔哈赤成亲，因为生有皇太极，后来被追尊为孝慈皇后。第四个妻子乌拉那拉氏阿巴亥，乌拉部贝勒满泰之女，12岁嫁努尔哈赤，比努尔哈赤小31岁。年幼的阿巴亥风姿绰约，深得努尔哈赤宠爱。她先后生育三个儿子阿济格、多尔衮、多铎。爱屋及乌，努尔哈赤对三个幼子也视若掌上明珠，在他们年幼时就把作为国家根本的八旗中的三个旗分给他们，各自掌管一旗。乌拉那拉氏与努尔哈赤婚后生活一直很美满，谁料想20年后却变起肘腋。

天命五年（1620年），努尔哈赤的小福晋代因察揭发，大福晋（乌拉那拉氏）两次备饭送与大贝勒（代善），并且一日数次遣人赴大贝勒家，大福晋还多次深夜出宫。努尔哈赤派大臣扈尔汉进行调查，回报确有其事。报告还提到，每逢大汗摆设宴席，大福晋总是浓妆艳抹，对大贝勒频送秋波。对此事众贝勒早有觉察，都觉得不成体统，但是又畏惧大贝勒、大福晋，没人敢说。此报告虽不能确指两人有奸情，但乌拉那拉氏钟情于大贝勒应没有问题。

出现这种尴尬局面，努尔哈赤也有责任。这一年，努尔哈赤已62岁，他感到老之将至，曾亲口对代善交代，自己百年之后，将把大福晋和诸幼子交给他收养。满族本有“父死子妻庶母”的旧俗，乌拉那拉氏年龄与代善相仿，代善又是努尔哈赤指定的汗位继承人，乌拉那拉氏即使为自己预设后路，似乎也顺理成章。再说“家丑不可外扬”，努尔哈赤不愿把这种丑闻弄得沸沸扬扬，于是找了一个借口将她休离，对代善则没有深究。但不管怎么说，这件事还是让努尔哈赤耿耿于怀。

第二件事，修建府第时患得患失，得寸进尺。大福晋被休离不久，努尔哈赤决定把都城由界藩山城迁居萨尔浒城（都在今辽宁省新宾县境内）。努尔哈赤先到新城址勘察，指定了各贝勒兴建府第的地方。代善认为划给其长子岳托的居地优于自己，就以居地狭小为由，要求父汗调换。努尔哈赤满足了代善的请求，但他仍不满意。几经反复，就引起了努尔哈赤的不满，认为代善遇事斤斤计较，私心重，全不考虑父汗的难处，没有孝心。这加剧了父子间的隔阂。

第三件事，虐待前妻之子。半年以后，又发生一件震惊后金的大事：代善的次子硕托企图叛逃投靠明朝。事情败露后，代善不仅不为硕托开脱，反而三番五次向父汗跪求，要亲手杀掉硕托，幸亏努尔哈赤没同意。事实真相很快调查清楚：硕托是代善前妻的儿子，因为代善听信继妻的挑唆，虐待硕托，硕托在家受尽欺凌，走投无路，才产生叛逃的念头。努尔哈赤对硕托动了怜悯之心，把他留在自己身边生活。对代善的举动，努尔哈赤非常气愤，严厉斥责他：“你也是我前妻生的儿子，你为何不想我是怎么对待你的？为何偏听后妻的话虐待前妻的儿子？”对于父亲的一连串斥责，代善心虚理亏，不敢正面回答，只好解释说硕托与自己的妾通奸，有小妾喀勒珠为证人。这回努尔哈赤亲自调查取证，喀勒珠如实交代，没有看见硕托与代善的妾通奸，都是代善继妻指使她诬陷的。事情真相水落石出以后，努尔哈赤对代善彻底失望了。他当着众贝勒的面怒斥代善：“你偏听继妻诬陷之词，竟要杀死亲子，又将如何对待其他兄弟？像你这

样的人哪有资格做一国之君，执掌大权？”随即宣布废除代善嗣子之位，将他的部属全部收回。

代善被废黜后，羞愧难当，亲手杀死了屡进谗言的继妻，向父汗叩见认错，表示痛加改悔，重新做人。努尔哈赤虽不再让他继承汗位，还是网开一面，将没收的部属还给他。这件事给代善留下刻骨铭心的教训，丢了储位，赔了夫人，此后遇到事情总是三思而行，格外小心。

努尔哈赤两次立嗣失败，从此不再指定汗位继承人。他明确宣布日后由八和硕贝勒共治国政，并共同推举有才能而且能纳谏者继承汗位。在八和硕贝勒中，代善居首，在统治集团中仍有重要影响。

这几件事，使代善的大汗梦彻底落空，也反映出其人格上的缺陷：与大福晋关系暧昧，说明他行为不检点；为修建府第患得患失，说明他私心重；虐待前妻之子，说明他娇宠后妻，偏听偏信。总起来看，代善的弱点，就是情、色、财这三关过不去。

古人云：修身、齐家、治国、平天下。这中间有一个逻辑关系，要治理好国家，首先要管理好家事，要管理好家事，首先要端正自己。代善连“齐家”的本事都没有，的确缺乏君临天下的资质。

不过，代善的优点也很突出，为人比较宽厚，遇事不露锋芒，能忍则忍，能退则退。这应是他数十年身处权力斗争的旋涡，却总能履险如夷，身历三朝而终归寿终正寝的重要原因。

定国安邦，三朝元老

代善从16岁起随父兄驰骋疆场，一生中参加的重大战役就有二十多次。努尔哈赤统一女真各部，建立后金，论功封四大和硕贝勒，代善居首。“和硕贝勒”是崇德元年（1636年）以前一个满族亲王所能享有的最高称号。

从天命三年（1618年）开始征伐明朝起至天命七年（1622年），代善作为两红旗的旗主（后来他把镶红旗分给了长子岳托），在攻占抚顺、萨尔浒和沈阳诸役中都起了重要作用。天命六年（1621年），他和另外三位和硕贝勒按月轮流协助努尔哈赤执掌朝政。后来，代善又参加了皇太极时代对明朝的大部分征战（1629—1634年）。崇德元年（1636年），皇太极称帝时，封代善为“和硕礼亲王”，并加授“皇兄”称号。顺治年间，代善年事已高，不再统兵出征。

代善几十年披坚执锐，勠力疆场，立下了汗马功劳，在国家政治活动中同样立有安邦定国的勋劳，突出表现在以下几个方面：

两次拥戴新君，确保皇权交接。代善第一次拥戴新君在天命十一年（1626年）。这年正月，清太祖努尔哈赤进攻宁远城（今辽宁省兴城市）不克，他在归途中感慨：“自二十五岁征伐以来，战无不胜，攻无不克，惟宁远一城不下。”不久，病死在距沈阳20公里的叆鸡堡。

努尔哈赤生前曾两次立嗣失败，此后不再指定汗位继承人。他死时，在各拥重兵的四大贝勒中，二贝勒阿敏是太祖侄子，为人专横，残忍嗜杀，他父亲舒尔哈齐是为努尔哈赤所杀；三贝勒莽古尔泰有勇无谋，脾气暴躁，他母亲富察氏衮代，因得罪努尔哈赤被逐，莽古尔泰为讨好父亲，竟一刀将母亲砍死，名誉因此扫地。这两人，都不具备继承汗位的条件。有希望继位的，只有大贝勒代善和四贝勒皇太极。按年龄、阅历、实力，代善都比皇太极占优，手下又有岳托等几个能征善战的儿子，似乎代善继承汗位的希望更大一些。

当时的邻国朝鲜早有人断言：努尔哈赤死后，“贵盈哥（即代善）必代其父”。但从实际情况看，却没有这么简单。父汗死后，代善不仅没有为自己争位，反而主动推举皇太极继承了汗位。

代善为什么主动“让贤”？原因不外乎几条：

第一，代善因天命五年的控告案，被父汗罢去嗣君资格，在名誉上远不如皇太极。

第二，论心计，代善也不是皇太极的对手。有研究者推测，天命五年那起控告案的背后操纵者，很可能就是觊觎汗位的皇太极。主要根据是：受命调查此事的大臣扈尔汉是皇太极名下的正白旗成员，他的报告，明显对代善不利；小福晋代因察检举代善与大福晋关系暧昧，也可能出于皇太极的指使。当时的朝鲜史书记载，皇太极在汗位角逐中咄咄逼人，曾联合莽古尔泰，暗中商定“弑兄（代善）之计”。当大臣阿敦把此事密告给代善，代善大惊，完全没了主见，三十七八岁的人，竟哭着叩见父汗求助。皇太极、莽古尔泰当然不承认这件事，努尔哈赤也不愿深究，以免激化儿子们之间的矛盾，只是以“挑拨双方”的罪名将阿敦论处。阿敦是努尔哈赤的亲戚，开国功臣，结果却成了皇太极与代善明争暗斗的牺牲品。阿敦的死对代善是一个深刻教训，说明他在与皇太极的较量中难操胜算。他为了自保，转而推举皇太极继承汗位，也是顺理成章的。

第三，论威望、权谋、才干，代善也远不如皇太极。皇太极智勇超群，识文断字，而且善于笼络人心。像阿敏的兄弟济尔哈朗、莽古尔泰的兄弟德格类，甚至代善的儿子岳托、硕托、萨哈廉，这些有实力的王爷，都很信赖和敬重皇太极，成为拥戴他的中坚力量。

皇太极继承汗位，最初就是由代善儿子岳托、萨哈廉推举的。岳托、萨哈廉到代善府第，说：“四大贝勒（皇太极）才德冠世，深合先帝（努尔哈赤）心意，众人钦服，应速登大位。”这时的代善，自知无力与皇太极争锋，于是顺水推舟说：“这也正是我的夙愿！你们所说，天人允协，谁不赞同？”父子三人议定，首先提出拥立皇太极为汗位继承人，其他诸王自然无话可说，皇太极即位便成定局。皇太极受到推举，内心欢喜，但为了表示谦让，还一再假意推辞说：“父汗没有立我为君的遗命，怎能舍兄长而由我继位呢？”而后，代善等人一再敦请，皇太极感到时机成熟，才登位称汗。

代善拥立皇太极，一方面赢得了让贤的好名声，另一方面也化解了以往的恩怨，使自己与皇太极的关系明显缓和。更重要的是，使关系国家命运的汗位继承问题顺利得到解决。皇太极年富力强，谋略出众，具有战略眼光和政治魄力，他即位后消除弊政，改革制度，提倡文教，使国家迅速发展，为清朝一统天下奠定了基础。从这点来看，代善推举贤能，于国、于民、于己都有好处，诚为“识时务”的俊杰。

代善第二次拥戴新君在崇德八年（1643年）。这一年，皇太极突然病逝，由于他生前没有指定继承人，因而在诸王间展开了争夺皇位的斗争。当时争夺皇位的，一是代善的弟弟多尔衮，一是他的侄子豪格。在诸王大臣的会议上，两黄旗大臣首先提出立豪格，代善附和说：“豪格是先帝长子，当承大统。”接着，阿济格、多铎提出立多尔衮，代善也表示可以接受。总之，代善在这场针锋相对的争斗中态度比较暧昧。后来，他看到争执双方剑拔弩张，火药味越来越浓，就以年老不预朝政为由起身离席。代善当时名列诸王之首，他临时退席，其实就是一种表态，难道血雨腥风、同生共死几十年的亲骨肉，真值得为了皇位大开杀戒吗？代善离席后，现场顿时陷入静寂，争执双方的头脑很快冷静下来。最后，双方达成妥协，一致同意拥立6岁的福临即位。

这样，在皇太极和他儿子福临的即位问题上，代善虽态度平允，其功实不可没。

宽容忍让，谨守臣节。皇太极初登汗位，更像是国家名义上的元首，

因为他只是从其他三大贝勒手中分得了一部分权力。在继位典礼上，皇太极在接受诸年轻贝勒的效忠宣誓后，随即转身向三位兄长代善、阿敏和莽古尔泰三鞠躬。在朝会行礼时，这三位兄长列坐皇太极左右，一同接受年轻贝勒、大臣们的朝拜。更令皇太极难堪的是，他身为一国之君，每到年节，却要向三位兄长行三跪九叩的大礼。这种情况与皇太极独掌大权的初衷显然格格不入。

天聪四年（1630年），皇太极首先以作战怯懦等借口将阿敏下狱。次年在围攻大凌河战役中又寻机非难莽古尔泰，莽古尔泰随即勃然大怒，抽出佩刀，恐吓皇太极，德格类上前制止了他。这场意外的冲突，再次给皇太极提供了机会，经过议政王大臣会议商定，将莽古尔泰从和硕贝勒降为多罗贝勒。在接下来的会议中，代善开了一句玩笑，他嘲讽三大贝勒与汗平起平坐，好比“三尊佛”，主动要求放弃自己的特权。正是在他的坚持下，会议最终同意将代善和莽古尔泰的座位低于皇太极，分别坐在他的左右。这一做法始于天聪六年（1632年）初。第二年，莽古尔泰病死，使皇太极有可能再向集权制前进一步。

代善作为皇太极的兄长，有拥立之功，行事却一向小心谨慎，所以得到皇太极的尊重。崇德元年（1636年）四月五日，代善带领众贝勒大臣，手捧满、蒙、汉三种文字写成的表文，步入盛京崇政殿，请上尊号，称皇太极为“宽温仁圣皇帝”。皇太极改“汗”称“帝”，同时把国号由“大金”改为“大清”。

代善晚年，似乎从未替自己谋取过权力。崇德八年（1643年），他召集议政王会议，委任济尔哈朗和多尔衮在福临未成年期间共同摄政。顺治元年（1644年），清朝迁都北京，并逐步确立起对全国的统治，在此期间，代善始终是统治集团中最受尊敬的人物，在国家政治生活乃至皇族事务中继续起着重要作用。

入关后的第五年，代善在王府病逝。除了他的家庭得到一万两而非通常的五千两银子的赙仪，以及为他立碑纪功外，代善死后并未得到其他特殊的荣誉。但他对清朝和皇室的功劳备受后来诸帝的赞许。康熙帝用八个字概括他的平生“忠冠当时，功昭后世”，追赐谥号“烈”。代善死后葬在北京西郊香山脚下的正红旗村，这里是他的世袭领地。

代善的王府位于西城区西皇城根南街西侧，即酱坊胡同口，占地一百多亩。至今，这座王府仍是清代王府保护较好的一处。据北京故老相传，清代王府之大者为礼王府和豫王府，流行有“礼王府房，豫王府墙”的谚语。房喻其多，墙喻其高。在王府内先后生活过包括代善在内的12位亲王。

显赫世家，三顶“铁帽”

在清初八大“铁帽子王”中，代善一家就占了三个。这在清朝皇室中绝无仅有，充分说明他们在清朝开国、统一大业中的突出贡献。

代善家的三个“铁帽子王”中，一个是他本人的礼亲王爵。代善共有八个儿子，第七子满达海承袭了他的爵位。顺治帝亲政后，因满达海生前谄媚睿亲王多尔衮，把这一爵位转给了代善第八子祜塞的儿子杰书，杰书的后裔享有这一爵位直至清朝灭亡。

礼亲王爵前后共承袭十一次，其中，第二、第三次袭改称巽亲王，第四、第五、第六次袭称康亲王，第七次袭恢复了礼亲王爵号。

代善家的另两个“铁帽子王”，一个是其子岳托首封的克勤郡王（中间一度改称衍禧郡王、平郡王）爵；另一个是其孙勒克德浑首封的顺承郡王爵。

第一代克勤郡王岳托（1599—1639年）是代善的长子。22岁已立战功，32岁时皇太极仿明朝制度设立六部，任命他主管兵部。

岳托的突出政绩，是明确提出善待被征服的汉民。清太祖努尔哈赤进占辽东地区后，对进行反抗的汉民大加杀戮，殃及无辜。清太宗皇太极即位后，曾派大贝勒阿敏驻守永平等四城，阿敏在撤退前，将永平、滦州的汉民屠戮一空。这种滥杀无辜的做法，不仅没能使汉民降服，反而加大了他们反抗的力度。在满族统治集团内部，也引起一部分人的反感。岳托就是其中的代表，他是最早主张对汉族降官降民加以怀柔的贵族之一。他认为，如果这样做，归顺的汉人就会越来越多。他曾对明朝降将剖明心迹说："杀掉辽东汉民是先汗的罪。虽然如此，那是不懂道义时的事。每想起这事就后悔不已，我如果有两个身子的话，真恨不得杀掉一身，如果有两个头的话，真恨不得打碎一个。"先汗努尔哈赤是岳托的亲祖父，但他反省起先汗的罪过却毫不留情。他对滥杀辽民的行为追悔莫及，简直就是深恶痛绝了。这与皇太极即位后提出的要以"古帝王"为师，"躬行仁义"的主张一拍即合。因为有了这种共识，皇太极调整对汉人的政策，很快稳定了局面。

岳托性格直率，心里搁不住话，有看法就说，有意见就提，最后就吃亏在这张嘴上。崇德元年（1636年）他37岁，晋封和硕成亲王，在努尔哈赤的孙子辈中是第一人。但是数月以后，他就因为徇庇"谋逆"的大贝勒莽古尔泰等罪论死。皇太极虽宥岳托不死，却把他的爵位连降二级，由亲王降为贝勒。

事情的起因是，此前莽古尔泰曾与皇太极发生争吵，一怒之下拔出佩刀，皇太极和诸贝勒议定，莽古尔泰情罪重大。当时，众口一词，舆论汹汹，诸贝勒都与莽古尔泰划清界限，不惜落井下石。唯独岳托公开同情莽古尔泰，他找到皇太极说：“看到蓝旗贝勒（莽古尔泰）一个人坐在那儿痛哭流涕，觉得实在可怜。皇上与他究竟有什么怨恨？”岳托虽然用了一句反问，实际却是在质问皇太极，既然没有深仇大恨，为什么要把莽古尔泰往死里整呢？岳托是皇太极的侄子，对长辈说起话来却毫不留情。

不久，莽古尔泰与弟德格类、妹莽古济又被人告发“阴蓄异谋，大逆不道”。这回的罪名更大，众贝勒也更加愤怒，纷纷谴责莽古尔泰兄妹，因为这正是皇太极所想见的。唯独岳托不识时务，又站出来对“阴蓄异谋”的罪名表示质疑。他说：“贝勒德格类，怎么会做出这样的事？必定是不实之词。是不是想把我也牵连进去？”岳托质问他们要把自己牵连进去，是意有所指的。

满族人早期，并不忌讳近亲结婚，岳托的妻子，是莽古济的长女，莽古济既是他的姑姑，又是他的岳母。因为这层关系，岳托在感情上很能体谅莽古济、莽古尔泰一家，自信他们不会“谋逆”，以致与皇太极发生了冲突。

其实，皇太极与莽古济的关系也是亲上加亲，他们既是姐弟，又是亲家。莽古济的长女嫁给了哥哥代善的长子岳托，次女嫁给了弟弟皇太极的长子豪格。但皇太极整起自己的哥哥姐姐来，却毫不留情。此案发生时，莽古尔泰与德格类已死，皇太极亲自下令，把姐姐莽古济、侄子额毕伦（莽古尔泰的儿子）处死。豪格为了与莽古尔泰家一刀两断，竟残忍地将自己的妻子杀死。相比之下，岳托却很重视与妻子的感情。崇德元年定他“徇庇”之罪，就由此而来。后来，岳托病殁，他的这位妻子执意殉死，埋葬在一起。生死与共，正应了“在天愿作比翼鸟，在地愿为连理枝”的诗句。

岳托被降爵后，心里一直赌气。第二年六月，皇太极率八旗王公到演武场，与蒙古使臣同场竞技。皇太极命诸王大臣比赛射箭，岳托却推辞说“臣不能执弓”。岳托的射技可能不佳，但说不能执弓则显然是托词，实际是让皇太极下不来台。皇太极不答应，再三谕令他参赛。岳托勉强起射，拉开弓，接连五次把弓掉在地上。大概是引起了旁观蒙古客人的哄笑，岳托恼羞成怒，把弓掷向他们。皇太极很生气，以“素志骄傲，妄自尊大”定了他的罪，解除管理兵部的职务，爵位由贝勒降为贝子，并罚银五千两。不久，岳托和多尔衮分率两翼大军伐明，被任命为扬威大将军，统右翼军，所向势如破竹。崇德四年（1639年）正月，岳托病殁于占领下的济南，时年41岁。清朝官书记载说，岳托的死讯传到盛京，皇太极悲痛万分，大哭不止，罢朝三日。这中间究竟有多少真实的成分，也就无从得知了。

岳托经历过许多大战，是清初最卓越的军事统帅之一，但他在政治舞台却不尽如人意，用血战得来的亲王爵号只享有了三四个月就被罢黜，连降三级，成为贝子。他死后，才被追封为克勤郡王。以后的诸帝之所以把克勤郡王爵列为八大“铁帽子王”之一，实在是有感于他的赫赫功绩。

第一代顺承郡王勒克德浑（1619—1652年），是礼亲王代善的孙子。他在清朝入关后，受命为平南大将军，在攻打南明政权和李自成余部的战争中屡建战功，受封多罗顺承郡王。他死于顺治九年（1652年），年仅34岁。

勒克德浑的顺承郡王爵为什么被确定为八大“铁帽子王”之一？这应从他的父亲萨哈廉（1604—1636年）说起。

代善出类拔萃的几个儿子多短命。长子岳托41岁，第三子萨哈廉33岁，第四子瓦克达47岁，第七子满达海31岁。萨哈廉虽过早殒落，却已是清初政坛上一颗耀眼的明星。清朝开国时代不缺乏赳赳武夫，爱新觉罗家族中能攻善守的子弟很多，但因为起于草莽，戎马倥偬，学习机会很少，其中有文化、有思想的子弟却如凤毛麟角，而萨哈廉就是其中的佼佼者。

清朝官书中只记载萨哈廉通晓满、蒙、汉文字，思路敏捷，至于他师从哪些老师已无从得知。他自幼悉心向学，认真思考，不满足于舞枪弄棒，骑马射箭，很快在政坛上崭露头角。天聪五年（1631年）皇太极命诸贝勒直言时政。当萨哈廉提出“图治之道，在乎用人”的建议时，年仅28岁。他建议把选用人才提到治国的高度，在当时有特殊的意义。满族人口太少，人才有限，汉族中虽有大量优秀人才，却长期受到压制，得不到任用，甚至沦为满人的奴仆。萨哈廉强调重视人才，实际是要注意选拔汉族中的人才，这对国家的发展来说，至关重要。萨哈廉还直言不讳地批评了贵族中身居高位但唯知好鹰良马的庸碌无为现象。

满族建国初，实行“八家分治”制。八旗的八家大贵族（八和硕贝勒）牢牢控制本旗，彼此则分庭抗礼。在军事活动中，八旗出兵各自摊派，军政大计由参战诸贝勒集议而定，不设统帅。这种局面造成的消极影响随处可见。天聪五年（1631年）攻打明军固守的大凌河城，莽古尔泰与皇太极发生激烈冲突的起因，就是他抱怨皇太极处事不公，每次军事活动，抽调他的兵力都比其他旗多。由于各旗利益不同，危难关头甚至见死不救。天聪四年（1630年），明军进攻大贝勒阿敏驻守的永平等四城。明军兵抵滦州城，连攻三昼夜，城池危在旦夕。阿敏以守城兵无本旗的人，仍旧安坐永平不发兵往救，结果四城尽失，伤亡惨重。皇太极在追究阿敏罪责时斥责说：“如果是你的镶蓝旗，即使是杀得血肉之躯堆得像城墙一般高，也会去救援。”事隔不久，萨哈廉就在一次会议上直言不讳地抨击“我国虽一，而旗则分”的弊病。他建议向明朝学习，统一军事指挥权，日后有大征伐，应选择一贤能者为主帅。萨哈廉的建议，很快被采纳。这无疑是后金一次重要的军事变革。

萨哈廉在受命掌管礼部期间，还以明朝制度为蓝本，积极改革本国制度，使金国制度趋于完备。在此基础上，他主持制订了皇太极改元称帝的事宜，并以礼部贝勒的身份主持宣誓。

正当萨哈廉踌躇满志，准备在政治舞台上施展抱负和才华时，却在崇德元年突然患病。皇太极遣人前往探视，并传谕说："在众子弟中，能够整理治道，提高朕的认识，并帮助朕极力争取的，只有你啊。"对他的政绩给予了很高评价。萨哈廉以大业将成，不能尽力国家，终日辗转床褥，深感遗憾。皇太极闻言更感伤痛，又说："国家哪有专靠甲兵来治理的？一旦疆域扩大，大业将成，懂得治国之道的贤能却过早死去。谁能帮助我治理国家呢？"五月初九，萨哈廉病逝。皇太极痛哭多次，举行了隆重的悼念仪式，追封他为和硕颖亲王。

皇太极很久不能从萨哈廉之死引起的悲痛中恢复过来，思久伤神。有一天中午，皇太极在盛京皇宫的翔凤楼上打了个瞌睡，梦见萨哈廉向他要牛，惊觉而醒，连忙命人查阅《大明会典》，得知书中写有"亲王没，初祭用牛"的定例。清朝当时还没有形成自己的完整制度，遇事先要从明朝官书中寻找依据。皇太极认为祭祀萨哈廉时没有用牛，所以他给自己托梦，赶紧命礼部准备了一头黑牛，按照《大明会典》中的礼节举行祭祀。祭文写得很有意思："大清皇帝圣旨：颖亲王尔身虽没，天性犹灵，托梦于朕，恳求牺牲。朕察古礼，王没（殁）初祭果用牛。先因不知，故未用之。今既见梦，又合古礼，朕甚奇之，遣大臣宰牛往祭，以慰尔心。"皇太极所说的"古礼"，就是明朝的礼仪。

萨哈廉生前只是郡王，死后被追封为和硕颖亲王。他的次子勒克德浑被封为世袭罔替的郡王。

君子之泽，五世而斩

任何一个显赫的家族，总少不了一些倒霉的人物，代善家族也不例外，他的后嗣，有卷入阴谋身首异处的，也有行为乖戾，为人检举，失落王爵的。这正应了古人那句话：“祸兮福所倚，福兮祸所伏。”命运的转折，有时就在旦夕之间。

扑朔迷离的硕托、阿达礼“扰乱国政”案，代善子孙中最倒霉的要数他的次子硕托和孙子阿达礼（萨哈廉的长子）。

硕托生前死后，都未享受过弟弟萨哈廉一般的殊荣。早年代善分家产时，将富裕的属人都留给了幼子，却把贫困的属人分给岳托和硕托。硕托不满父亲对自己的虐待，曾密谋投明，事情败露后，被祖父下令囚于高墙（专门软禁宗室成员的特殊监狱）之内。不久，被放，累积军功封为贝勒。天聪四年（1630年），硕托随叔父阿敏放弃永平等城败归，被革去贝勒，夺所属人口。

第二年参加围攻大凌河城的战役，激战中连伤腿、手，挽回了声誉，被封为固山贝子。但此后，他就霉运不断，屡次论罪受罚。有一次，皇太极又被他气得要死，警告说：“你的罪太多了！朕屡次宽宥你，你屡次重犯，就好像与自己无关。以后你再犯事，直接交付法司处置，不再宽恕！”皇太极生前，硕托虽屡次获罪，但对他总还是网开一面。谁曾想，皇太极一死，硕托就和侄子阿达礼一起，以叛逆罪，被夺爵处死，削除宗籍。

崇德八年（1643年）皇太极暴崩，满洲贵族内部因皇位继承问题，爆发了尖锐的矛盾。当时，最有力量争夺皇位者为多尔衮与皇太极长子豪格，双方的拥戴者僵持不下。多尔衮鉴于形势，在议立嗣君的会议上，提出立皇太极第九子福临继位，由他与济尔哈朗辅政。嗣君虽已定议，诸王却人心未定。正是在这么一个敏感时刻，阿达礼、硕托却四处活动，企图推翻拥立福临的决议，改由多尔衮继位。阿达礼先往睿王府，告诉多尔衮："王如坐大位，我当从王。"他的伯父固山贝子硕托也派遣亲信告知多尔衮："内大臣图尔格及御前侍卫等，都赞同我的谋划，王可自立为君。"二人又同往祖父代善家，借探视足疾，私下对他说："今立幼儿，国事可知，请速做决断。"又附在代善耳边低语："众人已决定立和硕睿亲王（多尔衮），王为何还默不做声？"代善却不为他们的劝说所动："既然已对天立誓，为什么又说这话？不要再改变主意！"二人见代善不从，又前往豫王多铎家，多铎闭门不见。阿达礼、硕托吃了闭门羹，不得已返回礼王府重申前意。这回代善真动了气："为什么还胡说八道？听任你们闹下去，一定会招来大祸！"代善决定亲自告诉多尔衮，两人把这件事公布于众。接着，阿达礼属下的大学士刚林也出来检举，并将他逮捕押送多尔衮处。审讯结果很快就出来了，阿达礼、硕托"扰乱国政"，以叛逆罪论死。当天晚上，阿达礼、硕托被赤身裸体捆绑着押送到衙门，还有阿达礼母亲、硕托妻子，一同被活活勒死。

阿达礼、硕托"扰乱国政"案，发生在确立福临即位的两天后，他们密谋推翻前议，拥立多尔衮为帝，案情始末在朝鲜史书中有详细记载。但是也有研究者对这件事的背景提出疑问，主要有三：

（1）皇太极暴逝时，内大臣图尔格属拥戴豪格一派，而且他与白旗诸王（多尔衮、阿济格、多铎等）一向不和。他怎么可能在定立福临的两天后，转而拥戴多尔衮？

（2）既然硕托已告知多尔衮，内大臣图尔格及御前侍卫，都赞同其谋划，在审讯阿达礼、硕托时，多尔衮为什么不就此进行追查？而是在事发当晚就将二人处死。如此匆匆处置，是否有灭口之意？

（3）福临亲政后，因依附多尔衮而被处死的大学士刚林原是阿达礼的属人，刚林事先已得知阿达礼密谋，事发后将其主交送多尔衮。刚林的行动是否有人授意？

总之，种种蛛丝马迹，使人怀疑阿达礼、硕托背后似乎另有指使，至于此人是否即多尔衮，就无从得知了。

代善后嗣中，还出过一位有文才但时运不济的王爷——昭梿。

昭梿生于乾隆四十一年（1776年），礼亲王代善的第六世孙。嘉庆十年（1805年）袭礼亲王爵。两年后王府失火，珍宝及印绶全部被焚。嘉庆帝赐银一万两，助他重建府邸，同时赐给许多衣帛。

清初的王爷几乎都是军功出身，他们栉风沐雨，以百战定天下，弘扬的是骁勇善战的民族精神。自康熙朝以来，天下太平，生活安逸，在汉族文化的陶融下，王公贵族的生活方式、思想意识、价值观念都发生了明显变化。昭梿代表了从这一特权阶层中分离出的贵族文人，他崇尚汉族文化，追求一种闲适恬淡的人生。昭梿一生在政治上没有大作为，喜好文学、看戏听曲，成为他生活中的重要内容。

昭梿生活的时代正值乾嘉学风最盛的时候，他的父亲礼亲王永恩在乾隆朝时，因受某事牵连，从此不大过问政治，以文学艺术自娱。受时代的影响和家庭环境的熏陶，昭梿也爱好诗文，但他撰写的诗、文大多散佚，纂辑的《礼府志》也成书未印。昭梿勤于笔耕，他留给世人的是一部很有名的笔记——《啸亭杂录》，书中记载了大量清朝典故、满族习俗和贵族官员的遗闻逸事。

昭梿生活的另一特点是喜好戏剧。他不仅是一位戏迷，并且因为过分亲近戏子（优伶），受到言官的纠举。清代戏子的社会地位低下，唱戏被认为是下贱的职业。国家把“娼（妓女家）”、“优（唱戏家）”、“吏（县衙书吏家）”、“卒（县衙差人家）”列为四种贱民，即使贫寒的农户、工匠名义上也算“清白之家”，社会地位都比上述四种人高。当时，三代人中只要有一个人从事了这四种行业，子弟就不能参加国家初级的考试，更无资格步入仕途，原因是家世“不清白”。但昭梿却不顾忌这些，他不仅与戏子交相往还，还很器重其中一些人的品行。他说：“这些人迎欢卖笑，虽然是常态，但其中也有深知大义者。”

昭梿贵为八大“铁帽子王”之一，从小受过系统的教育，文思敏捷，才华横溢，但性格暴戾，妄自尊大，还因此丢掉了王爵，名誉扫地。当时，朝中有一位一品大员景安，官至尚书，景安与昭梿并不同旗，并非他的属下，昭梿却当面斥景安为王府奴才。更有甚者，昭梿在府内私设公堂，滥用非刑。礼王府有个庄头姓程，历年并未欠租，而且预交了一笔租钱。昭梿仍不满意，想增加他的租钱。清朝有一个好的制度，即国家对农民“永不加赋”，也就是长期保持农业税的稳定，不仅税收总量不变，具体到每亩地的税也不准变，王公的庄田同样不能随意加租。昭梿分外苛求，违反了国家规定，所以庄头据理不从。昭梿恼羞成怒，派护卫到他家抢割庄稼，拆毁房屋，又下令将庄头家六人圈禁。昭梿还不甘休，亲自把一个磁瓶扔到地上，用磁器碎片把庄头脊背划伤了一百多道，以致流血昏厥。嘉庆二十年（1815年），有人匿名检举昭梿凌辱大臣、府内滥用非刑。嘉庆帝得知，在谕旨中斥责他：“平日以田租细故，在顺天府、步军统领、刑部等衙门，涉讼累累。”可知昭梿恃强凌弱、欺压百姓的案子远不止一件两件。昭梿因此被削去王爵，交宗人府禁闭3年。

昭梿因滥用非刑等罪失爵，实属咎由自取。但他因虐待庄头而受重惩，也可能与统治集团的内部矛盾有关。昭梿在王爵被废后又活了13年，因脑病去世。

此生没有皇帝命

——睿亲王多尔衮

爱新觉罗·多尔衮（1612—1650年），努尔哈赤第十四子，皇太极之弟。清朝初期杰出的政治家和军事家，完成大清一统基业的关键人物，清朝入关初期的实际统治者。1626年封贝勒；1636年因战功封和硕睿亲王；1643年辅政，称摄政王；1644年指挥清军入关，清朝问鼎中原，先后封叔父摄政王、皇叔父摄政王、皇父摄政王；1650年去世后，先追尊为成宗义皇帝，后被顺治帝追论谋逆罪削爵；1778年乾隆帝为其平反，复睿亲王封号，评价其"定国开基，成一统之业，厥功最著"。

多尔衮一生极富传奇色彩，聪慧多智，文武双全，助皇太极成大业，功劳卓著。300多年前，多尔衮是清王朝政治舞台上指点江山的主角。今天，在人们耳熟能详的清宫戏中，他仍旧是最令观众感慨系之的人物。多尔衮的人生短暂，在历史的时空中却得到了永恒。他无疑是清朝王爷中最出类拔萃的一个。

南征北战，羽翼渐丰

爱新觉罗·多尔衮，清太祖努尔哈赤第十四子。努尔哈赤共有十六子，与多尔衮同母者有二，兄阿济格，弟多铎。

多尔衮从小聪明过人，尽管他没有赫赫战功，但他仍凭借母亲的辅助和自己的聪明才智引起人们的瞩目，受到父亲努尔哈赤的赏识和厚爱。天命五年（1620年）九月二十八日，年仅8岁的多尔衮被封为“和硕额真”。时隔四年，天命九年（1624年）五月二十八日努尔哈赤又令12岁的多尔衮与蒙古科尔沁部桑噶尔寨贝勒之女结婚，以示多尔衮业已成年。随着年龄的增长，多尔衮愈益受到努尔哈赤的器重，曾受命“领全旗”。到努尔哈赤去世前，他已拥有15个牛录，尽管比正常的一旗少10个牛录，但这也是其兄长阿巴泰等所未能及的。

然而，不幸的是，努尔哈赤去世后，多尔衮的母亲，努尔哈赤晚年宠爱的大福晋阿巴亥，被诸位兄长以“先帝有命”为由强迫自尽，为努尔哈赤殉葬，15岁的多尔衮从此失去了母爱。但是，多尔衮没有因此而消沉，他以惊人的毅力站起来，积极地投身到清初的军事、政治斗争中。

努尔哈赤死时，四大贝勒为代善、阿敏、莽古尔泰、皇太极，四小贝勒是阿济格、多铎、岳托、豪格。阿敏是努尔哈赤的侄子，属旁支不能争位。阿济格、多尔衮、多铎三兄弟的生母殉死，三兄弟年少，又失去依靠，无力争夺汗位。莽古尔泰生性鲁钝，代善性情宽柔，且早先已失去汗父宠爱，又被削夺一旗。最后，皇八子四贝勒皇太极被诸王贝勒议立为新汗，改次年为天聪元年。

清太宗天聪二年（1628年，即明崇祯元年）二月，多尔衮17岁，随从皇太极出征察哈尔多罗特部，俘获了一万多人，多尔衮因功被皇太极赐号“墨尔根岱青”，意思是“聪明王”。

天聪三年（1629年）十月，多尔衮跟随皇太极从龙井关攻入明朝边境，他与三贝勒莽古尔泰南攻汉儿庄，汉儿庄明守军投降。十一月，多尔衮先驱到达通州，伺机渡河抓捕哨兵。随从皇太极攻打明北京城，在广渠门外，打败了明朝宁远巡抚袁崇焕、锦州总兵祖大寿的援兵。十二月，多尔衮的军队在蓟州与明朝山海关援兵相遇，歼灭了援军。

天聪四年（1630年）二月，皇太极从湾河回宫，多尔衮与莽古尔泰先行。攻破明军大营，斩杀了六十余人，俘获战马八匹。

天聪五年（1631年）七月，清人始设六部，命多尔衮掌管吏部。八月，多尔衮随从皇太极围攻大凌河城，明军出城诱战，多尔衮偕同诸将冲入明阵，直抵城下，奋勇攻战，明兵来不及全部入城，掉进壕沟死去的有一百多人。城上箭炮齐下，清军阵亡者也不少。皇太极切责诸将不加劝阻。十月，明朝锦州守将祖大寿投降，多尔衮与贝勒阿巴泰等领兵四千人，跟在祖太寿的后边，装作溃败的样子。城内明军因在夜里分不清真假，分路出来迎接，结果被清军打得大败。

天聪六年（1632年）五月，多尔衮随从皇太极攻打察哈尔，他与贝勒济尔哈朗在归化城西南黄河岸俘获其部众一千多人。

天聪八年（1634年）五月，多尔衮又随从皇太极攻打明朝，从龙门口攻入，打败了明兵，攻克了保安州，直到五台山而后返回。

在这之前，清军攻打察哈尔，林丹汗向西逃走，渡过黄河，想直奔唐古特，但走到大草滩，因病死去。林丹汗的儿子额哲率领一千多户留在托里图。天聪九年（1635年）二月，皇太极命多尔衮同贝勒岳托等统兵一万

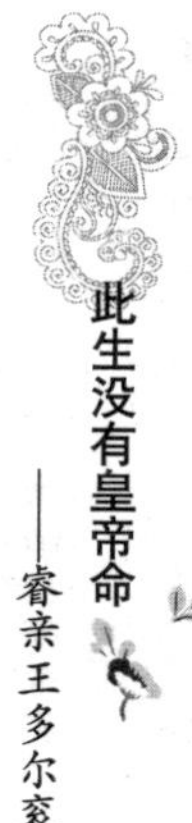

多人招降。四月，清军来到锡喇珠尔格，招降了台吉索诺木及其所属的五百户，进兵逼近托里图，但害怕城中人惊慌溃散，就按兵不动。额哲的母亲叶赫，是贝勒锦台什的孙女，她的弟弟南楚和族叔祖父阿什达尔汗都已在清人那里做官。于是就派叶赫的弟弟南楚等前往劝降说，“奉皇上的命令，统大军来招降你们，秋毫不犯”。于是额哲和他母亲率领宰桑台吉等众人出城投降。六月，清大军渡河班师。岳托率兵千余人驻扎归化城。多尔衮与两贝勒携带额哲及宰桑台吉等攻打明朝，从山西平鲁卫攻入，直至朔州，毁了宁武关，抢掠代州、忻州、崞县、黑风口和应州，斩杀了六千余人，俘获人畜七万多，然后仍由归化城，带领投降的人群返回察哈尔。八月，多尔衮等凯旋，向皇太极呈献所俘获的一切，其中有元代的传国玉玺。这玉玺之纽为二龙相互交错，玉玺上面用汉字篆文刻着“制造之宝”四个字，原来是元顺帝丢失在沙漠的，如今多尔衮让额哲献给了皇太极。诸贝勒大臣认为，蒙古已全部臣服大清，而且得到了前朝的玉玺，于是上表请求皇太极加尊号。皇太极因此改元崇德，改国号为清。

崇德元年（1636年，即明崇祯九年）四月，多尔衮晋封为和硕睿亲王。八月，皇太极派武英郡王阿济格、饶余贝勒阿巴泰统率大军攻打明朝，清军打过了北京。皇太极命多尔衮同豫亲王多铎等攻打山海关，以牵制明朝的兵力。多尔衮等率军来到锦州，收降了城中土著人氏胡有陲、张绍祯、门世文、门世科、秦永福等。多尔衮听说武英郡王阿济格等已经告捷，于是班师而回。

十二月，皇太极率兵攻打朝鲜，在南汉城包围了朝鲜国王李倧。为了迫其投降，第二年正月，皇太极命多尔衮同肃亲王豪格率领军队另从宽甸路攻入长山口，攻克了昌州，在宁边城下打败了昌州的军队。然后多尔衮又带兵5000人追赶击败黄州前来增援的15000兵马，直达江华岛。江华岛是朝鲜二王子、王妃以及诸位大臣和其眷属住的地方。多尔衮用红衣大炮击溃了朝鲜的战船40艘，乘胜攻入岛内，杀死了伏兵1000多人，终于攻克了城池，俘获了朝鲜王妃及其两个儿子，江华岛投降。

多尔衮不仅作战勇猛无比，而且很有谋略，他不仅告诫手下的将士不得乱杀朝鲜投降的士兵，而且送还了所掳的士女，对朝鲜国王的宫妃待之以礼。这使朝鲜王很受感动，再加上群臣被俘，已处于窘迫无奈的地步，于是朝鲜王李倧放下兵器，穿上朝服，率领文武大臣，献上明朝颁发的敕印，向清人投降称臣。

皇太极携带朝鲜质子及大臣的儿子班师回朝。到此，朝鲜不再成为清人攻打明朝的后顾之忧。

崇德三年（1638年）二月，皇太极亲自率兵攻打喀尔喀，让多尔衮与礼亲王代善等留守，并监督建筑辽阳都城尔弼城，一个多月就竣工了，改名叫作屏城。多尔衮又同阿巴泰总领治理盛京，拓城达到辽河大路，城墙加宽10丈，增高3尺，中间夹着壕沟。八月，皇太极授多尔衮为奉命大将军，让他统率左翼兵攻打明朝。多尔衮从董家口东边登山，毁掉城墙攻入明朝边境，乘明军不备，攻取了青山营。又派人与右翼兵约会在通州会师，越过北京，直到涿州。然后分兵入道，右傍西山脚下，左沿运河，长驱直入。从北京以西千里以内，明朝将士全部溃散，清军掳掠至山西界而回。又东进临清，渡过运河，攻下济南，回略天津、迁安，由太平寨出青山关，大小共20余战，每战皆捷。攻克城40多座，献城投降的6座，俘获明民众25万多人。崇德四年（1639年）四月，凯旋而归。皇太极赏赐多尔衮战马5匹，白银2万两。

多尔衮不仅作战骁勇，叱咤战场，而且深谋远虑。

早在天聪七年（1633年），皇太极下诏征求诸贝勒及大臣的意见，攻打明朝、察哈尔、朝鲜，应先攻打哪个。多尔衮力主应以攻打明朝为先，置明于死地，然后夺取全国政权。为此，他向皇太极献良策说，“应该乘

春天整练军队，等到我方耕割完毕、明朝谷物将熟的时候，攻入明朝边境，进逼燕京，断截其援兵，摧毁屯堡，借粮于敌，以便长久驻扎，可以坐待其弊。”

在具体作战方针策略方面，多尔衮也很有见解，绝不盲从。

崇德五年（1640年）六月，多尔衮同肃亲王豪格等到明朝义州屯田。皇太极传谕多尔衮，让他驻扎军营接近锦州，断绝敌人往来的道路。多尔衮来到后，先攻克锦州城西九台，把庄稼全部割光，又攻克小凌河西二台。七月，明朝将士500人出锦州城，乘夜偷袭清人蓝旗营，被清兵发觉，很快击退，斩杀8人。明朝总督洪承畴领兵来到宁远，分兵占据杏山营城下。多尔衮击败了洪承畴的骑兵，获战马70匹。皇太极传谕给多尔衮：“王等只需固守营垒，等待敌人来犯，然后出击。”这个月内，明军千余人出战，被多尔衮击退，斩杀了很多明军士兵，获战马100多匹。不久，又斩杀明朝出城打柴的86人，又追杀乘夜攻入义州打杀清人屯田士兵的明兵。九月，在杏山城北，又打败了明军，击退了明朝松山的援兵，获得大量马匹甲仗。

崇德六年（1641年）二月，多尔衮领兵攻打明朝的广宁山城，击败了明朝松山的援兵，斩杀明兵240多人，以及锦州出猎小凌河的兵士170多人。这时，包围锦州的王和贝勒等，迁移军营离城30里扎寨，又让每旗一位将校，率每佐甲士五人先归。皇太极派郑亲王济尔哈朗传旨给多尔衮说：“先前令你们包围锦州，由远渐近，以便困之。如今你们离城较远驻扎，致使敌人出城打猎、运输、自由往来。军法何在？如果长时间驻扎，兵马疲惫，应当遍察，以决定去留，要严惩不善于领导的人，却都派遣发回，尤属错误荒谬。这主张是由谁倡议的？把名字说出来，定罪惩罚。”多尔衮因违背皇太极的旨意，降爵位为郡王，被罚银万两，削去两佐领户口。

六月，多尔衮同肃亲王豪格前往代替郑亲王济尔哈朗等围困锦州。明朝总督洪承畴率领王朴、李辅明、唐通、白广恩、曹变蛟、马科、王廷臣、吴三桂八位大将，合兵13万，驻扎在松山，多次出战，都被多尔衮击退了。因为明朝军队人数太多，多尔衮请求皇上增援。皇太极亲自统领大军，疾驰6天，来到戚家堡，派大学士刚林传口谕令多尔衮在高桥城扎营。多尔衮害怕明军暗中约会锦州、松山两处人马夹击，力主扎营在桐山和杏山之间。皇太极答应了。清军从乌欣河南山到海边，到处陈列兵营。明军多次攻打清人的镶蓝旗、镶红旗驻扎巡逻的地方，虽然都被清人打退，但等清人一收兵回营，明军就又出兵攻打。皇太极登高张设黄盖，指挥清人布阵。明朝将士望见后，都溃逃了。多尔衮同贝子洛托等直奔塔山大路，横击明军，明兵慌忙之间，乱了阵脚，死伤的人漫山遍野。多尔衮又带领红衣炮兵猛攻明军塔山外边的四台，活抓了明将王希贤等。三月，清军攻克了锦州，明将祖大寿献城投降。四月，多尔衮移兵攻克塔山城，歼灭官属及兵士7000多人。又用大炮攻打杏山城，明朝管粮官朱廷榭、副将吕品奇投降了清人。多尔衮摧毁了松山、塔山、杏山三城，这才班师回朝。七月，按功论赏，皇太极恢复了多尔衮和硕睿亲王的爵位。

经过半年多的战斗，松锦之战终于以清朝的胜利而告结束，多尔衮在此役中作出了杰出的贡献，推动皇太极达到了他一生事业的顶峰。

欲进先退，海阔天空

清人入关的前一年，即清崇德八年（明崇祯十六年，1643年）八月初九日，清太宗皇太极暴卒。围绕着皇位继承的问题，清皇族统治集团内部发生了激烈的斗争。

当时，亲王、郡王共有7人，即礼亲王代善、郑亲王济尔哈朗、睿亲王多尔衮、肃亲王豪格、武英郡王阿济格、豫郡王多铎、多罗郡王阿达礼。

此时，礼亲王代善的势力已远不如从前了，两红旗的实力已经遭到皇太极的削弱，他本人也年过花甲，久不临战，暮气沉沉，早已不问朝政。其诸子中最有才干的长子岳托和三子萨哈廉已英年早逝，二子硕托是一位年轻有为、屡建战功的人物，但又不为代善所爱，七子满达海虽有战功，尚属初露头角，还没有多少发言权。代善孙子辈的阿达礼和旗主罗洛浑颇不甘为人后，但在崇德年间却屡遭皇太极压抑。由此看来，两红旗老的老，小的小，已丧失竞争帝位的优势。但代善的资历老、地位高，且手中仍握有两红旗的实力。他在继承人的问题上最有发言权，他的支持或反对尚能左右事态的发展。

郑亲王济尔哈朗是镶蓝旗旗主，他是努尔哈赤的侄子，又靠皇太极的恩赐做了旗主。虽然他不是皇位的有力竞争者，但他的向背却对各派系有着重大影响，无论他倾向哪一方，都会使力量的天平发生倾斜。

肃亲王豪格是皇太极的长子，时年34岁，颇有战功。皇太极生前集权的种种努力和满族社会的日益封建化，也使豪格有实力参加到竞争中来。从利害关系而论，两黄旗大臣都希望由皇子继位，以继续保持两旗的优越地位。他们认为，豪格军功多，才能较高，天聪六年（1632年）就已晋升为和硕贝勒，崇德元年（1636年）晋封为肃亲王，掌户部事，与几位叔辈平起平坐。皇太极在世时，为加强中央集权，频频打击各大贝勒、旗主，拉拢、分化中间势力，大大削弱了各旗的实力，又把原属莽古尔泰的正蓝旗夺到自己手中，形成以两黄旗和正蓝旗为核心的皇权势力，合三旗的实力远远强于其他旗。因此，这三旗的代表人物必然要拥戴豪格继位。可以说，豪格是继承皇位可能性最大的一个人。

皇位的另一个强有力竞争者便是皇太极的同父异母弟多尔衮。他是努尔哈赤第十四子，生母阿巴亥。他比豪格小三岁，文武双全，功勋卓著，在处理军国大事方面被公认为宗室中的最强者。且身后有两白旗和两位勇猛善战的同母兄弟阿济格、多铎作为坚强的后盾，而且当时正红旗、正蓝旗和镶黄旗中也有部分宗室暗中支持多尔衮，这就更使他如虎添翼。

从当时的情况来看，皇太极遗留下的空位，只有三个人有继承的资格，即代善、豪格、多尔衮。这三人旗鼓相当，竞争最激烈的是后两人。具体来说，豪格居长子地位，又有三旗作为后盾，实力要比多尔衮略强。而且代善和济尔哈朗此时已经感到多尔衮咄咄逼人的气势，从而更倾向于豪格一边。

在皇太极死后不久，双方就开始积极谋划活动，并由幕后转为公开。两黄旗大臣们会于豪格之家，图尔格、索尼、图赖、锡翰、巩阿岱、鳌拜、谭泰、塔瞻八人倡议立肃亲王豪格为君。肃亲王豪格在众人怂恿之下，决心争位，并积极展开活动，争取支持。他派人找到济尔哈朗，对他说："两黄旗大臣已决定立肃亲王为君，需要和你商量一下。"希望能得到济尔哈朗的支持，济尔哈朗当即表示："我意亦如此"，但又认为需要与多尔衮商议。

就在两黄旗大臣密谋于肃亲王之家，紧锣密鼓地筹划拥立豪格的同时，两白旗的上层人物也正在积极筹划拥立多尔衮为帝。阿济格和多铎支持多尔衮，他们"跪劝睿王，当继大位"。并告诉他不用害怕两黄旗大臣，"尔不继位，莫非是害怕两黄旗大臣吗？舅舅阿布泰和固山额真阿山都说了，两黄旗大臣，愿意皇子即位的不过就是几个人，我们在两黄旗的亲戚都愿你继大位啊"。

双方都在为争夺皇位而加紧活动，时局日趋紧张。首先提议立豪格的图尔格为防万一，令其所辖的三牛录亲兵披挂甲胄，弓上弦，刀出鞘，守

住自己的家门，害怕自己首当其冲，成为两白旗诸王的刀下之鬼。

皇太极去世后的第五天，多尔衮首先赶到三官庙，询问索尼对皇位继承人的意见，索尼直率地告诉他："先帝有皇子在，必立其一，他非所知也。"多尔衮知道反对他登位的两黄旗大臣态度是很坚决的。

崇德八年（1643年）八月十四日，这是一个决定大清命运的关键日子。崇政殿，是皇太极生前议论朝政的地方，皇太极死后，其梓宫也停放在这里。这一天，诸王大臣就在崇政殿集会，讨论皇位继承问题。这个问题是和平顺利解决，还是兵戎相见、互相残杀，直接关系到八旗的安危与满洲的未来。会议尚未开始，两黄旗大臣派两旗精锐的护军剑拔弩张，已把崇政殿团团包围起来，大有以武力相威胁之势！尔后，索尼、图赖、鳌拜等两黄旗大臣，又手扶剑柄，气势汹汹地闯入崇政殿，等待会议的开始。这时的形势对多尔衮已颇为不利。会议刚一开始，索尼和鳌拜首先出来倡立皇子。多尔衮则针锋相对，认为诸王尚未发言，他们还没有说话的资格，厉声令他们暂时退下。

在索尼和鳌拜抢先发言被喝退之后，阿济格和多铎便出来劝多尔衮即帝位，多尔衮见两黄旗大臣气势汹汹的样子，遂犹豫不决，没有立即答应。但多铎却急不可耐地说："如果你不应允，该立我为皇帝！我的名字已列于太祖遗诏之中。"

多尔衮反驳道："肃亲王的名字也是太祖遗诏中提到的，不只有你的名字。"多铎在遭到哥哥的反对后，就提出另一位人选："要不立我，论年长者，当立礼亲王代善。"代善见多铎点到了自己头上，便开口说："睿亲王如果应允，当然是国家之福，不然的话豪格是帝之长子，当继承大统。我已年老体衰，力难胜任。"提出一个模棱两可的意见。

豪格见自己不能被大家顺利通过，大为不悦，便说道："我福小德薄，哪能担当此任？"说罢，固辞而去，以退席相威胁。两黄旗大臣见主子离席，便纷纷离座，按剑向前，齐声说道："我们这些人，食于皇帝，衣于皇帝，皇帝的养育之恩与天同大，如若不立皇帝之子，那我们宁可跟从先帝死于地下！"

代善面对两黄旗大臣咄咄逼人的局面，不知如何是好，便连忙说："我虽是先帝之兄，常时朝政，老不预知，怎能参与此次议立呢？"说罢起身离去。阿济格也随着退出会场，多铎则默无一言。此时，殿中只剩下多尔衮、多铎和济尔哈朗，以及两黄旗的大臣们。面对两黄旗的武力相逼，多尔衮开口说道："你们大家说得对，既然肃亲王豪格谦让退出，无继统之意，那么就应当立先帝之九子福临为帝。不过其年岁尚幼，八旗军兵事务，最好由郑亲王济尔哈朗和我分掌共管，左右辅政。待福临年长之后，当即归政。"

这一建议，似乎有点出人意料。机敏的多尔衮，在相持不让的僵局下，不失时机，当即提出了由皇太极的第九子，年方6岁的福临来继承帝位的方案。这个方案的妙处是，一方面满足了两黄旗大臣以死相拼拥立皇子的强烈愿望（对两黄旗大臣来说，只要立皇子就行，无所谓哪一个，因为这样，两黄旗就仍是天子自将之旗，地位显赫），另一方面多尔衮又排除了与自己实力相当的皇长子豪格。同时，对于多尔衮来说，面对刀剑相逼的两黄旗大臣，他虽然被迫放弃了争位的要求，但争取了已有支持豪格倾向的镶蓝旗旗主、郑亲王济尔哈朗的支持，从而稳定了局面。多尔衮拥立不懂事的稚童，自己作为辅政王，他可与济尔哈朗分掌国家大权，在相当一段时间内他的地位可与皇帝相仿，虽无名而有实。对于济尔哈朗来说，自己做了辅政王，自然不会有反对意见。而代善自己本无争位打算，当然也希望化干戈为玉帛，对此自无异议。

这个妥协方案最终为各方接受了。

皇太极的第九个儿子爱新觉罗·福临被决定继立为帝，郑亲王济尔哈朗和睿亲王多尔衮共同辅理朝政，这个方案一确立，代善便立即召集所有八旗王公贵族、文武大臣宣布："天位不可久虚，伏观大行皇帝之九子福临天纵徇齐，昌符协应，爰定议同心翊戴，嗣皇帝位。我等当共立誓书，昭告天地。"他首先率诸王宗室等对天发誓："嗣后有不遵先帝定制，弗殚忠诚，藐视皇上幼冲，明知欺君怀奸之人，互徇情理，不行举发；及修旧怨，倾害无辜，兄弟谗构，私结党羽者，天地谴之，令短折而死。"

接着，文武诸臣也进行宣誓："我等如谓皇上幼冲，不靖共竭力，如效力先帝时，而谄事本主，豫谋悖乱，仇陷无辜，见贤而蔽抑，见恶而徇隐，私结党羽，构启谗言，有一于此，天地谴之，即加显戮。"

然后，为了表示对济尔哈朗和多尔衮作为辅政王的信任和支持，大家又誓告天地，说："我等如有应得罪过，不自承受，及从公审断；又不折服者，天地谴之，令短折而死。"

紧接着，济尔哈朗和多尔衮也对天宣誓说："兹以皇上幼冲，众议以济尔哈朗、多尔衮辅政，我等如不秉公辅理，妄自尊大，漠视兄弟，不从众议，每事行私，以恩仇为轻重，天地谴之，令短折而死。"

至此，大局已定，仪式已毕，一场皇位争夺结束了。众人三三两两地散去；一直紧绷着的神经也开始松弛下来。

事过境迁，但时至今日人们仍有疑惑：皇太极的几个儿子当中，为什么多尔衮偏偏选中了第九子福临？有人说多尔衮与福临之母、永福宫漂亮的庄妃早有私情，在庄妃的周旋下，于是便将其子福临推上了皇帝的宝座。我们说，这种情况虽有可能，但决定福临继位的根本原因，还是当时局势的发展和各派势力的均衡，以及满洲的制度和多尔衮对自己权力精妙设计的结果。

皇太极除了长子豪格之外，另有过10个儿子，但他死时只剩下7个。在五宫后妃中，清宁宫正宫、皇后博尔济吉特氏只生下三女儿，位于其下的是关雎宫宸妃博尔济吉特氏，就是福临母亲的姑母，但不幸的是，她曾在崇德二年生下一子，未及命名就夭折了，她自己也在三年后病逝。排在第三位的是麟趾宫贵妃博尔济吉特氏，生有一子一女，子即博穆博果尔。第四位是衍庆宫淑妃博尔济吉特氏，无子无女，只抚养了一个蒙古养女，嫁给了多尔衮。第五位才是永福宫庄妃博尔济吉特氏——福临的生母，其他生子的贵妃、庶妃还有7位。从年龄来讲，当时比福临大的还有叶布舒（时17岁），硕塞（时16岁），高塞（时7岁），常舒（时7岁）等4人，但皆为庶出；从地位上来讲，博穆博果尔之母为西宫皇后，高于福临之母两级，为什么多尔衮不在这5人当中选一嗣君，偏偏选立了福临呢？

可能有如下原因：首先，多尔衮提出选皇子但并不同意豪格。自己做辅政王，目的是为了控制皇帝，自己独揽大权，使自己虽无皇帝之名，却有皇帝之实，因此，绝不能选择年龄较大者继立为帝。所以，叶布舒和硕塞就被排除在外，否则，他根本就没理由提出设立辅政王，即使勉强设立了，也不能辅政时间很长，这对于他当然是无利可图的。

其次，满族极重嫡庶之分，所立皇子的母亲必须是地位较高的五宫正妃，而不是没有徽号的侧妃或庶妃所生之子。皇太极生前最喜欢的妃子有两个，一是宸妃，此妃贤淑文静，与太宗感情极深。皇太极曾取《诗经》中以表达爱情著称的“关关雎鸠”诗句，来为她所居宫室命名。崇德六年（1641年）她病逝之后，皇太极痛不欲生，饮食俱废，很长时间都未从悲痛中恢复过来。另一位，就是福临的生母庄妃。此人在五宫后妃中最为年轻，且又美貌动人，聪明伶俐，她善于体察皇太极的心意，因此很得皇太极宠爱。特别是宸妃死后，她就成为皇太极晚年生活中的唯一爱妃。这二人本是一姑一侄，且都只生有一子，但宸妃之子不幸夭亡，庄妃之子福临就占了天时、地利、人和，提出他来继嗣，应该是符合先帝心愿的，诸王自然没有话说。

但是，符合以上两个条件的还有一个人，即麟趾宫贵妃的儿子博穆博果尔。此子于崇德六年（1641年）十二月出生，为皇太极的第十一个儿子，也是最后一个儿子，当时不过两岁多。其母博尔济吉特氏地位也比永福宫庄妃高。那么为什么多尔衮没提出博穆博果尔作为皇位继承人呢？也可能有两方面的原因。首先，传说麟趾宫贵妃和衍庆宫贵妃原来都是察哈尔林丹汗的老婆，后来为清军俘获，代善等劝皇太极纳之，后来分列五宫后妃中的第三位和第四位。这样，她们就不是皇太极的元配，在人们眼中的地位就不甚高贵。此外，麟趾宫贵妃也不太被皇太极宠爱，她和衍庆宫淑妃之所以被皇太极安排在永福宫庄妃之上，其政治上的需要可能远比夫妻感情的因素要大得多。就是说，这是招徕蒙古诸部的一个手段，因此其实际地位当低于她的名号。其次，博穆博果尔才两岁，虽说多尔衮是辅佐幼主，但太小了也不合适，举行仪式时，总不能由母亲抱着，连起码的场面也应付不了吧？

因此，福临在当时被选中了，这绝不是偶然的机遇，或是凭多尔衮信口道来，而是由当时诸多的客观因素决定的。

那么，又是什么因素决定了辅政王的人选呢？为什么诸王大臣只得同意由济尔哈朗和多尔衮，而不是豪格、多铎或代善来辅理国政呢？多尔衮出任辅政的原因比较清楚，他是牺牲了皇位继承权而出任辅政的，这等于是个交换条件。这一点，恐怕双方都很清楚。起初，多尔衮代表两白旗出来争夺皇位。此时，他出任辅政同样是代表着两白旗，这体现着最高统治阶层中各派势力的一种均衡，从这个意义上说，多铎和阿济格自然不能同任辅政王。当然，多尔衮个人的才能也为众所周知，多铎和阿济格不可能取而代之。

同样，福临即位，已经代表了两黄旗和正蓝旗的利益，豪格再出任辅政，均衡就会被打破，这是多尔衮无论如何也不会同意的。但是，能不能就由多尔衮一个人担任辅政王呢？不行。一边是六龄幼主，一边是雄才伟略的叔父，难免会出现大权独揽、个人专政的局面。这样，就必须有一个中间派上台，表面上并非多尔衮的敌对势力，实际上起一种抑制多尔衮的作用。对于多尔衮来说，也必须拉上一个比较好对付的人一同登台，这样，才可以避免暴露自己的真实想法，也使对手较容易接受自己的提案。谁能充当这个角色呢？代善不行，他早就表示“老不预政”，皇帝都不愿当，何况辅政王？于是，就非济尔哈朗莫属了。对于多尔衮来说，济尔哈朗容易对付，而他又曾支持豪格，拉他上来，两黄旗的人必定没话说，而且，把他放在第一辅政王的位子上，该方案就更容易被通过。这是平衡各派势力的最佳方案。

对于满朝文武来说，济尔哈朗和多尔衮出任辅政也并不出乎意料，因为皇太极晚年最信任、最重用的就是这两人。崇德七年（1642年）十月，皇太极日理万机，不胜劳累，在外出休养时，国事“著大学士范文程、希福诣和硕郑亲王、和硕睿亲王、和硕肃亲王、多罗武英郡王处会议”。济尔哈朗和多尔衮列于首位。崇德八年（1643年）四月，皇太极赐诸王玄狐裘，济尔哈朗和多尔衮仍列首位。五月，他又命济尔哈朗和多尔衮向罗洛浑传谕。六月，饶余贝勒阿巴泰征明凯旋，皇太极令诸王大臣出迎，济尔哈朗和多尔衮排在最前面。八月，因阿巴泰征明大捷，文武群臣上表称贺，又是济尔哈朗和多尔衮领衔。这一切都表明，济尔哈朗和多尔衮在皇太极统治时期乃是群臣之首，而且济尔哈朗排在第一位，多尔衮排在第二位。这二人现在做了辅政王，众人也不会觉得意外，是最顺理成章的人选。

尽管皇太极死后所形成的政权格局，是各派势力充分较量后，大家共同接受的结果，但仍有一些人公开或暗地里表示反对。

镇国公艾度礼在宣誓之前就说：“二王迫胁盟誓，我等面从，心实不服。主上幼冲，我意不悦。今虽竭力从事，其谁知之？二王擅政之处，亦不合我意。每年发誓，予心实难相从，天地神明，其鉴察之。”他还把这些话都写在纸上，在集体宣誓之前焚化，表明他是被迫盟誓的。

多铎或许是对多尔衮不同意立他为帝不满，他后来居然对豪格说：“和硕郑亲王初议立尔为君，因王性柔，力不胜众，议遂寝。其时我亦曾劝令勿立，由今思之，殆失计矣，今愿出力效死于前。”多铎仿佛不再是多尔衮的兄弟，而是变成了豪格的死党。

代善的子孙硕托和阿达礼在盟誓两天之后，对拥立稚童福临颇不甘心，仍积极活动，企图把多尔衮推上皇位，改变既成的事实。于是，在八月十六日阿达礼先跑到多尔衮那儿，对他说：“王正大位，我当从王。”接着又跑到济尔哈朗那儿，对他说：“和硕礼亲王让我经常到睿王府中往来。”硕托也派吴丹到多尔衮处，对他说：“内大臣图尔格及御前侍卫等，皆从我谋矣，王可自立为君。”最后两人又一起到代善那儿，以探视足疾为由，在床前悄悄对他说：“今立稚儿，国事可知，不可不速为处置。”又附到代善耳边说：“众已定议立和硕睿亲王矣，王何默默？”代善听后明确表示反对，并告诉他俩说：“既立天誓，何出此言？更勿生他意！”

对阿达礼和硕托的四处游说，多尔衮迅速做出反应：当他们找上门时，多尔衮“闭门不纳”。二人跑到多铎处求见，多铎也令人对他们说：“此非相访之时！”始终不出见。硕托和阿达礼无奈，只得又回到代善那儿去恳求他的支持，代善见告诫不听，立刻发了脾气，说道：“何为再发妄言？祸必立至，任汝所为！”为了不牵连自己，代善立即将他们告发，多尔衮说：“吾亦闻之。”于是他俩的活动被揭发了出来。

据说，阿济格对多尔衮立幼子为帝心中也颇不满。“自退出后，称病不出，帝之丧次，一不往来。”

肃亲王豪格见到两黄旗大臣一立了皇子就不再坚持拥立他，便认为他们“向皆附我，今伊等乃率二旗附和硕睿王。”他还大骂多尔衮“非有福人，乃有疾人也”，“素善病”，“岂能终摄政之事？”并叫嚷：“岂不能手裂若辈之颈而杀之乎？”他手下的杨善、伊成格、罗硕、俄莫克图等也纷纷愿为豪格效死。

面对这样一种新的挑战，新统治集团的核心多尔衮和济尔哈朗，甚至代善都主张坚决打击，决不手软。济尔哈朗下令将艾度礼和他的妻子及其子海达礼一齐斩首，家产人口全部没收。豪格被夺所属七牛录，罚银五千两，废为庶人。其死党杨善、伊成格、罗硕、俄莫克图全部被砍头。其他知情者安泰、夏塞等俱遭鞭责。支持多尔衮的人，代善和济尔哈朗是主张重罚的，多尔衮也就更不能心慈手软。对于硕托和阿达礼，代善都可以舍弃自己的亲生骨肉，多尔衮要是容情，就势必被人认为是有私心。于是，他二人被宣布扰乱国政，以叛逆罪论死。阿达礼母、硕托妻因结党助逆，与同谋的吴丹一并处死。在十六日晚上，硕托和阿达礼被捕送到衙门，“露体绑缚”，与硕托之妻和阿达礼之母，“即缢杀之”。

面对阿济格的消极抵制，多尔衮派人警告他说：“汝虽患病，皇帝丧事，不可不来也。”阿济格听后非常害怕，第二天就扶病上朝，不敢有所怠慢。

经过一番剑拔弩张的皇位争夺战，皇帝的宝座将由皇太极6岁的幼子福临继承。崇德八年（1643年）八月二十五日，满朝文武斋戒祭告上天，改第二年为顺治元年。崇德八年八月二十六日，皇太极的丧期未过，就举行了顺治小皇帝的登基典礼。满洲贵族以及蒙汉各族大臣齐集笃恭殿，恭候新主登基。年幼的福临乘辇升殿，其乳母欲与他同坐，他不同意，并说：“此非汝所宜乘。”然后，由东掖门出，诸王、贝勒及文武大臣跪迎两旁。他上殿后，问侍臣：“诸伯叔兄朝驾，宜答礼乎？抑坐受乎？”侍臣答道："不宜答礼。"济尔哈朗和多尔衮率群臣行三跪九叩头的大礼，然后颁行登极大赦诏。

诏书曰："我太祖武皇帝，受天明命，肇造丕基，懋建鸿功，贻厥子孙。皇考大行皇帝，嗣登大宝，盛德深仁，弘谟远略，克协天心。不服者武功以戡定，已归者文德以怀柔，拓土兴基，国以滋大。在位十有七年，于崇德八年八月初九日上宾，今诸伯叔兄及文武群臣，咸以国家不可无主，神器不可久虚，谓朕为皇考之子，应承大统。乃于八月二十六日即皇帝位，以明年为顺治元年。朕年幼冲，尚赖诸伯叔兄大臣共襄治理。所有应行赦款，开列于后。布告中外，咸使闻知。"

颁诏完毕，文武百官再行三跪九叩头礼，大典即告结束。

二十几天后，王公大臣们齐至崇德殿，将皇太极的梓宫哭送到陵宫，马驼前导，出了大清门。通往陵宫的道路两旁，齐齐跪着大小贵族官吏以及外藩蒙古丧使，待大行皇帝梓宫安放完毕，王公大臣上前跪祭，最后把皇太极生前衣服及陈设用品一一焚化。至此宣告老皇帝的时代已经彻底结束，多尔衮开始了他的摄政生活。

在新皇登基前后这一个月里，多尔衮一直处在矛盾旋涡的中心，他的努力使满洲贵族内部剑拔弩张的紧张气氛瞬间烟消云散，虽然还没能最终解决矛盾。多尔衮的名次居位虽然都在济尔哈朗之下，但由于他的识略均远胜于济尔哈朗，因此，福临继位之初的军国大事依然主要由多尔衮来处理。九月初九日，济尔哈朗便与阿济格率军出征宁远，至十月中才归，这实际上说明多尔衮已处于支配地位，在朝中处理军政大事。按朝鲜人的说法就是，"刑政拜除，大小国事，九王（多尔衮）专掌之，出兵兵事皆属右真王（济尔哈朗）"。

十二月，济尔哈朗和多尔衮始称摄政王。其间，两位摄政王召集诸王、贝勒、贝子、王公大臣会议，向他们说："前者公议公誓，凡国家大政，必众议认同之后决定。现在考虑众说纷纭，不易决断，反误国家政务。”然后二人当众表示：“我二人当皇上幼冲时，身任国政，所行善，唯我二人受其名；不善，亦唯我二人受其罪。任大责重，不得不言。”在如何安排皇太极成立的六部时说：“方先帝置我等管理六部时，曾谕国家开创之初，故令尔子弟辈暂理部务，等大功告成，即行停止。今我等既已摄政，不便兼理部事，而诸王仍留，亦属未便，从今以后诸王管理六部事一概停止，止令贝子公来代理部务，你们看怎么样？”经过众人进一步讨论，议定：“贝子公等管理部务亦停止，惟原在部之贝子博洛、公满达海不令卸事，其余王、贝勒、贝子俱罢管部务，部务悉由尚书处理。”

其后，多尔衮又先后谕各部尚书、侍郎及都察院官，让他们“克矢公忠，有见即行，勤劳罔懈”，都察院严加稽查，三年考核。接着，又以考满称职，给户部尚书英俄尔岱等六部尚书、侍郎、启心郎、理事官等官员二十余名加官晋级，给予奖励。这样一方面减少了诸王对政事进行干涉的机会，又通过硬软两手使部官勤劳政事，一切权力皆向多尔衮一人手里集中，使摄政王的名称更加副实。这样，济尔哈朗实已退居多尔衮之下，多尔衮成了实际上享有皇帝一切权力的摄政王、太上皇。

为了尊崇多尔衮的显赫地位，顺治元年（1644年）一月，由礼部议定摄政王多尔衮居内及出猎行军的礼仪，诸王不得与之平起平坐。于是，多尔衮实际上享有皇帝的尊荣和权力，成为清初的实际执政者和决策者，从而为他以后所实行重大政治、军事行动提供了强有力的保证。

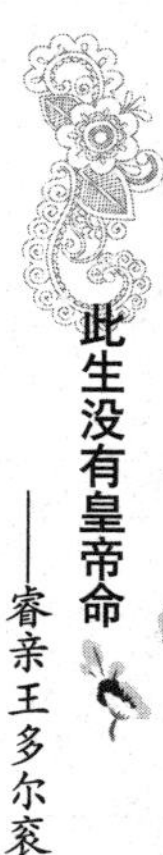

挺进山海关，大败李自成

多尔衮独掌大权后，审时度势，敏捷果断，在政治上、军事上迅速进行了一系列战略性的调整，使清军得以顺利入关，占领北京，争取到了政治上、军事上的优势，掌握了主动权。

顺治元年（1644年）三月，李自成农民起义军攻克北京，崇祯帝自缢身死，明朝灭亡。听到这一消息，清朝大学士范文程急忙从养病的盖州温泉返回沈阳，上书多尔衮，建议清兵尽快入关，夺取天下。多尔衮也敏锐地观察到形势的变化，他采纳了范文程的建议。

四月初七，多尔衮统率大军，出师中原，行前祭告太祖、太宗。

清军一路缓行，四月十五日抵达翁后（今辽宁阜新一带）。这天早晨，遇到了明军辽东总兵吴三桂请援的使者——副总兵杨坤、游击郭云龙。他们向多尔衮呈交了吴三桂的请援信，在信中，吴三桂除了说明当时形势及一些客套话之外，主要表明他站在明王朝立场上请求清军支援的态度，还没有表示降清。他的条件是与清军分治中原，“黄河为界，通南北好”。

多尔衮看了信，当然感到意外。他没想到屡招不降、拒守山海关、宁远的吴三桂会投书乞降。但他还有些疑虑，怕这是阴谋。便给吴三桂写好复信，信中以一国之主的口气，用“封以故土，晋为藩王”的条件招降吴三桂。同时，命大军加紧向山海关进发。

清军以平均每天60公里的速度进发，四天以后来到连山驿（今锦西）。这时候，李自成已开始攻打山海关了，吴三桂又派人给多尔衮送去第二封信，希望清军“速振虎旅，直入山海，首尾夹攻，逆贼可擒”。

多尔衮知形势急迫，立即命令大军星夜出发，昼夜兼程。清军越过宁远（今辽宁兴城）进抵沙河地区，小驻于沙河驿（中后所与前屯卫之间，距连兴城75公里，距山海关50公里），然后继续进发。二十一日，清军在距山海关5公里外，得到吴三桂军中哨骑的报告，说：“贼已出边立营。”多尔衮遂命精兵往击，在一片石首遇大顺军唐通部数百人并迅速将其击溃。傍晚，清军再进离山海关5公里处，已隐约可闻关内炮号轰鸣、喊声阵阵。清军发现山海关城中的炮火向东轰击，遂迟疑不敢冒进，扎营于关外欢喜岭。在对关内战况毫不掌握的情况下，多尔衮与阿济格、多铎说：“不如分兵固守，以觇动静。”然后，清军“披甲戒严”，“高张旗帜，休息士卒”，“蓄锐不发”。并遣人到吴三桂营中打探虚实，以免上当。

此时农民军正在与拒守关城的吴三桂军激烈交战。历史上著名的山海关之战就在这天开始了。

“两京锁钥无双地，万里长城第一关。”号称“天下第一关”的山海关，古称榆关，是万里长城东部的起点。关城南临渤海，北依燕山，横亘辽西走廊，东西为出入关门的必经孔道。在明朝，它“外控辽阳，内护畿辅”，是明朝经营辽东的陆路咽喉之地，一关雄踞，万夫莫开。

李自成大军猛攻山海关的翼城，两方拉锯，喊杀声震天。到二十二日黎明时分，吴三桂见情形不妙，又知清军已到关外，赶忙亲率五百骑，冒着矢林弹雨，赴欢喜岭拜见多尔衮。在营中，多尔衮与吴三桂对天盟誓，吴三桂剃发称臣，以白马祭天，乌牛祭地，歃血斩衣，折箭为誓。而后，多尔衮令吴三桂先行一步，与农民军进行决战，并答应清军随后就到。二十二日上午，三方军队，在关内石河摆开战场。李自成知道“成败

待此一决，驱其众死斗”。农民军在石河以西列阵，马步兵二十多万“北至山，南至海”，排成一字长蛇阵。吴三桂也是“悉锐而出”先行迎战。清军以英王阿济格为左翼，率领万骑入北水门；豫王多铎为右翼，率万骑入南水门，为吴三桂两翼助战。多尔衮自率主力部队殿后指挥，从关中门进，并即赴石河西。这时吴三桂已挥兵上阵，一场恶战开始了！这天，“大风迅作，尘沙蔽天，咫尺莫辨”。因为几乎对面不见人，所以根本谈不上整整齐齐地交手。有些八旗将领不禁急躁起来，想乘势杀将过去，但都被多尔衮制止住了。然后他把八旗主力部队面向大海，分层排开，主要针对农民军的阵尾。令吴三桂军为右翼之末，即最西端，实际上就是让他作为前锋，与列阵于石河西的农民军首先交战，自己衔住农民军长蛇阵的结尾，使其无法合围自如，这体现了多尔衮战术的高明之处。

由于风卷黄沙，对面不见人，所以吴三桂军出其不意地出现在农民军阵前。李自成在庙冈之上立马观战，见此情形，急令农民军包围吴军。一霎时，金鼓之声、呐喊之声传到百里之外，在农民军层层包围之下，吴三桂率军左冲右突，拼命死战，但农民军数量上胜于吴军，战斗力亦很强，因此步步进逼，前仆后继。吴三桂军被围在垓心，向左突围，便有农民军号旗向左指，使军队向左迎击；吴军向右冲击，号旗便向右挥，农民军又向右堵截，吴三桂恰如瓮中之鳖，几无脱身之路，“阵数十交，围开复合”，“炮声如雷，矢集如雨”。双方苦战了大半日，直至下午时分，吴三桂开始支持不住了。就在他精疲力竭的时候，多尔衮抓住战机，突令清军出击。于是清军三吹号角，呐喊三声，以白旗骑兵二万从吴三桂军右侧突入，“万马奔腾不可止”。农民军不畏强敌，仍然奋勇拼杀，刘宗敏勇冠三军，但中箭负伤。

由于农民军已与吴三桂军相持了大半日，伤亡者较多，而且力气耗费甚大，因此无法抵挡一直养精蓄锐、在双方交战中作壁上观的清军，见到这种情况，李自成惊慌失措，当即下令撤退，自己麾盖先走，避开锋芒，于是农民军阵脚大乱，一败不可收拾。清军则乘胜追杀20多里，缴获了许多驼马缎帛。农民军被杀者无计其数，投水溺死者，不知其几，横尸遍野，沟水尽赤。夜幕降临了，两天来一直震耳欲聋的炮声和呐喊声渐渐停息了。清军追击还师后，在关内五里处扎营。至此，这场各方投入总兵力近40万人，连续激战两天一夜的山海关大战终于结束了。

据当时目击者说：战役中“凡杀数万人，暴骨盈野，三年收之未尽也”。山海关之战对李自成农民军、清军，乃至吴三桂都是至关重要的，这场战役的结果已远远超过了战争胜负的意义，中国历史又将从此翻开新的一页。

取得山海关战役胜利的当日，多尔衮即封吴三桂为平西王，赐给他玉带、蟒袍、貂裘等物，并令山海关城内军民一律剃发。以马步兵一万隶属吴三桂，让他和多铎、阿济格一起率兵前往追击李自成。

为了改变清军烧杀屠掠的行为，以期夺取全国统治，大军出发前，多尔衮与诸将誓约：“此次出师，所以除暴救民，灭流寇以安天下，今入关西征，勿杀无辜，勿掠财物，勿焚庐舍，不如约者罪之。”

从山海关逃回的大顺军士兵拖着疲倦的步履，又回到了原来的营地。李自成连遭挫折，士气大落，预料很难坚守北京，因而决定回师晋、陕，以图东山再起。二十七日，为了发泄仇恨，李自成又杀了吴三桂全家的三十余口，悬首城上示众。

为了证明自己曾经真正统治过天下，李自成最后决定在北京举行登基称帝仪式。二十九日，李自成在武英殿举行即皇帝位仪式，立妻子高氏为皇后，追尊七代考妣为帝后，牛金星代行郊天礼，并由六政府各颁一大诏书，以当年为大顺永昌元年。李自成身加衮冕，受各官朝拜。同时，出牌晓谕百姓速速出城躲避清兵。然后将木柴、硝磺之类运入承天门，这位大顺永昌皇帝计划烧毁这座自己刚刚享用过的宫殿。二更时开始放火烧宫，再烧九门城楼。五更时，农民军开始撤出北京，李自成命左光先、谷可成统领万骑殿后，载其所熔金饼数万狼狈地离开了北京。在他们身后，大火正燃烧着他们曾一度占有的地方。自三月十九日农民军雄赳赳、气昂昂地开进北京城，推翻了朱明王朝的统治，到四月三十日仓皇撤退，其间不过四十二天。时间之短，变化之大，真是发人深思！

与此同时，山海关的清军正以锐不可当之势，积极向北京进发。多尔衮一方面派出吴三桂军追剿李自成，另一方面仍考虑到用招抚的手段争取民心，特别是争取汉族地主阶级分子的支持。这样，前途的障碍就会大大减少。山海关之战时，多尔衮就再次告诫将士："不能乱杀无辜百姓，乱抢财物，乱烧房屋，否则，要论罪。"多尔衮曾发布令旨说："谕官兵等人知道，曩者三次往征明国，俱俘掠而行。今者大举，不似前番，蒙天眷佑，要当定国安民，以希大业。入边之日，凡有归顺城池，不许杀害，除剃头而外，秋毫勿犯。其乡居散屯人民，亦不许妄加杀害，不许擅掠为奴，不许跣剥衣服，不许拆毁房舍，不许妄取民间器用。其攻取之城，法不可赦者，杀之。可以为俘者，留养为奴。其中一应财物，总收公用。其城屯不论攻取投顺，房屋俱不许焚烧。犯此令者，杀以儆众。"多尔衮反复严肃军纪，确实收到了一定的成效。清军"入关之初，严禁杀掠，故中原人士无不悦服"。

此外，多尔衮还向百姓宣布清军严守军纪、安定国家的规定，招纳逃避四方的百姓还乡返里。尤其是，多尔衮利用明朝地主阶级的复仇心理，宣布清军入关的目的是："为尔等复君父之仇，非杀尔百姓，今所诛者惟闯贼也。"告诉明朝官民："官者归来复其官，民者归来复其业，师律严肃，必不害汝。"由于吴三桂是明朝旧官，他的话更易为汉族官绅所接受、相信，所以多尔衮又让吴三桂以自己的名义发布檄文，号召汉族官民归顺清军。京东州县，本来已无明军，农民军败退后，就更没有什么抵抗力量，顺利得让人吃惊。而且吴三桂已先发榜文到前路州县，所以各地士绅纷纷望风而降。

从山海关到北京不到千里的路程，多尔衮开始了他收买民心、招抚汉族地主阶级的计划。他每到一处，对百姓进行安抚，开仓济贫；还不让军队入城住宿，严申军纪；又对投降的地方官好言劝慰，赏赐袍服，保证他们原有的地位，这不仅使这些士绅感激涕零，也使当地百姓松了口气。更重要的是对京城内外各阶层人士产生了较好的影响，为建立清朝未来的统治打下了较好的基础。

李自成农民军撤出后的北京，已重新成为故明官员的天下。御史曹溶自任城西巡视，在城隍庙中设立了崇祯帝的灵牌，故明遗老如高尔俨、孙承泽、梁兆阳等纷纷发丧哭临，张懋爵、柳寅东、韩文铨、朱朗绍也自任五城中其他四城的御史，暂时行使起统治职权，恢复统治秩序。一些投降过农民军的明官如王鳌永、沈惟炳、骆养性等也与各官一起在午门设立崇祯牌位，行礼哭临，准备恭迎吴三桂以及大清义师，以为他们会奉还崇祯太子，重新中兴大明王朝。

一场大雨，使京城熊熊燃烧的烈火渐渐地熄灭了。宫中除武英殿、文华殿，宫外除大明门、正阳门之外，主要建筑都已半成灰烬。宫城内外的白玉石桥虽被烟火熏成褐黑斑驳，但还完好无损。只有那昔日结巢于宫殿重檐之下的泥燕被大火烧得无家可归，只好在荒凉残破的庭院里上下翻飞，几乎遮住了天空，叫声凄凉。

五月初二日，故明遗官、遗民们早早就等候在朝阳门外，他们都以为是吴三桂奉太子回归。于是，锦衣卫指挥骆养性准备好銮仪法驾，百官随卤簿齐集朝阳门。远处一股尘埃扬起，众人连忙跪伏在大道左边，一些百姓烧香拱手，甚至有人高呼万岁。可车马行到眼前，既不见明太子，也不见吴三桂。不久，北京城里人才知道，此时的吴三桂已被多尔衮径直差去追击农民军，自卢沟桥向西而去，连京城的影子都未看到。众人等到的是衣服、语言俱异的清朝军队，领头的是大清的摄政王多尔衮！

多尔衮说："我摄政王也，太子随后至，尔辈许我为主否？"众人不禁面面相觑，惊愕不解。此时清军大队已进入北京城，门上遍插八旗中白旗标志。百官在相顾惊异后就迅速默认了现实，然后俱劝进表。范文程告诉他们："皇帝去岁登基矣，何劝进之有？"这些人又请多尔衮乘辇进城。多尔衮推辞说："我是效法周公辅佐幼主，不该乘辇。"众人叩头请求："周公也曾是负扆摄国事的，现在应该乘辇。"于是，多尔衮不再推辞，说："我如今来安定天下，自然不能违背众意。"多尔衮下令把卤簿向宫门陈设，排仪仗于前，奏乐，从长安门进皇宫。在此对天行三跪九叩头礼，再向关外方向行三跪九叩头礼，然后乘辇直入武英殿，以金瓜、玉节等罗列于殿前。多尔衮下辇升座，接受故明大小官员以及宦官七八千人的朝拜。在一片欢呼万岁声中，多尔衮顺利地进占了北京城。

正是多尔衮这种迅敏的机变，使清军在尔后的一系列军事行动中占尽先机，牢牢掌握着主动权，兵锋所至，势如破竹。

从多尔衮出兵至清军占领北京，前后不足一月。

定都北京，巩固统治

进入北京后，多尔衮一直保持着比较清醒的头脑。当时京畿内外，"连经兵火，又值大旱，远近田畴，尽为兵马所蹂躏。城底数百里，野无青草；城中之人，相聚为盗，多有杀越夺掠之患"，人心颇为不稳。京中粮草，大多为农民军运走，所剩多是“积年陈腐之米”，糠土参半，吃了就会腹痛。尽管如此，八旗官兵也不得不以此充饥。多尔衮深知自己的艰难处境。

多尔衮还让前来帮助清军作战的蒙古部落人马暂且回去，等到秋天大举南侵之际再来相会。这样做一方面可以减少粮饷的消费，另一方面则可避免军队对民间的骚扰。十七日，多尔衮专门设立防守燕京内外城门的军队，“禁士卒抢夺”。同时还宣布：“京城内流贼蹂躏之后，必有鳏寡孤独，谋生无计，及乞丐街市者，著一一察出，给予钱粮恩养。”这一切对稳定北京局势也起到了一定作用。

多尔衮必须兑现自己的诺言——替明崇祯帝发丧，因为他打着这个旗号进关，打着这个旗号争取吴三桂，又打着这个旗号使京东一带，包括北京不战而降，这一条是争取汉族地主阶级的重要手段，即使一般汉族百姓也会对此表示满意，因为这至少表明清人对过去的敌人宽宏大量，不念旧恶。此外，在这个幌子下，可以大大激起汉族地主阶级对农民军的仇恨，充当多尔衮剿杀农民军的急先锋。

多尔衮为收买旧臣，下令从初六日开始，“为先帝设立帝王庙，哭临三日，随议谥号，议葬隧”。礼部侍郎杨汝成称典礼浩繁，不能独任，要求增派主持丧礼的官员。多尔衮便问汉官中谁最贤明，沈惟炳等推举那位曾建议崇祯帝南迁的李明睿，多尔衮便彬彬有礼地请李明睿出任礼部左侍郎。李明睿以自己年老多病而推辞不干，多尔衮就对他说：“尔朝皇帝尚未收殓，明日即欲令京城官民人等哭临，无神主，何以哭临？无谥号，何以题神主？”多尔衮的这种姿态，使李明睿“闻言大恸”，感激涕零，叩首接受了这一任命，答应负责安排先帝的葬礼。多尔衮当即下令在朝房中讨论崇祯帝的谥号，并议定朱由检为怀宗端皇帝，周皇后为烈皇后，并安奉神主于帝王庙。

从初六日开始哭临，至初八日三天，多尔衮“命臣民为崇祯帝举哀”。曹溶等五人作为多尔衮肯定下来的五城御史，在帝王庙“监肃诸仪”，其他一些曾投降农民军的官员如熊文举、杨枝起、朱徽等都前来致哀。“洪承畴入京，哭临帝丧，议改葬梓宫。士民乐从，无不哀泣。”其后，众人因田贵妃的坟墓宽大壮观，就决定不再为崇祯帝造陵，将他与周后、田妃一同葬于其中；崇祯帝棺椁居中，周后居左，田妃居右，命名为思陵。十年后，谈迁曾访思陵，见其中“飨殿三楹，奉先帝木主。内殿加峻”。有碑上书“怀宗端皇帝陵”，前头的“大明”二字为金色，殿上匾额有“思陵”二字，亦为金书，只是乱草丛生，十分凄凉。

无论如何，多尔衮此举的效果是显著的，汉族地主阶级无不为此而心怀感激之情。当时就曾有人说，“清兵杀退逆贼，恢复燕京，又发丧安葬先帝，举国感清朝之情，可以垂名书，传不朽矣”。南明大学士史可法在给多尔衮的信中也写道：“殿下入都，为我先帝后发丧成礼，扫清宫殿，抚辑群黎，且免剃发之令，示不亡本朝，此等举动，震古烁今，凡为大明臣子，无不长跪北面，顶礼加额，岂但如明谕所云‘感恩图报’乎？”再加上范文程等加意抚绥，遣官护送抗拒农民军而自杀的大学士倪元璐的家属扶柩南归，凡死难诸臣之棺木，又都“次第给文南还”，更使汉族地主阶级感恩戴德。拉拢汉族上层分子的一系列措施，使多尔衮在北京很快稳住了脚跟。

满族人的风俗习惯之一就是剃发，俗称剃头，就是把脑袋四周的头发皆尽剃光，仅从头顶向后留起，梳成大辫。自从后金努尔哈赤日益扩张土地，剃发与否就成为是否降顺的标志。多尔衮要求占领区的汉人尽行剃发，由此导致满汉关系十分紧张。山海关战役后，吴三桂的属下俱皆剃发；山海关城内平民也被谕令剃发。京东州县迎降之后也都纷纷剃了头，但这时剃发还没有全面展开，只是在占领地区局部实行，因此还没有引起太大波动。进入北京之后，多尔衮仍然沿用这一传统做法，在所有布告谕令中，反复强调，以剃发为归顺的标志。认为“虽称归顺而不剃发者”，是有“狐疑观望之意”，决不允许。要求“凡投诚官吏军民，皆著剃发，衣冠悉遵本朝制度”。当有人向多尔衮请求愿从旧俗，免除剃发时，多尔衮却以一副救命恩人的姿态说：“我存若辈头，若辈乃惜此发耶？”遂使剃发、易衣冠的做法向京畿中原地区强行推广。

在范文程和一些明朝降官的建议下，多尔衮同意为崇祯帝发丧三日，服除后再行剃发。五月初八日，清军开始在北京强行剃发，先官后民。并要求“三日内官发尽剃”。十一日，多尔衮发布谕令说：“近闻土寇蜂起，乌合倡乱，念尔等俱吾赤子，不忍俱加兵革，已往者姑从宽宥。谕到俱即剃发。”“倘有故违，即行诛剿。”

接着，又下令从十一日开始迁城。“凡京城百姓，限十日内俱移南、北两城”，东、西、中三城圈为八旗营地，当时北京高门大宅尽在东、西、中三城，全为清兵居住。左翼为：镶黄旗在安定门内，正白旗在东直门内，镶白旗在朝阳门内，正蓝旗在崇文门内；右翼为：正黄旗在德胜门内，正红旗在西直门内，镶红旗在阜成门内，镶蓝旗在宣武门内。“限期既迫，妇孺惊慌，扶老携幼，无可栖止。前三门城门，皆经烧毁，以木撑闸板，距地三尺许，必偻而后得过。男妇拥集，肩背摩击，失足仆地，践踏立毙。既而人多木倾，闸板下坠，压死又数十人。其得出者，惶惶无归，饥寒交迫，一路米豆抛撒，滑不受步，倾跌接踵，哭声震天。妇女怀抱婴孩，力不能支，辄弃城壕中，伤心惨目，不可俱述。”“不料三日内达兵（指八旗兵）不待迁徙，遽占民房，民之失业者甚众”。许多百姓不愿剃发，便乘迁城之机，纷纷外逃。据当时在北京的朝鲜人说：“剃发之举，民皆愤怒，或见我人泣而言曰，我以何罪独为此剃头乎？”

于是京畿各占领地区，特别是北京城及其他大城市之中，民情骚动，连朝鲜官员都说："如此等事，虽似决断，非收拾人心之道也。"一些希图幸进之徒，借机率先剃头，向多尔衮取媚讨好。尤其是曾在北京一度投降过李自成的明官，唯恐明朝一旦复辟会治他们的从"逆"之罪，便迅速剃发，归顺清朝。多尔衮在宣布故明各衙门官员照旧视事时，一个先决条件就是剃发。甚至当时的命令中传有"剃发者贼亦非贼，不剃发者非贼亦贼"的说法，于是北京城内遂无完发之人。

从当时的整体形势而言，清兵虽然顺利进占北京，控制了京畿一带的局势，但京东一些地方"土寇蜂起"，威胁着北京到沈阳的交通安全，特别是李自成虽然败走北京，而此时仍然据有山陕，还有相当大的势力，是多尔衮不可轻视的劲敌和最大的心腹之患。东南半壁，尚为明朝残余势力所支撑。鹿死谁手，尚未定局。看到此时自己还立足未稳，申令剃发政策又引起不利反响，并且一些降将建议为了定鼎中原，必须制定收买人心的策略，作为当时的权宜之计，多尔衮便不得不做出适当的让步，五月二十四日，即在进入北京后的20天，遂下令罢除剃发。

清人定都北京之后，它的政权跟过去在盛京时已大不相同，原先不过是满族人或东北一个区域内的政权，自从定都北京后，则成了全国性的政权，虽然当时它还没有统一全国。作为摄政王的多尔衮，在新的形势下，当务之急当然是要竭尽全力来巩固这新政权。为此，多尔衮一方面在政治上进行改革，另一方面继续用武力统一全国，这二者又是相辅相成的。政治改革为军事行动提供了条件，军事上的节节胜利又为其政治改革奠定了基础，这两方面的胜利，使清朝的新政权日渐巩固。

在多尔衮执政期间，他始终注意网罗汉族中的官僚、士大夫。他常说："古来定天下者，必以网罗贤才为要图"，"故帝王图治，必劳于求贤"。为了充分利用明朝原有的封建国家机器，迅速而有效地治理国家，多尔衮积极拉拢汉族上层人士与满族统治者合作。他规定凡明朝降官，只要实心忠顺清朝，一律加官晋爵，对他们过去的种种不法劣迹，也“不必苛求”。一入关，多尔衮就打出“官仍其职，民复其业，录其贤能，恤其无告”的口号。进入北京后，首先宣布对明朝原有官吏的态度是“凡职衔尊卑，悉以三月十九日为断，各复原职”。五月初九日，也就是多尔衮到北京的第五天，便“令在京内阁、六部、都察院等衙门官员，俱以原官同满官一体办事”。通过这样一些措施，多尔衮急不可待地把明朝封建国家政权的各项职能，迅速地恢复起来，以便形成满汉统治阶级利害与共的局面，尽快联合起来，集中力量镇压李自成以及各地的反抗。

汉官同满官一体办事的命令一下，故明地方官前来投顺的、京官前来报名的，纷至沓来，络绎不绝。如原明朝大学士、著名阉党人物冯铨“闻命即至”，并立刻成为多尔衮的心腹。许多明朝官吏被多尔衮委以原任，或加官提升，使清朝入关后，很轻松地就继承了明朝遗留下来的一整套国家机器。

对归附清朝的汉官，多尔衮还特别注意发挥其中具有丰富经验并有代表性的人物的作用。原任明朝内阁大学士的冯铨，曾因为是魏忠贤阉党的骨干而被崇祯帝罢黜为民。虽然他素以“有才无德”著称，且在故明官僚士大夫中声名狼藉，多尔衮对他却非常器重，顺治元年五月十四日，赐以“所服衣帽”及鞍马、银币，“令以大学士原衔，入内院佐理机务”。六月初一日，多尔衮又正式任命洪承畴“仍以太子太保兵部尚书兼都察院右副都御史，同内院官佐理机务”，为内秘书院大学士。顺治元年（1644年）八月间，又把于崇祯十三年（1640年）四月到崇祯十五年（1642年）四月，曾任内阁大学士的谢升，征召入京，令其入内三院办事。再加上对明朝原来六部及其他中央统治机构官员的起复任用，逐步又把明朝的封建统治机构及其基本制度恢复起来。并把入关前清政权的中央统治机构成员与之混合在一起，组成了以满族成员为核心的新朝统治机构。

入关前清政权的最高决策机构是议政王大臣会议，但多尔衮进占北京以后，议政诸王中的另一辅政王济尔哈朗和代善、豪格等人，尚与幼帝福临留守沈阳，所以多尔衮在北京的实际决策机构是内三院，而内三院又听命于多尔衮，这样，多尔衮就成为清政权当时在北京的最高决策人。多尔衮把原来明朝内阁的成员和主动归顺的得力人员，任命为内三院的大学士。崇祯十七年（1644年）明朝内阁的大学士共有七人，其中在北方仅存的李建泰，于顺治二年（1645年）三月陛见时，多尔衮也复其明朝大学士的旧僚，任命他为内三院大学士。至此，多尔衮就把明朝的内阁和清政权的内三院，从职能到人员完全混合在一起，成为摄政王发号施令的中枢参谋机构，实际在发挥着明朝内阁的作用，洪承畴、冯铨、谢升等人，也以明朝内阁的职能在执行他们的任务。

顺治元年（1644年）六月初二日，也就是洪承畴被多尔衮正式任命为内秘书院大学士的第二天，他和冯铨共同向多尔衮建议："国家要务，莫大于用人行政。臣等备员内院，凡事皆当与闻，今各部题奏，俱未知悉。所票拟者，不过官民奏闻之事而已，夫内院不得与闻，况六科乎？倘有乖误，臣等凭何指陈，六科凭何摘参，按明时旧例，凡内外文武官民条奏，并各部院覆奏本章，皆下内阁票拟。已经批红者，仍由内阁分下六科，抄发各部院，所以防微杜渐，意至深远。以后用人行政要务，乞发内院票拟，奏请裁定。"多尔衮得其奏言后，连连称是。

这样，清朝便恢复了明朝内阁的票拟制度。

野蛮圈地，民怨沸腾

随着清兵入关，大批满洲贵族、将士及旗下厮养涌入关内。这些人入关后，就不能不解决他们的衣食住行等生活问题。而且清王朝为确保八旗将士的效忠和战斗力，必然要给他们以优厚的待遇，保护他们的经济特权。这时候，圈地开始了。

多尔衮给户部下了一道谕令，要求清查因战乱造成的无主之地，安置八旗官兵。表面看，这是将无主荒地和故明死于寇乱勋戚的庄田分给八旗官兵，并无夺民人田产之嫌，算不上是恶政，但实际上，清朝户部官员和地方政府官吏具体执行圈地令，却远非如此。他们来到乡村田野，由两人骑马拉着户部颁行的绳子，不分有主无主，看好哪块，四周一拉，田地就划归八旗，换了主人。圈一定，田主就要走人。圈地无疑成为极端野蛮而又公开、合法的掠夺！多尔衮把北京内城（又叫北城）的几十万汉民强迫迁往外城（南城），腾空内城安置清朝皇室和八旗官兵。汉人搬迁时虽然给一点搬家费，但根本不够买房或盖房。许多汉民倾家荡产或流离失所。

京城圈完了，再向京畿府县蔓延。

于是，圈占顺义、怀柔、密云、平谷4县地60750垧（1垧即1公顷，合15亩）；圈占雄县、大城、新城3县地49115垧；圈占容城、任丘2县地35050垧；圈占河间府地201539垧；圈占昌平、良乡、房山、易州4州县地59860垧；圈占安肃、满城2县地35900垧；圈占完县、清苑2县地45100垧；圈占通州、三河、蓟州、遵化4州县地110228垧；圈占霸州、新城、

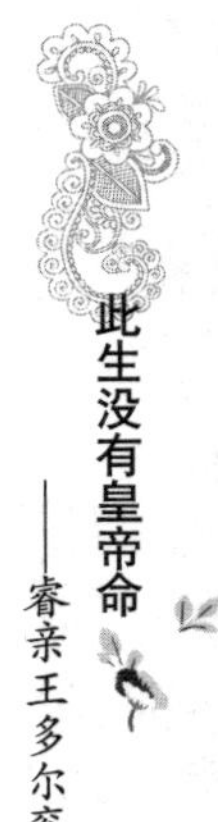

费县、武清、东安、高阳、庆都、固安、安州、永清、沧州11县地192519垧；圈占涿州、涞水、定兴、保定、文安5州县地101200垧；圈占宝坻、香河、滦州、乐亭4州县地102200垧。仅此一次，满洲贵族便在京畿38个府州县圈占992217垧土地。八旗贵族将士将圈占的土地的一部分“以备畋猎、放鹰、往来下营之所”，大量的被圈土地用来安置庄头，迫使农奴在庄田耕作。汉族民众田地被圈，被迫离开家园。“圈占之后，民多失业。”社会上的情形是“田地多占，妇子流离，哭声满路，……圈地占房，生气索然”。“庐舍田园，顿非其故，迁徙流离，深为可愤。”许多人被迫铤而走险，揭起反清旗帜。

圈地事起，人言汹汹。面对人民群众的激烈反抗，多尔衮不得不采取措施试图缓解矛盾。顺治二年（1645年）二月，他发布谕旨“令户部传谕各州县有司，凡民间房产有为满洲圈占，兑换他处者，俱视其田产美恶，速行补给，务令均平”。实际情况是，“田地被圈之民，俱兑拨碱薄屯地”，而征赋却照“膏腴民地”则例。在雄县“圈则倍占，退仅虚名”；在庆都县“其被圈之地拨附近军地补还，无如奉行者草率从事，止提簿上之地，希完拨补之局，遂使良法美意不获实及。是被占者不毙于圈占，而毙于拨补也。即如庆邑所拨真定卫地，并不知坐落何处，其簿上四至竟有以鸡、犬、驴、羊、春分、秋水种种不堪字样塞责。地既难于认种，不得不照簿议租，取归本县纳粮”。

顺治四年（1647年），新城县于乐陵、庆云2县拨补。新城县实际“被圈占土地八万一千一百零二垧，于乐陵县补还六万八百八十八垧，庆云县补还一万四千一百二十六垧”，到顺治六年“尚欠未补地六千八十八垧”，而且“庆云兑地已系题过之老荒，乐陵兑地俱系不毛之薄域，第次报荒在案。士民见兑地荒芜，即卖男鬻女为耕种之资，何计可耕？何策可种？似此久荒之地，势必不能开垦，抛荒泣天而逃，十之八九”。百姓被迫“离其田园，别其坟墓，甫种新授之田，庐舍无依，籽种未备”，生活之艰难可想而知。

多尔衮下圈地令后，使得“畿甸近地悉圈赐八旗勋戚，各委庄头督之”，香河县“仅存汉人八百一十二丁，又皆零替失业苟活，贷食于庄头。及偿贷失期，则收捕拷掠，五毒参至，毙人如蚁，长令慑庄头之威，或反利其贿更袒助之。由是汉人命益轻，弱益甚”。清廷香河知县丘应登视事未久，竟怆然喟叹：“长此未已，汉有孑遗乎？”京畿地区失去田地、庐舍的汉民“骇散向南，道多馑也”，对此，一些有良心的汉族官员也对圈地气愤不已，多尔衮却非常理直气壮地说：“满人来已二载，即有资囊，亦已用讫，若不圈地，何以为生？岂汉人该丰衣饱食，而满人该饿死耶！”充分暴露了一位征服者、掠夺者的蛮横嘴脸。当满洲贵族掠足了土地，多尔衮又假惺惺地作了一番反省，顺治四年三月，他晓谕户部，“自今以后，民间田屋，不得复行圈拨，著永行禁止”。

“永行禁止”实际上是难以达到的，小规模的圈地仍时有发生。

清朝王公旗人富户并不从事农业生产，他们在圈占的田地上设立农庄，因为缺少劳力，便实行逼民“投充”的政策，招收农民供其役使。许多汉人不愿离开故土，或经济破产，纷纷投充到八旗名下，充当奴仆。他们的处境非常悲惨，又引发大批逃亡问题。

多尔衮制定了严禁奴仆逃亡的法律，规定：抓获逃人，鞭一百，归还原主；隐匿者正法，家产没收；左邻右舍，各鞭一百，流放边远。这种肆意株连、刑罚过重的做法在社会上产生了严重恶果，与多尔衮“满汉一家”的思想当然也是南辕北辙。

铁蹄南下，逐鹿中原

在军事上，清人虽然定都北京，但形势仍然相当严峻，西安有李自成的军队，虽然吃了败仗，但仍有几十万久经沙场、作战勇猛的将士。四川有张献忠的大军。在江淮以南，明朝的军事力量基本上未受损失，各镇总兵累计有几十万部众。以上还只是清人的最主要敌手，除此之外，各地反清义军、降而复叛者更是难以计数。在这种纷繁复杂的局面之下，作为摄政王的多尔衮在军事上必须作出正确决策，主要矛头对准哪里，先攻谁，后攻谁，至关重要。

在此关键时刻，多尔衮审时度势，终于根据柳寅东的建议，作出了正确的决策：先攻打李自成的军队。而为了攻打李自成，调蒙古兵入三边，举大兵攻晋豫，使李自成腹背受敌。为此又需先用计扼住蜀汉之路，以免张献忠与李自成联手。然后进攻江南，稳定江南局势。

多尔衮之所以首先把矛头对准李自成，一是因江南尚无能力北进，只是固守江南。二是把矛头对准起义军，理由是清人得天下于"流贼"，而不是得自于明，攻打起义军是为明报仇，师出有名，既可稳住明代官吏与将士，以便集中兵力，各个击破，而又无后顾之忧。多尔衮的这种决策无疑对清人十分有利。

在顺治元年（1644年）十月初一日，多尔衮在主持完顺治帝的登基大典后，立即开始调遣军队，兵分两路，向大顺军和南京福王弘光政权同时发起进攻。开始了入关后最大的武力征服。十月十九日，多尔衮命英亲王阿济格为靖远大将军，率清军经山西攻陕北，然后南下西安，征讨李自成。平西王吴三桂、智顺王尚可喜以所部随征。

李自成节节败退。顺治二年（1645年）五月初，李自成途经湖北通山县境内的九宫山，他先率二三十人前去观察地形，不料遭到当地山民袭击，由于大队遥远，救援不及，因此全部殉难。清政府曾派认识李自成的人去查验尸体，但尸已糜烂腐朽，无法辨认。关于李自成的结局，各种史籍记载分歧很大，亦有李自成隐遁为僧的说法。李自成死后，其余人马与从延安撤下来的李过、高一功部会师后，进入湖南。不久，与南明桂王政权的何腾蛟部结成抗清联军，大顺军的余部开启了一个新的阶段。

明末由张献忠领导的另一支农民起义军，于顺治元年（明崇祯十七年，1644年）正月沿江而上大举入川。六月克重庆，八月下成都，先后杀掉明朝的端王和蜀王。十月，张献忠定成都为西京，建立大西政权，改元大顺，改蜀王府正殿为承天殿。建立各级农民政权，铸币造历，开科取士。同时，张献忠派出孙可望、李定国、艾能奇等将领率兵四处攻略州县，使全川一时皆置于大西政权的统辖之下。

随着国内形势的发展和阶级矛盾的激化，故明势力在四川反对张献忠的活动愈演愈烈。顺治二年（1645年）以来，大西政权所面临的局势就逐渐恶化起来。为了镇压一切反抗和有可能反抗的势力，张献忠在四川实行了疯狂屠戮的报复措施。自顺治二年（1645年）七月，张献忠感到自己在四川很难立足，便在其女婿汪兆麟的怂恿和帮衬下，开始有计划地对蜀民进行残酷杀戮。

顺治二年（1645年）七月十三日至十八日，张献忠在成都指挥他的部队进行了一次大屠杀。先杀男子，后逼妇女跳江。“除投缳赴井者莫可查考，其膏锋刃者，男妇不下四五百万”。十一月九日，张献忠以举行“特科”为名，命令将各府县生员一律送至成都，到齐后全部杀光。十一月二十二日，张献忠下令将大西政权官员家属以外的成都“城内居民一律杀绝”。顺治三年正月十日至十五日，张献忠大杀川丁，将14岁以下者除外，“其余老弱成丁，不论男妇，尽杀”。并在顺治三年（1646年）上半年，派兵分剿成都府属32州县，以杀人多少论功。张献忠命令部队“俱要处处残灭，节节搜杀”；“无论男妇，尽杀”。被杀者“尸骸山积，臭闻百里外”，其情形惨不忍睹。张献忠最后干脆放弃成都，另寻出路。顺治三年（1646年）八月六日，张献忠在纵火焚烧成都后，向川北转移。后到达西充，驻扎在凤凰山金山铺一带。

清军入关后，多尔衮最初对张献忠知道不多，当时把主要精力放在对付李自成上，后来为了实现其统一全国的目标，特别是在李自成被剿灭后，便开始着手解决张献忠割据四川的问题。

顺治二年（1645年）春，清陕西总督孟乔芳致书大西川北巡抚吴宇英，“令其说张献忠投降”。闰六月，多尔衮询问：“张献忠现在在什么地方？”大学士奏报道：“听说张献忠现仍占据四川，其地方险要而富庶，他在那里抗拒不降。”同年秋天，清湖广等地总督佟养和继续派人“持书与告示往四川招抚张献忠”。张献忠对此根本不予理睬。

于是，清朝在江南基本被平定后，便开始以武力征讨四川。顺治二年（1645年）十一月二十日，多尔衮任命驻防西安内大臣何洛会为定西大将军，加派左翼固山额真巴颜、右翼固山额真墨尔根、侍卫李国翰等率兵前往陕西，“会剿四川，征讨叛逆”。同一天，又颁布了招抚张献忠的诏书和告四川各官兵民人等的谕旨。诏书说：“张献忠前此扰乱，皆明朝之事。因远在一隅，未闻朕抚绥招徕之旨，是以归顺稽迟。朕洞见此情，故于遣发大军之前，特先遣官赍诏招谕。……张献忠如审识天时，率众来归，自当优加擢叙，世世子孙永享富贵，所部将领头目兵丁人等，各照次第升赏，倘迟延观望，不早迎降，大军既至，悔之无及。”“凡文武官员兵民人等，无论原属流贼或为流贼逼勒投降者，若能归服我朝，仍准录用。倘抗拒不服，置之重典，妻子为奴。开城投顺者加升一级，恩及子孙。……”

在政治招降无效的情况下，顺治三年（1646年）正月二十一日，清廷又命肃亲王豪格为靖远大将军，会同多罗郡王罗洛宏、多罗贝勒尼堪、固山贝子吞齐喀、满达海等，统率官兵前往四川征讨张献忠。豪格等人经陕西，着手准备入川。

就在这个关键时刻，大西军内部发生了刘进忠降清事件。刘进忠原是大西军骁骑营都督，其部下四川人较多，当时“营中纷纷传献忠欲杀川兵”，他的一些部将叛投了南明。刘进忠害怕自己受到张献忠的严惩，遂率部下叛逃，先至重庆投靠明将曾英，不久又率部下北移，同摇黄十三家中的袁韬部合营，自称新天王。大约在顺治三年（1646年）十月间，他又派部将吴之茂往陕西向豪格投降，接引清军入川。

十一月，清军准备就绪，迅速入川。二十六日，豪格从大西军俘虏口中，得悉张献忠的大营驻扎在西充县凤凰山下，遂密令章京鳌拜、固山额真准塔等率领精锐充为先锋，自己则带着满、蒙军队随后进发。清军一昼夜三百里急行军，于二十七日抵达西充凤凰山。当时天气“寒冰凛冽，朔风刮面，平地雾起，目不见形状”。张献忠拥众数十万，直到清军迫近，还是不相信。当有哨兵报告说：“听到山下有人马甲胄的声音，雾太大看不见有多少人。”张献忠听后大怒，将哨兵捆绑起来，说道：“我天王老子统领天兵在此，谁敢来捋老虎须？你为何胡说八道，惑乱军心？应当处斩！”话音未落，哨兵接二连三地向他报告与前者同样的情况。张献忠这才命令给第一个来报告的哨兵松绑。然后继续装着若无其事的样子说：“我的名字威震天下，四海皆知，哪人敢来送死？我一个人就能对付他。”于是自己拿着一张弓，挟上三根箭，未披任何甲胄，一人骑马驰出了御营。随从护卫立即备马追赶，但都未能跟上。张献忠策马飞驰率先来到山下，此时雾散日出，放眼望去已是漫山遍野的清兵，气势汹汹，如潮水一般围攻过来，清兵前锋与张献忠只有一溪之隔。刘进忠连忙指着他，告诉清兵："此人就是张献忠。"张献忠见此连忙张弓搭箭，但未等箭矢发出，其胸膈已连中两箭。张献忠急忙勒马回逃，刚一转身，后背又被对方射中两箭，当即从鞍背上滚落下来，气绝身亡。这时随从护卫相继赶到，当他们从张献忠身上拔出箭矢，仔细察看后，才知道对方是清兵。这些人正想扛起尸体赶回大营，只见清军大队人马已经冲杀上来，个个人强马壮，恍若天神。张献忠的随从们自知不是对手，于是丢下张献忠的尸体，一溃不可收拾。

大西政权就这样败了。后来李定国等将领率余部南撤，转入云南，与南明永历政权共同抗清，仍然发挥了作用。

清人攻入北京，崇祯帝吊死煤山后，明朝官僚们为了解决王朝继统的问题，先后建立了几个南明政权。顺治元年（1644年）五月，福王朱由崧被迎入南京，即位称帝，是为弘光政权。弘光政权派员北上，与清廷议和，未成。这年十月，多尔衮以豫亲王多铎为定国大将军，率清军征讨南明，恭顺王孔有德、怀顺王耿仲明以所部随征，全军二万余骑，渡黄河南下。

三月初七日，清军分兵三路：一路由多铎自己统率，出虎牢关；一路由固山额真拜尹图指挥，出龙门关；一路由尚书韩岱统领，走南阳。三路殊途同归，直指归德（今河南商丘）。途中所经30县，皆望风迎降。二十二日清军克归德，多铎在归德期间，清军已进入安徽，占领了颍州（今阜阳）、太和（今安徽境内）。四月初五日，多铎军经过十几天的休整，再度出发南进，经亳州（今亳州）、泗州（今泗县），直抵淮河，南明将领烧断淮河桥后逃走，清军在泗州夜渡淮河后，从天长（今安徽天长市）、六合（今江苏六合县）一线逼进扬州。大军兵临城下，扬州已危在旦夕。

在清军铁蹄南下，矛锋直指南京之际，弘光政权虽然开始有些恐慌，但并未有所举措。由于三月份有个自称崇祯太子的人来到南京，各个党派为了自己的利益又跳出来争斗。远在武昌的左良玉也接连上疏，为“太子”争地位，甚至打出“清君侧”的旗号。三月二十五日，左良玉兵发武昌顺江而下，移檄远近，要入朝诛杀马士英。自汉口至蕲州，列舟300余里，向南京进发。马士英万分惊恐，急调黄得功率兵镇芜湖，进行江上堵截；又调刘良佐入卫；刘泽清的部队则以勤王为名，大掠而行；史可法也得到渡江入援的命令。

这时的清军已攻取归德，进逼淮南。史可法飞章告急，请求增援。昏庸的弘光皇帝竟对他说：“上游急，则赴上游；北兵急，则赴北兵，自是上策。”史可法气愤地说：“上游之意，不过欲除君侧之奸，原不敢与君父为难。若北兵一至，则宗社可虞。”一些文武臣僚也请求弘光派兵防御淮扬一线。但马士英却指着这些官员大骂：“你们这伙东林党，想借防江纵左军进犯！清兵到了还可以议和，左逆到了，你们是高官，我君臣却得死！我们宁可死在清兵手里，也不死在左兵手中。”由于黄得功、刘良佐等部已被马士英抽调去抵御左良玉，而防守江北的史可法实际上已无御清之兵。弘光小朝廷赖以生存的江北门户——扬州，已是内乏守兵，外无应援，毫无固守的可能。左军东犯失败后，史可法奉旨仍守泗阳。于是他急趋天长，并檄诸将救援处于清兵严重威胁之下的盱眙（今江苏盱眙县），不久，有报盱眙已降清军。史可法急返扬州，泣谕城中士民坚守到底。同时传檄各镇增援，结果，仅有总兵刘肇基以四千兵赶赴扬州助战。刘肇基请求趁清兵尚未集结，背城一战，史可法认为，野战不如凭城坚守，没有同意。

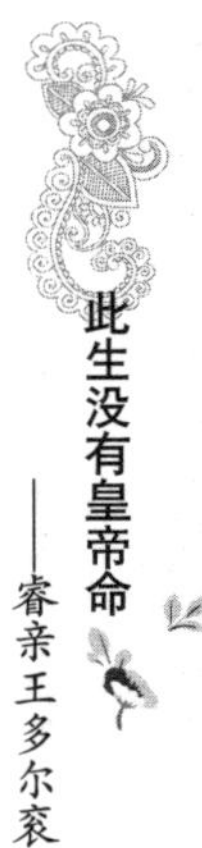

四月十五日，清军逐渐逼近扬州，开始围城。十七日，多尔衮再次晓谕江南、南京、浙江、江西、湖广等处文武官员军民人等，历数南明诸臣对国破君亡不遣一兵；既无遗诏，擅立福王；扰害良民以起兵端三罪。告诫各地文武官员速以地方城池投顺，否则杀无赦。对南明发出了措辞严厉的檄文。同一日，清军距扬州10公里列营，多铎遣韩岱、伊尔德、阿济格、尼堪等率领清军进至扬州城北，又令顾纳岱、伊尔都齐、费扬古等领兵至扬州城南。清兵在扬州城北、城南共得船300余艘。

十八日，原南明徐州总兵、降将李成栋引导清军包围扬州，清军兵临扬州城下。多铎派降清的明将李遇春持豫王多铎的檄文到城下招降，史可法站在扬州城上，在众人面前俯视这位劝降使节，痛斥他的变节行为，并下令士兵用箭射他。

多铎又令一些乡民多次持书招降，不是这些信使被杀掉，就是信件未曾启封便被一烧了之。但清军的招降也并非全然无效、皆不应命。二十二日，总兵李栖凤、监军副使高岐凤在欲劫史可法出降不成后，遂拔营降清，给扬州的防御造成了新的困难，使守城兵马更加势单力弱了。

二十三日，清军对扬州尚未发动攻势，总兵刘肇基请求乘敌人不备，出城一战。史可法认为："锐气不可轻试，且养全锋以待其毙。"结果坐失良机，清军从泗州调运来了攻城用的红衣大炮。

史可法面对险峻的形势，决心抵抗到底，与扬州城共存亡。他认为大清豫亲王多铎所领的兵数量较多，且承锐来攻，其势难当。明朝守扬州，虽有兵，能战者少，所以不能轻易出战。当时扬州有新旧二城，史可法与诸将分别把守，旧城西门最为险要，他就亲自领兵防守，说："诸将以此地为险，吾自守之。"二十四日夜，多铎命令用巨炮轰城，并亲督劲兵，猛力攻城，"西北角忽崩如雷，城遂破"。守城者矢石如雨，攻城者前仆后继。顿时尸积如山，清兵借以爬上城墙。清军越攻越急，城墙修不胜修，新城先被攻破。旧城被攻危急时，史可法正盼望黄得功的兵来救，忽然听到报告："黄爷兵到矣。"史可法望城外旗帜，信以为真了，忙门出迎。待入城之后，来者大肆杀掠，至此才知道上了清军的当。扬州终于被清军占领了。

史可法知大势已去，又不愿做清军俘虏，即拔剑自刎，被参将许瑾双手抱住，而未伤致命处。史可法血溅衣袍，不得死，便命义子史德威用刀砍自己，德威痛哭，犹豫再三不忍下手。德威与许瑾等数十人拥护着史可法下城，至东门，被清兵堵截。史可法大呼道："史可法在此"。于是被活捉，送至新城南门楼上去见多铎。

多铎很礼貌地召见了他，说："前书再三拜请，俱蒙叱回。今忠义既成，当畀重任，为我收拾江南，当不惜重任也。"史可法愤怒地回答："我身为天朝重臣，岂肯苟且偷生，作万世罪人。头可断，身不可屈。"多铎问道："君不见洪承畴乎，降则富贵。"史可法答道："彼受先帝厚恩而不死，其不忠于尔国明矣。我岂肯效其所为。"多铎说："既为忠臣，当杀之以全其名。"史可法随即郑重答道："城亡与亡，我意已决，即劈尸万段，甘之如饴。但扬州百万生灵，既属于尔，当示宽大，万不可杀。"多铎遂下令将其斩首，史可法时年44岁。当时天气炎热，尸体很快腐烂不可辨识。第二年，他的家人将其衣冠葬于扬州梅花岭。乾隆时，曾有人以诗凭吊曰："号令难安四镇强，甘为马革自沉湘。生无君相兴南国，死有衣冠葬北邙。碧血自封心更赤，梅花人拜土俱香。九原若遇左忠毅，相向留都哭战场。"

在史可法遇害时，刘肇基守北门，发炮反击，攻城的清军伤亡惨重。扬州城破后，他率部下四百人又进行了一场殊死的巷战，最后以寡不敌众，被源源不断涌入的清兵战败，刘肇基和他的这些部下全部牺牲。扬州知府任民育是史可法的好友，这位誓死保卫扬州的地方官，戎服守镇淮门，城破，乃换上绯衣端坐堂上，说“此吾土也，当死此”。清兵至，有人想让他躲避，他坚持不肯离开，于是遇难，妻子皆投井殉难。

随着城防的崩溃，中国历史上最为臭名昭著的大屠杀便开始了。

当时大雨倾盆，城中居民一面忙着烧香，一面隐藏他们的财宝。他们已无力抵抗凶猛的清兵，面对即将发生的一切，只有听天由命了。清兵先是要银子，后来就无所不要了。夜幕降临之后，清兵凶狠的砸门声，抽人的鞭子声和被打、被杀者发出的惨叫声，悚耳慑魄。城中燃起了大火，“赤光相映如雷电，辟卜声轰耳不绝”。清兵用绳子把人捆起来，然后就用长矛一阵猛刺，将他们杀死；有三个清兵将五六十人如同犬羊一般驱赶，“稍不前，即加捶挞或即杀之”；作为战利品，他们用一根长绳分别系住许多妇女的脖颈，如穿珠一般，这些人一步一跌，遍身泥土；许多被清兵从母亲怀中掷弃地上的婴儿，在街上爬来爬去，被马蹋人踩，“肝脑涂地，泣声盈野”；城中“处处皆有积尸”，一些沟池“堆尸贮积，手足相枕，血入水碧赭，化为五色，塘为之平”；一些人藏到垃圾堆里，积薪下面，乱尸丛中，希望以此逃避这场屠杀，但是清兵仍然不时地用长矛猛刺垃圾堆和柴草垛，直到有鲜血流出。

清兵逢人便杀，城中随处可听到数十人或百余人齐声乞命的哀求和清兵的追杀声。“遇一卒至，南人不论多寡，皆垂匍匐，引颈受刃，无一敢逃者。”一清兵“所掳一少妇、一幼女、一小儿，小儿呼母索食，卒怒一击，脑裂而死，复挟妇与女去”。有些藏在屋子里的人，虽有幸逃过清兵的屠刀，但其中一些人却又被清兵放的大火无情地吞噬。当清军接到多铎就此封刀的命令时，这座城市可能已有80多万人死于这场惨绝人寰的杀戮。这个数字据说还未包括那些被迫落井投河、闭门自焚，或惊愕而死、自缢而亡的人。

从四月二十五日至五月五日，清兵在扬州城内暴虐十日。无日不掠取，寸丝粒米搜刮殆尽；无日不杀人，数以万计的无辜百姓惨死在清兵野蛮的屠刀之下。清兵血洗后的扬州，积尸遍布街道，“经积雨暴涨，而青皮如蒙鼓，血肉内溃，秽臭逼人，复经日炙，其气愈甚，前后左右，处处焚灼，室中氤氲，结成如雾，腥闻百里。盖此百万生灵，一朝横死，虽天地鬼神，不能不为之愁惨也！”

清军攻下扬州，扫除了进取南京的一大障碍，南京的弘光小朝廷已濒临灭亡的绝境。面对虎视眈眈的清军，福王朱由崧只得寄希望于长江天堑。他命令总兵郑鸿逵、郑彩以水师守瓜洲，调杨文骢巡抚常、镇地区兼督沿江诸军，合二郑兵驻京口（今江苏丹徒县），在南岸与清军隔江对峙。

惯于长驱野战的清军为飞渡长江天堑，不能不改变策略。他们针锋相对，首先攻破弘光政权在瓜洲等地设防的水师，进驻瓜洲。然后拆掉瓜洲城内各家居民的门槛、桌椅，结成木筏。夜里点燃灯火，施放号炮，沿江而下。南岸明兵以为是清军铁骑渡江，炮石猛击，并向朝廷报捷。京口人民捧着酒肉去犒劳明军，载歌载舞，大肆庆祝。其实这是清军一种声东击西的迷魂阵，故意麻痹南明那些腐败无能的统治者。

五月五日，清军进抵长江，第二天陈兵北岸，相持三日。五月八日晚，清军开始了正式的渡江行动。他们乘着黑夜雾浓，由拜尹图、图赖、阿山等率领舟师，沿运河不声不响地潜至南岸。第二天，又命梅勒章京李率泰趁天还没有亮继率舟师登岸。黎明，击鼓吹螺，大批清军已渡江而来。等到明兵发觉，于甘露寺仓皇列阵，立即被八旗劲旅一冲全溃。弘光政权派在沿江而守的杨文骢逃到了苏州。二郑扬帆入海奔回福建。清军夺取了南京下游的镇江。

清军渡江的消息传到南京，朝野上下一片惊慌。弘光小朝廷所在的南京城，本无必要的防备，早在清军到来之前就已人心惶惶。但是对前方战事，马士英只许报喜，不许报忧。弘光帝嬉游如常，嗜戏而无暇上朝。时人有一副对联张贴在南京长安门柱上：“福人（指福王）沉醉未醒，全凭马上（指马士英）胡诌；幕府凯歌已休，犹听阮中（指阮大铖）曲变。”嘲讽当权者的昏庸腐败。

初七日，马士英召百官集议，16名与会者，或窃窃私语，或相对无言。其中有二人公开说出有可能投降清军。更多的人虽没有公开发表言论，却暗中计划请总督京营的忻城伯赵之龙向清军奉表投降了。

初九日，明朝江南之师皆溃，京口败兵逃到南京，城中大震。此时的弘光皇帝却还在彻夜观戏酣宴。到了十日午夜二鼓后，他也觉察形势不妙，带着后妃宦官共四五十人，骑马出通济门逃走。弘光帝出逃，城中文武官员全然不知。十一日黎明，马士英在四百名士兵保卫下，挟皇太后出走浙江。顿时南京城内一片混乱，内门不闭，宫女杂走。百姓拥入马士英、阮大铖家中，抢掠殆尽。文武百官各自逃命。

早已立马江南的大清军，在豫亲王多铎率领下，五月十四日从丹阳向句容进发，当日前队到达南京郊坛门。十五日，多铎身穿红锦箭衣，乘马自洪武门进入南京城。明总督京营忻城伯赵之龙率公侯驸马、内阁大学士、六部尚书侍郎、六科给事中及都督巡捕提督副将等55人并城中官民，冒雨淋漓褰裳跪道旁迎降。刘良佐也于沿途投降清军，沿途归降的还有各镇总兵23人，副将47人，参将、游击86人及监军道员86人，马步兵共238300人。

清军占领南京后，赵之龙命令南京城内百姓家家设香案，用黄纸写“大清皇帝万万岁”！又另写“顺民”二字，贴在门上。弘光政权文武百官纷纷投递职名，赴清营参谒。十七日，百官争先朝贺，职名红揭堆至五尺高者，多至十几处。这些昔日的达官显宦积极向新主子投靠，以求得个人的荣华富贵。朱由崧从南京逃出以后至太平（今安徽当涂县），又走芜湖投奔黄得功。此时黄得功屯兵芜湖，弘光帝潜入其营，黄得功见后，又惊又悲，说：“陛下死守京城，臣等犹可尽力。奈何听奸人之言，仓皇至此？”由崧说：“非卿无可仗者。”黄得功答道：“愿效死。”不久，刘良佐奉多铎令与清兵追至黄得功在芜湖的营地。黄得功督将迎战，并拒绝了刘良佐的招降。双方还未交战，黄得功被对方冷箭射中喉咙，“知不可为，掷刀拾所拔箭刺吭死”。刘良佐乘势劫营得朱由崧，挟之降清。

五月二十五日，弘光帝乘无幔小轿，首蒙包头，身穿蓝布衣，以油扇掩面被押至南京。沿街百姓夹道唾骂，甚至有投瓦砾击之者。弘光帝后被多铎押解到北京，第二年五月清廷将其斩于北京宣武门外的菜市口。

弘光政权就此灭亡，清军乘胜南进，攻打南方各省。

战争的一切灾难最终还是要老百姓去承担。在这场战争中，百姓被杀戮过半，财物被劫掠将尽，田园荒芜，同时还要承担军队的粮草供应，加上蝗灾又突然蔓延开来，真是“地方之残，再莫残于晋省；百姓之苦，更莫苦于晋民”。

多尔衮在平定叛乱的战争中，不仅造成了大量人口的死亡，经济恢复的缓慢甚至停滞，人民生活的极端痛苦，而且也给清朝的统治造成极大的不稳定。不能不说，多尔衮的功绩是以武力为后盾而建立在人民的累累白骨之上的。

顺治七年（1650年）年底，清军相继消灭了隆武政权和绍武政权，并给鲁王政权和永历政权以沉重的打击，尽管此时仍有农民军余部的抗清斗争，南方各省战事也时有反复，但是大半个中国已在清朝的统治之下，清朝问鼎中原已成定局。

政绩与过失

多尔衮入关后，接受汉族先进文化，表现出开明的一面。他依仿明制，重用汉人。多尔衮认为“古来定天下者，必以网罗贤才为要图”，清朝入关，百废待举，非汉人不能治理中原地区。在国家的军政大事上，他倚重汉官范文程、洪承畴、冯铨等人，在他们的谋划下，清朝制度基本沿用明朝。这也就是史家通常所说的“清承明制”。

此外，为了化解满汉矛盾，多尔衮大力宣传满汉一体，鼓励满汉通婚。福临选汉官女为六宫嫔妃，恪妃就是其中之一，她是滦州人，吏部侍郎石申的女儿，居永寿宫。在皇帝的表率下，鼓励满汉官民互相婚娶。满汉矛盾的激化，归根结底是因为满族贵族对汉族实施的一系列民族压迫政策，这不是仅凭鼓励通婚就能够缓和的。但多尔衮提出“满汉一家”的思想，还是难能可贵的。

此外，他致力于平反冤狱，化解矛盾。努尔哈赤、皇太极统治时代，由于内部争权夺势，一些宗室贵族被囚禁、处死，子孙弟侄受到株连。几十年中，积怨越来越深，涣散了皇族内部的凝聚力，削弱了统治效能。清朝定鼎北京后，国家百废待兴，迫切需要皇族成员的同心同德。多尔衮敢于平反父、兄铸成的冤狱，通过起用被削爵者子孙并恢复其宗籍的办法，化解固有矛盾。这是很需要一些魄力的。

在皇族内部，积怨最深的莫过于努尔哈赤与舒尔哈齐两家。从努尔哈赤杀死其弟舒尔哈齐，到皇太极囚死其堂兄阿敏，在豆萁相煎的表象背后，是一个家庭对另一个家庭的永久胜利。何况皇太极并没就此罢休。崇德四年（1639年），皇太极重提当年阿敏对己不敬、欲将本旗拉出分立的往事，下令削除阿敏第三子固尔玛珲的爵位，黜去宗籍，同时被黜的还有他的弟弟恭阿。多尔衮摄政后，首先恢复了舒尔哈齐诸孙的宗籍。固尔玛珲复封辅国公，因家贫又赏银三千两，晋爵固山贝子。弟恭阿封镇国公。这为舒尔哈齐的平反开了一个好头。顺治十年（1653年），舒尔哈齐在死后43年终于被重新恢复荣誉，追封和硕庄亲王。

努尔哈赤的长子褚英被赐死后，子孙一蹶不振。崇德七年（1642年），褚英的孙子杜尔祜、穆尔祜、特尔祜因"心怀怨望"的罪名，被皇太极革去公爵，黜宗室籍，幼子萨弼也受株连。多尔衮使杜尔祜兄弟重入宗籍，并恢复封爵。杜尔祜后晋封多罗贝勒，穆尔祜、特尔祜、萨弼晋固山贝子。

努尔哈赤第二子代善的儿子瓦克达，因事被废宗籍，多尔衮也恢复了他的宗籍。代善的孙子阿达礼因谋立多尔衮为帝被诛，其弟勒克德浑受到牵连，被削去宗籍，废为庶人。多尔衮恢复了他的宗籍，封为贝勒。勒克德浑后以军功晋封顺承郡王，后世"世袭罔替"。

多尔衮摄政期间，为这些身败名裂的贵族子孙恢复宗籍，封给爵位，孤立了潜在的对手，也扩大了自己的势力。褚英的儿子敬谨亲王尼堪，代善的儿子巽亲王满达海，阿巴泰的儿子端重郡王博洛，舒尔哈齐孙子巩阿岱、锡翰等人都成为多尔衮的亲信，并不因为他们都是生性谄媚的小人。巩阿岱、锡翰对多尔衮言听计从，最为忠诚，后来因多尔衮"谋篡"一案被诛杀。

但是由于威服自专的秉性，多尔衮在为宗室平反昭雪的同时，政治上诛除异己，又在皇族内部引发出新的矛盾，制造出新的冤狱。这突出表现在对肃亲王豪格的迫害上。多尔衮与豪格争位一事虽以双方妥协解决，但多尔衮对豪格一直存有戒心，想方设法削弱他的势力。早在顺治元年（1644年）三月，多尔衮就以豪格“图谋不轨”，削去他的王爵，夺所属七牛录人员，罚银五千两，废为庶人。当时豪格仍有很大势力，不久又恢复了他的王爵。顺治三年，多尔衮派豪格为靖远大将军，统兵往四川镇压张献忠大西军。五年，豪格凯旋回京，没有举行盛大的欢迎仪式。紧接着，多尔衮就以豪格犯有包庇部属、冒领军功等微小罪名，将他囚禁，没收全部财产。豪格义愤填膺，数日后死在狱中。接着，多尔衮兴起大狱，对反对过自己的开国功臣及其子弟横加迫害。

历史上的专制统治者，总是在重蹈冤冤相报的覆辙。一面在为前辈君主制造的旧冤狱平反，一面又在诛除异己的过程中制造新的冤狱。这样的例子，不胜枚举，即便如多尔衮般雄才大略，也无力摆脱这个怪圈。

多尔衮主持朝政七年，功绩显赫，但同时也铸就了三大弊政：

一是强迫汉族剃发易服。多尔衮颁布“剃发易服”令，强迫汉人剃发，改从满族发式，作为降顺的重要标志。同时，规定汉人必须着满式衣冠。

当时有一个说法，叫作“留头不留发，留发不留头”。强迫剃发易服，是对汉族传统习俗的严重破坏，必然引起强烈的反抗。朝鲜《李朝实录》记载：“入关之初，严禁杀掠，故中原人士无不悦服。及有剃头之举，民皆愤怒。”江南等地汉民的反抗尤其强烈，遭到清军的残酷屠杀。

二是占房圈地，引发民族矛盾。

三是强迫投充，抓捕逃人。这两项前面已经说过，不再赘述。

受封摄政王

顺治元年（1644年）九月，福临从盛京起程进入山海关，多尔衮率诸王群臣迎于北京城东20公里的通州。福临到北京后，马上封多尔衮为“叔父摄政王”，并为他“建碑纪绩”。多尔衮的同母兄阿济格、弟多铎也都升为亲王。济尔哈朗则仅被封为“信义辅政叔王”。至此，摄政王只有多尔衮一人。

十月一日，福临在北京“定鼎登基”，宣告“以绥中国”，“表正万邦”。大清王朝终于实现了定鼎中原的目的，实现了努尔哈赤和皇太极梦寐以求的夙愿。在分兵南下继续征战的同时，多尔衮又取法于前明，制定各种内外制度。多尔衮总揽朝纲，在明清王朝更替的历史中起了重要作用，其权势也越来越大，地位也越来越高，称号渐由“叔父摄政王”进升“皇叔父摄政王”，直至“皇父摄政王”，明摆着多尔衮就是太上皇了。不过，这位“太上皇”还算是清醒，他时时告诫诸王大臣不可谄媚自己而不尊朝廷，不尽忠皇上。

多尔衮位宠功高，擅权过甚。豪格虽然镇压张献忠有功于清室，但因在继嗣问题上和他有争，终于在功成返京后，就被他罗织罪名，置之死地。济尔哈朗原和多尔衮同居辅政，被多尔衮逐渐排挤，终被罢其辅政。在排除异己的同时，则任人唯亲。他的同母兄弟阿济格、多铎，都得到重用。尤其对多铎，待之甚厚，顺治四年，封多铎为“辅政叔德豫亲王”，取代了济尔哈朗。多尔衮勉励他说：“汝继予辅政，益加勤勉，斯名誉非小矣。”当时就有人议论他，“凡伊喜悦之人，不应官者滥官；不合伊者滥降”。他又将应贮大内的“信符”（中国古代朝廷颁发有一种传递信息的物品，一般由木雕或铜铸成鱼形，时称“鱼符”、“鱼契”；由于要把传递的信息书写在符上，故又称为“鱼书”。使用此符时，把它剖为两半，双方各执半边鱼符，以备双方符合作为凭信。宋代的时候，为了显示使用者的高贵身份，有以黄金原料制作的鱼符）贮于自己府中，国家大事也基本不向幼帝讲述，完全独断专行。顺治帝后来说：“睿王摄政，朕惟拱手以承祭祀。凡天下国家之事，朕既不预，亦未有向朕详陈者。”所以，多尔衮才是当时实际上的皇帝，以至当他入朝时，出现“诸臣跪迎”的场面。

多尔衮身材细瘦，虬须，素患风疾，入关后病情日重，常常“头昏目涨，体中时复不快”。刚到北京时，又复一度“为疾颇剧”，顺治四年以后，由于风疾加重，跪拜不便，使他时感“几务日繁，疲于应裁”，因而烦躁愤懑，易于动怒，上上下下都怕他，据说就是达官显宦往往也不能直接同他说话，要趁他外出过路时借便谒见。但他始终以全副精神经营清王朝的“大业”，牢牢控制着军国重务。为此他一再令臣下，“章疏都须择切要者以闻”，要求文字简明扼要，不允许有浮泛无据之词，以免徒费精神。据多尔衮自己说，他之体弱神疲，是由于松山之战时亲自披坚执锐，劳心焦思种下的病根。其实，这和他好声色也有一定关系。他的妻子是博尔济吉特氏，当他的哥哥皇太极死后，顺治五年（1648年），他又将嫂嫂、皇太后博尔济吉特氏娶了过来，这就是当时人称的“皇后下嫁”（此事在历史上尚有争议）；在他的侄子豪格被幽禁死以后，顺治七年（1650年）正月，他又将豪格的妻子博尔济吉特氏也娶了过来；五月，又征朝鲜女成婚。

多尔衮厚自奉养，睿王府宏伟壮丽，甚过帝居。据当时人杨义说：

“墨尔根王府翚飞鸟革，虎踞龙蟠，不唯凌空斗拱与帝座相同，而金碧辉煌，雕镂奇异，尤有过之者。”他还“服皇帝之服装”。由于感到北京暑热，曾下令在古北口外筑避暑城，为此加派钱粮，福临亲政后，才令此工程停止。李自成退出北京时，皇宫曾毁于火，多尔衮命令修复，曾从京外弄来工匠七百名，“俱皆铁锁所系”，举一反三，多尔衮在修建睿王府、避暑城时，工匠的悲惨境遇可想而知。

满洲贵族酷好放鹰围猎，多尔衮亦如此。礼部议定有摄政王出猎的仪礼。顺治二年（1645年），有几个在北京的日本人曾目睹他出猎时的盛大场面，光鹰就有上千只。“街上的人和其他人等都要叩头在地等候他通过”。然而，功高天下的多尔衮并不长寿。顺治七年（1650年）十一月，多尔衮出猎塞外，于十二月初九日（1650年12月31日）病死于喀喇城（今河北滦平），年仅39岁。灵柩回京时，顺治皇帝亲率诸王大臣出城跪迎。顺治发布哀诏，追怀其功德：“昔太宗文皇帝升遐之时，诸王群臣拥戴皇父摄政王。我皇父摄政王坚持推让，扶立朕躬。又平定中原，混一天下，至德丰功，千古无两。不幸于顺治七年十二月初九日戌时以疾上宾，朕心摧痛，率土衔哀，中外丧仪，合依帝礼。”接着，又追尊多尔衮为“懋德修道广业定功安民立政诚敬义皇帝”，庙号成宗。追封其元妃为“义皇后”，夫妇一同升祔太庙祭享，即视同一位真正的皇帝，极具哀荣。多尔衮无子，以豫亲王多铎子多尔博为后。

由于多尔衮生前一直处在满洲贵族内部明争暗斗的中心，又专断权威，树敌颇多，死后仅两月，反攻倒算就开始了。下面自有详述。

生母殉葬之谜

在清朝王爷中，恐怕没有谁留下的千古谜团比多尔衮多：努尔哈赤死时，他的母亲阿巴亥是被逼殉死还是自尽？他担任摄政王，孝庄太后是否下嫁与他？他称“皇父摄政王”的真实含义是什么，是否太后下嫁的旁证？他一生多病，39岁猝死塞外的病因是什么？还有，他死后先是被追封为皇帝，为什么又在一夜之间被焚骨扬灰，成了死不足赦的罪人？这些谜团，至今扑朔迷离，给后人留下了极大的想象空间。

先说生母殉葬之谜。多尔衮的母亲阿巴亥，乌拉那拉氏，是清太祖努尔哈赤的第四个妻子。她是海西乌拉部长满泰贝勒的女儿，生于明万历十八年（1590年），12岁嫁努尔哈赤。当时，努尔哈赤已43岁。两年后，大妃（大福晋）孟古哲哲叶赫那拉氏（皇太极之母）病逝，努尔哈赤很快立阿巴亥为大妃。她先后生下努尔哈赤的第十二子阿济格、第十四子多尔衮、第十五子多铎。后金天命五年（1620年），努尔哈赤因阿巴亥倾心于大贝勒代善，与她愤而离异。但感情难以割舍，不久又与她复婚。天命十一年（1626年）八月，努尔哈赤在返回盛京途中病危，速召阿巴亥。她立即乘船沿浑河而下，在船上与努尔哈赤相见。行至距盛京尚有20公里的叆鸡堡，努尔哈赤病逝，遗体当夜急送盛京。努尔哈赤临终前，对阿巴亥仍充满眷恋。但她做梦也想不到，努尔哈赤撒手尘寰之日，也就是她死期来临之时。

关于阿巴亥的死，在清朝的官修史书中就有不同说法。

在成书最早的《清太祖武皇帝实录》中，阿巴亥被描绘成容貌艳丽，却心怀嫉妒的人，因此屡屡引起努尔哈赤不悦。努尔哈赤担心自己死后，阿巴亥会危害国家，所以，预先遗言给年长诸子，到时候必须令她殉死。就在努尔哈赤死去的第二天清晨，努尔哈赤年长诸子代善、皇太极等告诉阿巴亥，按照父亲遗言，她必须自尽，以便死后继续服侍他。当时，阿巴亥只有37岁，风姿绰约，正值盛年。基于对人生的留恋和对爱子的牵挂，她百般支吾，不愿殉死。代善、皇太极坚持必须遵从先帝遗命。阿巴亥被逼无奈，只好盛装打扮，佩戴珠宝饰物，请求诸贝勒善待两幼子多尔衮、多铎，随即在辰时（早晨7~9时）自尽。阿巴亥死时，阿济格22岁已经成年，多尔衮15岁，多铎13岁。但这种有意丑化阿巴亥的说法，似乎有些牵强，因而有研究者推测，这部编写于清太宗时代的《清太祖武皇帝实录》企图隐瞒历史上的某些真相。

根据朝鲜史籍《春坡堂日月录》记载，努尔哈赤临终时，曾遗命由幼子多尔衮继承汗位，代善为摄政。但努尔哈赤死后，代善支持皇太极登基。为确保多尔衮母亲不加反对，必须逼迫其自尽。还有一种说法，努尔哈赤并未确指继承人，但他曾明确宣布，日后将由掌管八旗的八和硕贝勒共同执政，并从中推举一名新汗。努尔哈赤死时，阿济格、多尔衮和多铎各领一旗。其他和硕贝勒担心，在其母阿巴亥的支持下，他们三人联合在一起，力量会变得十分强大。因此，四位年长的和硕贝勒代善、阿敏、莽古尔泰、皇太极，才决定阿巴亥必须自尽。如果这种推测言之成理，阿巴亥应是被迫自尽的，并非遵照努尔哈赤的遗诏。所谓"遗诏"，纯属伪造。《清太祖武皇帝实录》中有关阿巴亥的记述，也是无中生有。

此后，关于多尔衮生母的记载，在清朝官修史书《清太祖武皇帝实录》中几经修改。

清朝入关后，顺治帝福临年幼，多尔衮总摄朝政，权势达到顶点，他追谥其母为“孝烈武皇后”，并配享太庙。他还命令编写本朝历史的史官，从《清太祖武皇帝实录》中删除不利于其母的记载。然而，一旦多尔衮逝世，在诸王罗致他的诸多“罪状”中，就包括篡改历史、使其母配享太庙。随即，“孝烈武皇后”的谥号被追夺，并重新恢复了《清太祖武皇帝实录》中已被删除的有关阿巴亥的内容。

最后，在乾隆年间编纂的《清太祖实录》的最后定本中，关于阿巴亥的死，做了新的解释：一是否定了努尔哈赤生前有遗嘱的说法，“上（指努尔哈赤）于国家政事，子孙遗训，平日皆预定告诫，临崩（死）不复言及”；一是对阿巴亥的死做了含糊其辞的处理，只用了“以身殉焉”四个字。至于是被逼殉死，还是主动殉死，完全没有交代。但如此更改，难免有欲盖弥彰之嫌，说明阿巴亥的死，很可能是诸王矫诏，逼她殉死。

太后下嫁之谜

北京东北方向大约120公里的清东陵，安葬着顺治、康熙、乾隆、咸丰、同治五位皇帝以及他们的后妃。在陵区周围，一道长达20公里的“风水墙”将大大小小150多个陵墓紧紧地围了起来，给人一种生死不离的印象。然而，唯独昭西陵建在风水墙外面，陵中安葬的是清太宗皇太极的大妃——庄妃，也就是顺治帝福临的生母和康熙帝玄烨的祖母孝庄皇太后。孝庄皇太后一生历经四个朝代，竭力辅佐两代幼主，受到清代皇室的尊崇。

孝庄太后是清东陵所有入葬者中辈分最高的一位。她为什么没有与丈夫皇太极合葬在盛京的昭陵，而与自己的儿子、孙子葬在了一处？又为什么没有葬在东陵内，而是葬在陵园外？这些疑问，还关联着一个更大的谜团——“太后下嫁”公案。孝庄太后与多尔衮是否成亲，二人究竟是一种什么关系，至今仍是史学界争论不休的疑案之一，而且是清史三大谜团（太后下嫁、顺治出家、雍正夺嫡）中最聚讼纷纭的一个。

孝庄太后布木布泰（1613—1688年），博尔济吉特氏，是科尔沁蒙古贝勒寨桑的女儿。科尔沁蒙古是最早归附后金政权的蒙古部落之一。为了巩固这种政治联盟关系，寨桑采取联姻的手段先后将自己的妹妹和女儿们嫁给了后金贵族。后金天命十年（1625年），13岁的布木布泰嫁给了33岁的皇太极。11年前，她的亲姑姑哲哲已嫁给皇太极为大福晋。9年后，皇太极又娶了她的姐姐海兰珠。所以说，她们姑侄三个共侍一夫。

崇德元年（1636），皇太极改国号为大清，在盛京称帝。分封五宫后妃时，布木布泰被封为庄妃，位居西宫，她的姑姑哲哲位居中宫，后入宫的姐姐海兰珠被封为宸妃，位居东宫。崇德三年（1638）正月，最受皇太极恩宠的宸妃生的皇八子夭折。无巧不成书，两天后庄妃生的皇九子福临呱呱落地，给悲痛中的皇太极以极大的安慰。福临即位后，尊她为皇太后。

关于多尔衮与孝庄太后的关系，历来有种种传闻和猜测，最有名的是“太后下嫁”。民国初年出版的《清朝野史大观》中，把太后下嫁多尔衮写得绘声绘色，说当时太后年纪尚轻，美冠后宫，性尤机智，担心多尔衮一手遮天，危及福临皇位，于是毅然下嫁多尔衮，宁肯牺牲一身，以成大业。此说一出，在民间不胫而走，以致地无南北，人无老幼，凡爱述故老传说者，无不能言之。但因为缺乏充分的证据，对此说表示质疑的也大有人在。时至今日，关于“太后下嫁”依旧众说纷纭。

不妨把主张太后下嫁的一方作为正方，把否定这种说法的作为反方，将其正反两方的主要依据概括如下：

1. 清初抗清义士张煌言（张苍水）诗集中有一首七绝，叫作《建夷宫词》，中有四句：

上寿觞为合卺尊，慈宁宫里烂盈门。
春官昨进新仪注，大礼恭逢太后婚。

正方认为，诗中明确提到太后下嫁，是一条最有力的证据。反方认为，努尔哈赤出自建州女真，《建夷宫词》把建州即满族称作“夷”，明显带有民族偏见。当时张苍水在江南拥南明抗清，与清朝势不两立，他的诗词对清廷极尽丑诋之能事，捕风捉影、无中生有，都是可能的，不能作为历史的证据。

2. 顺治五年（1648年），多尔衮由“叔父摄政王”进为“皇父摄政王”。正方认为，“皇父摄政王”虽不是高一级爵位名称，却证明多尔衮已从福临的亲叔成为他的父亲。反方认为，古代君主尊臣，有“尚父”、“仲父”等说法，所以“皇父”虽有“父”字，并不能作为太后下嫁的确据。

3. 1964年刘文兴所撰《清初皇父摄政王多尔衮起居注跋》一文提到，清末宣统年间，他的父亲刘启瑞受命翻检内阁库藏，曾看到顺治时太后下嫁皇父摄政王诏，于是奏报朝廷。正方认为，这是一条确凿证据。反方认为，拿不出太后下嫁诏书的实物，就不能认定“太后下嫁”。还有刘启瑞的老同事说，曾向刘问及此事，刘坦言为制造热点卖文谋得稿费。

4. 蒋良骐写的《东华录》一书中，引顺治八年（1651年）郑亲王济尔哈朗等检举多尔衮生前“谋篡大位”奏疏中，有“自称皇父摄政王，又亲到皇宫内院”语。正方认为，这是多尔衮与太后成婚的隐讳说法。反方则称，多尔衮因公也好，因私也好，都有入宫与太后商量的可能，不能因此说明太后下嫁。

5. 孝庄太后死于康熙二十六年（1688年），没有与皇太极合葬在盛京昭陵，而是葬在河北遵化的东陵。正方认为，太后因下嫁之故，心有愧怍，与亡夫无颜相见地下，所以与儿子福临葬到一处。反方认为，太宗昭陵，已有孝端皇后合葬。第二后另葬别处，在清代就有不少，如顺治帝的孝惠后、雍正帝的孝圣后（乾隆帝生母）、嘉庆帝的孝和后、道光帝的孝静后、咸丰帝的孝贞后、孝钦后（即慈禧太后）等，都没有与丈夫合葬，而是各随己意择定葬地，为什么孝庄太后不能以遗言自指葬地呢？所以不能因此把这作为“太后下嫁”的证据。

6. 满洲早期曾流行兄死弟娶其嫂的旧俗。正方认为，孝庄太后中年丧偶，春花秋月，嫁给年龄相仿的多尔衮，以嫂嫁弟，顺理成章。反方认为，存在弟妻其嫂的风俗，不等于多尔衮就一定娶了其嫂。这完全是两回事。

还有人指出，联系多尔衮身后遭到清算一事，不难破解“太后下嫁”的疑团。如果太后确实下嫁了多尔衮，在多尔衮尸骨未寒的情况下，谁敢出来陷害他？换句话说，如果多尔衮确实娶了孝庄太后，他就成了顺治帝的继父。顺治帝如此丑诋继父，不就等于承认自己曾经认贼作父吗？

争执归争执，事到如今，“太后下嫁”之案的真相依旧笼罩在重重迷雾中。归根结底，执论双方都缺乏充分的证据，谁也说服不了谁。“太后下嫁”因此成为影响广泛、争论不休、为后人所痴迷、为影视所热衷的千古之谜。

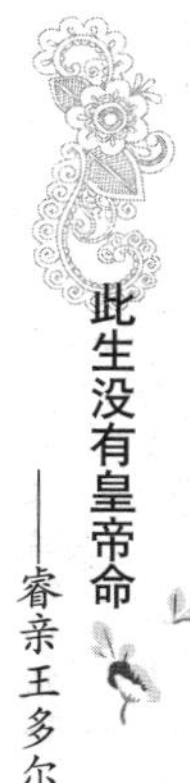

塞外猝死之谜

多尔衮摄政七年后突然死去，关于他的死因，官方史书记载含糊。

满族早先是娴于骑马射箭的民族。贵族酷好放鹰围猎，一则游乐，一则习武，寓教于乐，何乐而不为？多尔衮从小也乐此不疲。顺治元年（1644年），一群日本人乘船遇险，漂流到今图们江口一带，辗转来到北京，居留一年之久，被清政府礼送回国。在他们的报告《韃靼漂流记》中写道："在北京，有一次我们亲眼看到九王子（多尔衮）出城打猎，后面跟随着很多人马，带上很多大鹰，足有一千多只，实在是太多了。"多尔衮每年多次出猎，有时在郊区，有时往塞外。顺治七年（1650年）十一月，多尔衮出猎古北口外，不慎坠马，膝盖受伤，涂以凉膏。

十二月初九日多尔衮死于喀喇城，年仅39岁。

多尔衮正值壮年，因何而死？原因至少有三：

其一，体弱多病。用豪格诅咒他的话说，他是个"有病无福"之人。多尔衮身材细瘦，素患风疾，入关后病情日重，常常头昏目眩，一度病情加剧，以致在小皇帝面前跪拜都很困难，所以特别恩准他免予跪拜。即便疾病缠身，多尔衮仍日理万机，始终兢兢业业。

其二，精神创伤。顺治六年（1649年）三月，多尔衮的亲弟弟，年仅36岁的多铎因出天花而死，两个弟妹（多铎的两位福晋）坚持一同殉死；接着两位嫂子即阿济格的福晋也因出天花相继而亡。这对体弱多病的多尔衮来说，形成沉重的心理负担，冥冥中总感觉灾祸的降临。不久，他的元妃博尔济吉特氏又因天花去世。亲人们接二连三死去，犹如巨大的阴影，笼罩在多尔衮心头，他终日闷闷不乐，病情加剧。

其三，纵欲过度。俗话说“英雄难过美人关”，多尔衮这样的旷世奇才也不例外。他的妻妾究竟有多少，很难说清楚，有名分可查的至少有10个妃子（六妻四妾），其中蒙古女子6人，朝鲜女子1人。在成群的佳丽中，值得一提的有3个人：

元妃博尔济吉特氏，蒙古科尔沁部桑噶尔寨贝勒的女儿。后金天命九年（1624年）她与多尔衮成婚时，多尔衮只有13岁。顺治六年博尔济吉特氏逝世。他们相濡以沫，在一起生活了25年，多尔衮对她的感情很深，追封她为敬孝忠恭正宫元妃。多尔衮去世，博尔济吉特氏又被追封为敬孝忠恭义皇后。次年追封被夺。

五妃博尔济吉特氏，蒙古科尔沁部索诺布台吉的女儿。原是肃亲王豪格的福晋。豪格被幽禁而死，多尔衮把她迎进王府，成为自己的王妃。

六妃李氏，朝鲜人，朝鲜金林郡公李开音之女，即朝鲜义顺公主。顺治七年（1650年），多尔衮在迎娶豪格遗孀的同时，又派亲信去朝鲜选美，结果16岁的李氏被选中。多尔衮亲自前往迎娶，未举行任何仪式，就迫不及待地与李氏在连山成婚。不久，多尔衮就撒手尘寰。

多尔衮妻妾成群，仍不满足，还四处搜访美女，曾命八旗选美女送入王府，又曾从新归附的蒙古喀尔喀部索取有夫之妇。纵欲过度，久病缠身，这成为他猝死的又一个原因。

亲兄弟的悲剧命运

多尔衮同胞兄弟三人，都是开国功臣，但他们的命运却无不以悲剧结束。造成这种结局的原因，是多尔衮的猝死。兄弟三人生前地位尊显，死后却身败名裂，这成为清朝入关初期的一大遗案。

多尔衮的死讯传入京城，如晴空霹雳，举国震惊。福临对皇父摄政王的死，表示悲痛，诏令天下臣民易服举丧。多尔衮的灵柩到京，福临亲率诸王、贝勒、文武百官易缟服，迎于东直门五里外，他亲自举爵祭奠，向多尔衮的灵柩行三跪大礼，扶棺痛哭失声。福临下诏称颂他："平定中原，至德丰功，千古无两。"追尊他为"诚敬义皇帝"，庙号成宗。多尔衮死后的尊荣，达到了顶峰。多尔衮生前无子，以其弟豫亲王多铎的儿子多尔博为过继子。

至此，多尔衮轰轰烈烈的一生应该说是画了一个圆满的句号。然而，历史的发展总是诡谲多变，出乎人们的意料。多尔衮尸骨未寒，他原来的亲信就出面检举他生前罪状，从而掀起了彻底清算他的大风波。

多尔衮有同母兄弟两个，一个是年长七岁的哥哥阿济格（1605—1651年），一个是年幼两岁的弟弟多铎（1614—1649年），兄弟三人都是清朝历史上功名显赫的王爷。

多铎能征善战，为清朝立下汗马功劳。多尔衮死后，已经过世的多铎因为是其胞弟也受到株连，封号被降为郡王。

阿济格幼年被封为台吉。母亲的悲剧结局并未妨碍他似锦的前程。

他多次参加皇太极对外征战，骁勇善战，逐渐升任统帅。顺治元年（1644年），居留北京的日本人对阿济格有如下描述："他是一个性格粗暴的人，遇事不加考虑，所以不管政务。他年约五十几岁，脸上有麻子，身材魁梧，眼神令人望而生畏。为人勇猛，攻城陷阵，无往不胜。与明朝交战，屡建军功。"这段话对阿济格的年龄、相貌特征、秉性、对国家的贡献都有准确的把握。日本人还记述了他在南征时的残暴："有一次，攻城的时候，城内请求投降，皇帝也答应了，可是巴图鲁王子（意为勇敢之王，指阿济格）不同意，进城后还杀了很多人。"

阿济格个性鲜明，他勇敢、鲁莽、残暴，在战场上所向披靡，在政治方面却鲜有建树。多尔衮死后，济尔哈朗以"举动叵测"等罪名，将阿济格削爵幽禁，家产人口牲畜入官。阿济格人财两空，身系牢狱。因为不愿在狱中苟活，多次与仆人密谋挖地道潜逃。诸王群起上奏，福临只得赐阿济格自尽。

阿济格死后，葬在北京左安门外韦公祠。数年后著名学者谈迁过访此地，有感于这位名王生前叱咤风云，享尽奢华，死后墓地一派萧杀的变化，写下《英王墓》一诗，其中有：

英王敢战气如虎，
胡床解甲罗歌舞。
……
燕昭墓上穿老狐，
几度酸风叹萧索。

这不单是阿济格，同时也是舒尔哈齐、褚英、阿敏、莽古尔泰、豪格、多尔衮等开国王爷人生命运大起大落的写照。

多尔衮兄弟生前死后遭到清算，成为清初的一大历史遗案。一直到一百多年以后，他们的冤案才得以平反，名誉得以恢复。

多尔衮执政7年，决策攻打北京，定鼎中原，实际上奠定了清朝基业。这样一位元勋死后蒙垢受辱，自然令皇室嫡裔面上无光。乾隆四十三年（1778年），福临的曾孙弘历下诏为多尔衮昭雪。诏书盛赞他“定国开基，以成一统之业”，功劳最大。睿亲王爵被恢复，并得到了“忠”的谥号。这时距多尔衮获罪，已有127年。

清朝亲王中荣受“忠”字谥号的有三人，一为睿亲王多尔衮，一为恭亲王奕䜣，一为末代肃亲王善耆。但善耆受此谥号已入民国，是溥仪小朝廷赐的。所以，严格讲，清朝亲王中真正获此谥号的只有多尔衮、奕䜣二人。

在清朝王爷中，多尔衮获取的称号最多：16岁赐号墨尔根代青，后称九王、九贝勒；崇德元年封和硕睿亲王，又称墨尔根王；崇德八年（1643年），称辅政和硕睿亲王；顺治元年，称摄政和硕睿亲王，又称叔父摄政王；第二年，改称皇叔父摄政王；顺治五年称皇父摄政王；顺治七年（1650年）追尊为懋德修远广业定功安民立政诚敬义皇帝（简称义皇帝），庙号成宗。“成”的意思，是得到了天下。此外，当时的朝鲜人、日本人和西洋传教士对多尔衮称“摄政王”、“九王”、墨尔根王（智慧的亲王）、阿玛王（AmaVan，见于耶稣会士的记述，就是“皇父”的意思）。

多尔衮的众多称号，实际浓缩了他39岁短暂人生的多姿多彩、轰轰烈烈、荣耀与辉煌。

多尔衮的睿王府位于北京皇城东南，原来是明朝太子居住的地方。他在这里一直住了7年。清初诗人吴梅村有诗云：“七载金縢归掌握，百僚车马会南城。”写的就是睿王府的盛况。当时，福临年幼，由多尔衮摄政，独揽军政大权，顺便把应贮大内的“信符”置于自己府中，王府成为百官汇集的政治中心。多尔衮被削夺爵位后，王府遂废。康熙三十三年（1694年）改建为玛哈噶喇庙，乾隆二十年（1755年）重新修葺扩建，乾隆帝赐名普度寺。乾隆四十三年（1778年）恢复睿亲王爵，由多尔衮五世孙淳颖世袭封爵。因旧府已改佛寺，就把石大人胡同原来的饶余亲王府，作为睿亲王新府（今外交部街24中所在地）。

普度寺近年已修葺一新。它的建筑风格独特：主殿建在高台上，窗棂低矮，大殿檐柱上的梁头都是木雕龙头，这在北京众多王府中可说独一无二。据说，在这座庙中，曾保存过多尔衮的一副铠甲，但早已无影无踪。

豫亲王多铎也是在乾隆四十三年（1778年）得到彻底平反的。乾隆帝重新评价开国诸王功过，命当时袭信郡王爵位的修龄重新承袭和硕豫亲王爵，世袭罔替。其后，多铎子孙成为皇族中最著名的八大铁帽子王之一。豫亲王爵前后一共世袭了12次。豫亲王府位于东城东单三条胡同路北，现在的北京协和医院即其旧址。

阿济格被“赐”自尽后，诸子都被黜除宗籍。直到康熙朝，他的部分子孙才被重新恢复了宗室身份。有趣的是，阿济格一生鲁莽，专恃武力扬名天下，而他的后代子孙却很快成了终日游弋山水之间，吟诗作赋的文雅之士。

阿济格的四世孙辅国公恒仁，雍正年间以故失爵。失爵后，恒仁闭户读书，专意吟咏，闲居以终其身，年仅35岁。恒仁诗中对自己和家族的境遇，多有悲伤和感叹，但又以世事荣枯犹如过眼烟云自慰：

一杯相属君听取，浮云富贵焉足娱。我亦不愿衮衣九命朝中趋，我亦不愿金钗十二房中居。但愿年年此夜闲无事，奉侍慈闱百岁余。

表白中流露几分无奈。他刻意追求一种超凡脱俗的生活，使他的诗作带有一种冷寂的特色。诗作风格以清新、淳朴见长，曾得到汉族名士的赞许。沈德潜中肯地评价他说：“吐属皆山水清音，北方之清音也。”

将军百战穿金甲

——豫亲王多铎

多铎（1614—1649年），努尔哈赤第十五子，大妃乌拉那拉氏（阿巴亥）所生，与阿济格、多尔衮为同母弟兄。初封为贝勒。随皇太极征战四方，饱受嘉勉。崇德元年（1636年），封和硕豫亲王，掌礼部事。七年（1642年），生擒总督洪承畴、祖大寿等明将，叙功进封为罗豫郡王。顺治元年（1644年），从兄多尔衮入关，破李自成农民军，定燕京。不久，命为定国大将军，统官兵南征，追击农民军，屡战屡胜。后攻占扬州，杀明大学士史可法，以功晋德豫亲王。顺治六年（1649年），患痘病故。顺治九年（1652年），坐多尔衮罪，以同母弟追降为郡王。康熙十年（1671年），追谥通。乾隆四十三年（1778年），诏复原封豫亲王，世袭罔替，配享太庙。

多铎狂放不羁，个性叛逆，使继承汗位的皇太极大伤脑筋。同多尔衮一样，多铎短暂的36年人生大半是在战场上度过的，乾隆帝给他的评语也恰如其分，清朝入关多铎“实为开国诸王战功之最”。相传豫亲王府前的石狮是卧着的，人们解释为多铎鞍马劳顿，回了家就该好好歇息了，这也是清廷对于多铎屡立战功的特殊恩荣。

少年旗主，独受恩宠

多铎是努尔哈赤第十五子，作为努尔哈赤的嫡出幺子，其政治地位是很高的。他6岁被封为和硕额真，12岁成为正黄旗旗主，领有十五牛录。努尔哈赤死后，皇太极按照女真族未分家幼子享有继承权的习俗将努尔哈赤领有的十五牛录分给多铎，在改换旗号后，多铎所领的正白旗是八旗中最强大精锐的一旗。

多铎从小也是聪明伶俐，努尔哈赤生前尤为宠爱这个幼子，同时也因为游牧民族的习俗，未分家的幼子称为守灶儿子，有权继承父亲所有遗产，因此多铎从小的政治地位就相当高。天命五年（1620年）三月，努尔哈赤废太子代善，宣布八王议政制度，当时年仅6岁的多铎和8岁的多尔衮被和立为和硕额真，名列四大贝勒，德格类、济尔哈朗和阿济格之后，成为满洲地位最高的大贝勒之一，而其他战功赫赫的兄长们和侄子们反而没有这样的政治地位，可见阿巴亥母子受宠的程度了。

天命九年（1624年）的元旦朝贺礼，这时朝贺汗王的列次是很能体现政治地位的。当时未满10岁的多铎排名第七，随班朝贺大汗，如果排除蒙古来的台吉不算，在贵族中，多铎是第六个单独朝贺努尔哈赤的，仅次于四大贝勒和阿济格之后，比德格类、济尔哈朗还要靠前，而岳托和多铎并列朝贺，可见多铎的地位之高了。

天命十一年（1626年），努尔哈赤把亲将的两黄旗大部分人马拨出，分授阿济格、多尔衮和多铎，兄弟三人各得十五牛录，多铎更被立为正黄旗旗主贝勒，领有全旗。

从以上情形来看，由于小小年纪就因为备受努尔哈赤的宠爱甚至溺爱，自幼年起多铎的政治地位在满洲贵族里已经相当高了，这也养成了他任性、恃宠而骄的个性，据说努尔哈赤对他的两字断语是“莽撞”。

皇太极即位后，多铎成为正白旗的主旗贝勒。正白旗在满洲八旗中，属于实力最强的旗分之一。此时，多铎虽在少年，却已是堂堂一旗旗主，参议国事，地位日隆。

此后，作为正白旗的主旗贝勒，多铎开始了他的戎马生涯。

15岁，随清太宗皇太极攻袭察哈尔蒙古多罗特部。这是多铎初次从征，因功受“额尔克楚呼尔”赐号。

16岁，与三贝勒莽古尔泰、九贝勒多尔衮从皇太极入掠明境，在蓟州（今天津蓟州区）等地屡立战功。

18岁，参加围困明军的大凌河城（今辽宁凌海市）战役。在小凌河遭遇战中，失足坠马，几乎命丧锦州城外。

19岁，随大军远征察哈尔蒙古林丹汗。

天聪九年（1635年）五月，为配合九贝勒多尔衮招抚蒙古林丹汗之子额哲，牵制关外明军，22岁的多铎奉诏挂帅，率精兵强将进攻宁（远）锦（州）。明朝大将祖大寿合锦州（今属辽宁）松山（今辽宁凌海市西南）明兵3500人，屯驻在大凌河西。多铎率所部与祖大寿军激战，斩明军副将刘应选，歼其兵500人，并分道追击明溃兵至锦州和松山。师还，皇太极亲率诸贝勒在盛京五里外郊迎，称赞多铎初次独当一面，“能出奇取胜，可嘉也”。

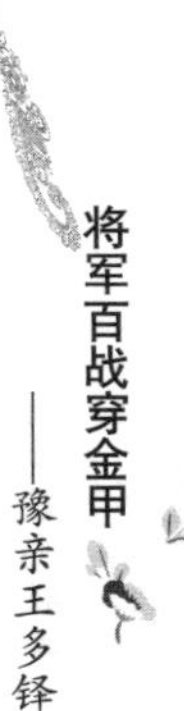

性情乘戾，兄弟有隙

1636年，皇太极改元崇德，建国号大清，叙兄弟子侄功，多铎被封为和硕豫亲王。

多铎年少性顽，成年后又狂放不羁。他与清太宗皇太极虽是一父所生，但皇太极较多铎年长12岁。性格与年龄的差异，使俩人渐生隔阂。

说实在的，皇太极对多铎还是十分优容的。无论是出于笼络目的也好，还是逼死当年诸贝勒，逼死阿巴亥于心有愧也罢，或者是博得宽大友爱的名望，皇太极对这个幼弟很不错，除了将努尔哈赤留下的二十牛录亲军全部分给多铎，使其执掌的正白旗成为兵力最强的一旗外，对多铎的种种出位行径还是能容则容，而他稍有功绩则格外褒奖。

但是多铎却偏不领情，硬要和皇太极唱反调。皇太极厌恶的人他却偏结纳、接近成为知己，皇太极喜欢的人他又疏远结怨。多铎要娶皇太极所厌恶的阿布泰之女即为一例，虽然皇太极先前曾明令他的兄弟子侄不得与之结亲，但是皇太极这次只处罚了阿济格却并没有处罚多铎。

但是皇太极这样的格外娇宠并不能打消多铎内心的怨恨。这也可以理解，一个12岁的孩子，失去了父亲，母亲被逼殉葬，心灵受到巨大的打击，从此失去了良好的教养，其性情乖戾可想而知。

皇太极不太喜欢阿济格，可是多铎不顾他的反对，和阿济格十分接近。当蒙古扎鲁特部戴青归降时，阿济格要强夺戴青之子善都的妻子，皇太极加以制止，但多铎却背着皇太极和阿济格一起前去索要，并对土谢图汗额附进行威吓，后来额附将此事报告给皇太极，这才没酿成祸事。

起初，皇太极认为多铎年少志骄可以宽容，只谕告属下如发现多铎悖谬之举应谏诤劝谕，力加规正，后来又不时召他来“密加训谕”，可是多铎对于皇太极的优容并不领情，不思悔改不说，反而怪皇太极多事，日子久了，兄弟两人矛盾日深。

兄弟情分的事，皇太极尚可忍耐，却不能原谅多铎在战场上表现的消极情绪。

天聪六年（1632年），大军征察哈尔蒙古，还师途经张家口时，皇太极令与明将和议，商讨互市之事，多铎急于还家，当众大发异议，攻击皇太极为如此微物而驻重兵是得不偿失的事，还声称即使分给他财物他也不稀罕，也不会去取，使皇太极大为难堪，指责他急欲还家，无非是沾染汉俗，迷恋妓女，不耐久战。皇太极发现多铎对自己心爱的人十分厌恶，对自己嫉恨的人反而非常同情，气愤地说：“乃若虽具才能，而心怀离异，亦复何益。”

更令皇太极恼火的是，每与诸贝勒商议大事时，多铎经常提出违忤他的异议。

崇德三年（1638年）九月，清太宗皇太极遣奉命大将军睿亲王多尔衮、克勤郡王岳托二路掠明，并派和硕郑亲王济尔哈朗与和硕豫亲王多铎在宁锦一带策应，牵制关外明军。睿亲王多尔衮为主力，先期出发，皇太极亲自郊送。多铎以避痘为辞，携妓女管弦歌舞，未与送行。皇太极闻后恼怒异常。十一月，多铎攻克大兴堡后，奉诏与郑亲王济尔哈朗会师。在途经中后所（今辽宁绥中）时，明大将祖大寿率部袭击多铎部后路，伤清军九人，使多铎部失马30余匹。败绩传至盛京（今辽宁沈阳市），皇太极决心借此机会，惩戒多铎。第二年五月，清室王公大臣聚会崇政殿，共议多铎之罪，最后决定，夺多铎正白旗牛录的1/3（满洲十牛录、蒙古四牛录、汉二牛录），平分给阿济格和多尔衮。多铎由和硕亲王降为多罗郡王。

多铎爵降贝勒后，受命管摄兵部，但重大的部事无权决断，甚至日常政务的审理也常常不得与闻。兵部与其他部院一样，政务听断于清太宗皇太极。

不久，明清爆发松锦战役，多铎随军出征。

松锦战役之初，皇太极以睿亲王多尔衮为帅，围攻山海关外重镇锦州。锦州明军守将祖大寿顽强坚守，清军连连失利。为加强攻势，崇德六年（1641年）四月，皇太极遣郑亲王济尔哈朗、武英郡王阿济格和多罗贝勒多铎往代多尔衮指挥围攻锦州的清军。济尔哈朗、阿济格和多铎率八旗大军，并携带多门攻城大炮，很快到达锦州外围。

守卫锦州外城的部队是蒙古兵。清军大队展开凌厉的攻势，以火炮轰击城墙，八旗兵轮番进攻，迫使蒙古兵不支而降。清军占领了锦州外城。锦州明军守将祖大寿急告关内，请求支援。

七月，明朝派遣13万大军，以洪承畴为主帅，出山海关往解锦州之围，在锦州城南9公里的松山西北，挫败了济尔哈朗的右翼八旗兵，并夺得部分清军营地。清军急报救援。清太宗皇太极闻报，亲率大军由盛京兼程赶赴锦州战场。松锦战役进入决战阶段。

皇太极调度八旗大军，首先击败了塔山护粮明军，截获明军笔架山粮草，致使洪承畴部军心不稳。又中途设伏，击溃了由乳峰山撤向松山的明军，只有总兵吴三桂、王仆等少数人突围至杏山。皇太极知杏山明军必奔往宁远（今辽宁兴城市），令多铎半路设伏，截杀明军。多铎率精兵设伏于杏山与松山之间的高桥。不久，杏山明军果然南奔宁远，路经高桥，中多铎部的埋伏，全军覆灭。吴三桂、王仆仅以身免。多铎所部高桥伏击战的胜利，从根本上扭转了松锦战役的局势。

随后，多铎与和硕肃亲王豪格挥师直趋松山，将洪承畴1万余人围困在松山城内，长达6个月。其间，洪承畴先后组织五次突围，均为多铎、豪格等围城清军击回。崇德七年（1642年）三月，松山城内粮尽援绝，明松山副将夏承德遣人至清营求降，并以其子作为人质，约为内应。清军于夜半设梯登城，俘获洪承畴及巡抚邱民仰等明朝将官。

松山失守，久被围困的锦州明军精疲力竭，孤立无援。守将祖大寿战守计穷，举城投降。明清松锦战役以清军的大获全胜而告终。从此，山海关外，明朝只剩下宁远一座孤城。京城门户失去屏蔽。

多铎积极参加了此役的锦州围城、高桥设伏、松山破袭，战功卓著。以此由多罗贝勒晋封为豫郡王。东山再起后的多铎，正逐渐恢复自己在满清皇室中的地位及八旗军中的影响。

崇德八年（1643年）八月初九日，清太宗皇太极因患脑溢血猝然去世，清室诸王及大臣为议立嗣君事，各自拉帮结派，形成火拼之势。多铎与英王阿济格跪劝其兄睿亲王多尔衮继承大统，而当时皇太极长子肃亲王豪格也谋求自立，并得到两黄旗及正蓝旗的拥戴，双方剑拔弩张，一触即发。多尔衮感到势单力薄，在权衡利弊后，提议立皇太极第九子6岁的福临为帝，由他和郑亲王济尔哈朗左右辅政。建议得到各方认可。八月二十六日，福临在盛京继帝位，次年改元顺治。

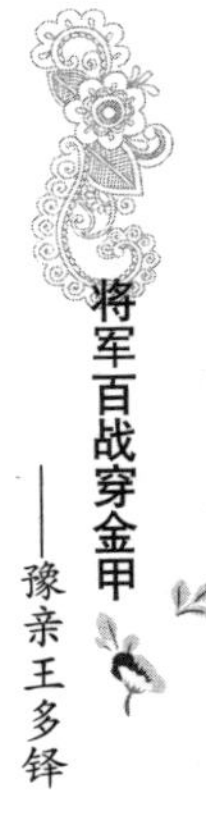

东征西讨，饮马长江

不久，多尔衮排挤政敌济尔哈朗，以摄政王之尊掌握了朝中大权。多铎曾谋立多尔衮为君。并且俩人是同母所生。因此，多尔衮将多铎视为羽翼，委以重任，或带同作战，或任为主帅。五六年后，多铎声名显赫，成为明清之际的风云人物。

顺治元年（1644年）四月初九日，多铎和阿济格随同多尔衮率领满、蒙兵力的2/3及汉军孔有德、耿仲明、尚可喜各部，由盛京出发，向山海关进军，准备进取中原。大军抵达辽河时，明山海关总兵吴三桂遣其副将杨坤至清军营乞兵请降，并带来了李自成大顺军攻占北京、崇祯皇帝自缢的消息。多尔衮即令多铎与阿济格率军兼程赶赴山海关。四月二十一日黄昏，清军在距离山海关7.5公里外驻营休息。

同时，李自成亲率大军二十万抵达山海关，从三面包围了关内城镇一山海城，并遣两万骑兵截断了吴三桂与关外的通道。吴三桂自知不敌，频频告急多尔衮，请求出兵。多尔衮、多铎和阿济格商议后，于二十六日进距山海关外5公里，在一片石处击溃大顺军唐通部。吴三桂乘机炮轰李自成大顺军包围圈，率将十余员、兵数百骑间道驰至清营，拜见多尔衮，剃发称臣。随后，吴三桂为前锋引导，英王阿济格率领万骑为左翼，豫王多铎率领万骑为右翼，摄政王多尔衮自率重兵居后，三路清军相继入关。

清军与吴三桂部合流后，已拥有精兵18万，并占据雄关之险。大军入关后，即以吴三桂为右翼，出关先攻李自成大顺军，而清军则在关内蓄锐以待。双方均全力以赴，殊死酣战，半日后吴三桂军渐渐不支。忽闻吹角声起，多铎与阿济格率铁骑数万，从吴三桂军阵右掠出，直扑李自成大顺军。是时狂风大作，尘埃弥漫，大顺军事先不知清兵已入关，见带甲而辫发的多铎与阿济格人马冲至阵前，始知山海关已易入清军之手。混战之中，大顺军将领刘宗敏负伤，部众自相蹂践，死者数万人。当夜，李自成被迫率大顺军撤出战场，败走永平（今河北卢龙县），收残部撤回北京。

清吴联军在山海关击溃大顺军后，多铎、阿济格奉多尔衮之命，以吴三桂军为先锋，乘胜追击。四月二十九日，退回北京的李自成在武英殿举行即位典礼。典礼完毕，即率大顺军西撤。三十日晚，清军大队进抵蓟县，得悉李自成大顺军撤出北京的消息。多尔衮即令多铎、阿济格率八旗精锐绕过北京，尾随追击大顺军，而自己则带一部清兵赶赴北京。

多铎与阿济格率军追击大顺军至固关（今山西阳泉市东北）始还京。顺治元年（1644年）十月初一日，顺治帝福临在北京行定鼎登基大典。多铎晋为亲王，受封定国大将军，统领清军将士南征。

顺治元年十月，清廷调兵遣将，准备一举摧毁西安的大顺政权和南京弘光政权。英亲王阿济格、吴三桂和尚可喜统率的一路清兵，十月十九日从北京出发，目标是先攻陕北，尔后南下西安。而豫亲王多铎则带孔有德、耿仲明等明朝降将，统另一路大军进军南京，平定东南。

正当二路大军相继离开北京时，大顺军两万余人东渡黄河，连下济源、孟县（今属河南）等地，并围攻河南怀庆府城沁阳（今属河南）。清卫辉总兵祖可法火速赶入沁阳组织守城，河南巡抚罗绣锦则飞章告急清廷，请求派兵解围。摄政王多尔衮接报，即令多铎改变预定计划，先救怀庆，然后攻取潼关，与阿济格会师西安。

多铎率大军立即进抵怀庆外围，大顺军兵力不敌，主动撤退。十二月，多铎师至孟津（今属河南）渡过黄河，大顺军退保陕州（今河南三门峡市）。在灵宝（今属河南）城外，多铎大军击破大顺军张有曾部，于二十二门进抵潼关二十里外立营。

当时，大顺军主力已北调陕北，迎战英亲王阿济格一路清军。多铎部突然改变南下路线，迅速推进到潼关附近，使大顺军在战略上陷于被动。十二月二十五日，李自成、刘宗敏带增援部队，从西安匆忙赶赴潼关，阻击多铎大军，拉开了潼关战役的帷幕。

从十二月二十九日至翌年正月初八日，大顺军先后遣刘宗敏、刘芳亮等大将统兵出战，均遭挫折。李自成亲率马步兵拒战，也被多铎部八旗兵击败，损失惨重。初九日，清军红衣大炮运至军营，多铎即令部队推进至潼关口，而大顺军则“凿重壕，立坚壁”阻击。十一日，清军发起总攻，先以红衣大炮轰击大顺军关防，再以马步兵轮番冲击。大顺军派出三百骑横冲清阵，被贝勒尼堪、贝子尚善击败。又分兵袭击清军阵后，未获成功。李自成见败局已定，被迫退回西安。十二日，镇守潼关的大顺军将领巫山伯马世耀率7000人伪降，多铎部遂占领潼关。同日，马世耀致信李自成，信使为清兵擒获，伪降之事败露。多铎遂设计擒马世耀，其部下7000余大顺军将士统统遇难。

潼关失守，多铎部旦夕且至西安。英亲王阿济格、平南王吴三桂所率另一路清军也从陕北南下，将抵西安。在清军南北二路夹击下，李自成知守住陕西已是无望，乃于正月十三日率同大顺政权中央机构放弃西安，向河南、湖北一带转移。十八日，多铎率清军进入西安。

顺治二年（1645年）二月，潼关大捷和攻克西安的捷报传到北京，多尔衮即令英亲王阿济格绥理关中，并负责追剿李自成，令豫亲王多铎率其部兵锋南指，完成平定江南的大任。

顺治二年（1645年）二月十四日，多铎奉命率大军回师东征，进抵河南。三月初九日，多铎大军出虎牢关，并分兵由龙门、南阳三路合围归德（今河南商丘），明归德总兵王之纳在清军兵临城下时，引兵南走。巡按御史凌炯坚守归德，城破被俘。多铎屡次劝凌炯归顺清朝，凌炯誓死不从，后与其子自缢身亡。多铎攻陷归德后，率其八旗大军横扫河南大半地区，河南诸州县皆为其收降。在所降州县，多铎委任效忠清廷的官吏治理，并请中央速铸各官印信，分赐州县官。河南战场，多铎大军捷报频传。清廷获悉中原已定，诏褒多铎功，赐嵌球佩刀，镀金鞓带，以示嘉奖。

四月，清军在归德分兵二路，继续向江南推进。一路目标砀山徐州，明镇守徐州总兵李成栋闻风弃城别走，清兵不费吹灰之力，于五月四日占领该军事重镇。另一路大军则由多铎亲领，直奔亳州（今属安徽亳县），攻破盱眙（今属江苏），逼近淮安（今属江苏）和泗州（今安徽泗县）。南明弘光朝大学士史可法正“督师淮上”，阻止清军南下。但此时弘光朝内党争愈演愈烈，镇守武昌的宁南侯左良玉以“清君侧”为名，率水陆大军顺江东下九江，直逼南京。阉党马士英惧怕左良玉进京，于己不利，急调史可法入卫南京。当史可法行至浦口时，左良玉已病死九江。南京暂保无虞。

淮安、泗州明军被调走后，防御力量空虚，多铎立即抓住战机，一举破之。史可法在浦口闻讯，率师昼夜兼行，冒雨返救时，多铎已指挥清军渡过淮河，兵锋直指扬州，江北陷入混乱。史可法知夺回淮安、泗州已是无望，乃退据扬州。四月十五日，清军到达扬州城下。多铎致书史可法，晓以利害，劝史纳城投降。史可法坚拒多铎，向南京血疏告急，请求派兵增援。在这关键时刻，左右弘光朝政局的阉党马士英、阮大铖等人，依然将九江左良玉之子左梦庚视为心腹大患，而置扬州危急形势于不顾。在外无援军、内无粮草的情况下，史可法坚守扬州孤城。至四月二十五日，多铎调红衣大炮轰城，炸毁城西北角，清军蜂拥而入。史可法见大势已去，悲苦之中举刀自刎，未死，为清兵擒获。多铎劝降史可法，许以高官厚禄，史可法终未动心。多铎知其志不可夺，乃令杀之。

多铎怒扬州军民抗战不降，为扬威解恨，下令屠城，十日后封刀。在这场惨绝人寰的大屠杀中，80万军民断送了性命。浩劫之后，昔日繁华的商业都会，处处断墙残壁，尸横遍地。史称“扬州十日”。

扬州屠城之后，多铎指挥大军继续南进，于五月初五日饮马长江。

多铎陈兵江北，南明镇海伯郑鸿逵等以水师分守瓜洲（今江苏扬州市南）、仪征（今属江苏），两军隔江相持。多铎令造船二百余艘，积极准备渡江战斗。南明弘光朝内人心大乱。五月初八夜晚，长江江面大雾弥漫，多铎留左翼兵驻江北岸，遣舟师悄悄南渡过江，列于江西，在距瓜洲7.5公里处驻营。次日天明，清军战舰蔽江而下，南明防江的将吏操江提督刘孔昭，佥事杨文聪等东奔苏州，镇海伯镇江总兵郑鸿逵和郑彩则率舟师由海路逃奔福建。清军遂占镇江。

消息传至南京，弘光朝头面人物一哄而散，各找出路去了。弘光帝[illegible]宦官的簇拥下，弃南京逃奔安徽太平府（今当涂）黄得功军营中，马[illegible]英护卫太后东走浙江杭州。守卫南京的二三十万明军，望风四散。

多铎率大军未受阻挡，于五月十六日进入南京。南京朝臣仅刑[illegible]尚书高倬、礼部主事高端伯等几人死节。忻诚伯赵之龙、大学士王铎、礼部尚书钱谦益等留在南京的弘光朝文武官员数百人，冒滂沱大雨，于[illegible]旁跪迎多铎入城。时江南百姓视清军为敌寇，怨其滥杀无辜。为抚辑明朝遗民，多铎以定国大将军豫王令旨遍谕各处，斥责弘光帝僭称帝号，[illegible]日沉湎酒色，昏聩无能。朝内文臣弄权，武将专横，百姓生活于水深火热之中。宣称清军平定东南，乃是“奉天伐罪，救民水火”，为清军出[illegible]江南冠以堂皇之名，以消除江南百姓亡国之恨。多铎张榜示谕臣民，严禁胡服辫发，规定大军所到之处，剃武不剃文，剃兵不剃民，以避免伤[illegible]南方汉人的民族感情。左都御史李乔等人辫发胡服，向清廷献媚，多铎斥其无耻。于扬州立史可法祠，表彰史可法的忠节。又拜谒明孝陵，对[illegible]明太子”礼遇甚恭，以此博得江南士民的好感。作为南征主帅，多铎此类言行，均有利于清军在江南的进军及长治久安。

同时，多铎又告诫南明官民，若抗拒不降，扬州屠城便是前车之鉴；派出八旗军和降清汉军，以武力和武力威胁镇压江南各地的抗清斗争。

多铎遣贝勒尼堪、贝子屯济等率军追击弘光帝于太平。弘光帝复西奔芜湖，准备渡江。清将佟图赖在江口阻击，明靖国公黄得功护驾迎战。降将刘良佐与总兵田雄等人合谋，缚弘光帝及其妃投清营，黄得功中流矢身亡。不久，弘光帝乘无幔小轿，首蒙包头，身着蓝布衣，以油扇掩面，被解进南京。多铎将弘光帝及伪太子一并解往北京，斩于北京宣武门外的菜市口。摄政王多尔衮特遣侍卫南下赴多铎军营慰劳，谕嘉其功。

六月初，多铎又遣贝勒博洛等趋杭州，败大学士马士英，降潞王朱常淓。淮王朱常清亦自绍兴来降。至此，浙东浙西全部为清军控制。

江浙平定，多铎即承制改南京为江南省，并疏请授江宁、安庆巡抚以下官373人，建立了完整的官僚体系，对江南实行有效的控制。同时，以南京为中心，各重镇要道派驻八旗重兵，雄视赣、闽、湘、粤、桂等省，随时准备继续南下，扫荡各地的抗清武装和明朝残余势力。

清军在江南立足既稳，顺治二年（1645年）七月，清廷以多罗贝勒勒克德浑、固山额真叶臣等往江南代多铎。十月，多铎凯旋回京，顺治帝亲迎于南苑，行郊劳礼，晋封多铎为和硕德豫亲王，并有丰厚赏赐。

顺治三年（1646年），蒙古苏尼特部腾机思、腾机特等叛奔喀尔喀，反出清廷。五月，顺治帝命多铎为扬威大将军，偕同承泽郡王硕塞，于克鲁伦河集外藩蒙古兵，追剿苏尼特部。七月初，行至盈阿尔察克山，闻腾机思在衮噶噜台，于是星夜疾进三日，在谔特克山追及叛军，大破之，斩台吉茂海。再渡图拉河追击，于布尔哈图山击溃腾机思军，斩腾机特子二、腾机思孙三及喀尔喀台吉13人，尽获其家口、辎重。七月十三日，多铎大军进剿至扎济布喇克，喀尔喀蒙古士谢图汗两子以兵2万、硕雷汗之子以兵3万，两路迎战。多铎指挥大军结阵奋战，先后击败土谢图汗军和硕雷汗师，追逐30余里。共斩首级数千，俘获千余人，获驼、马、牛、羊数以万计。

十月，多铎六军班师回朝，顺治帝出安定门亲迎慰劳，并设宴款待。所获牲畜，全部赐从征将士。

多铎在清廷入关与平定南方过程中，屡膺重任，战功显赫。同时，他又握有八旗重兵，因而在顺治朝中具有举足轻重的地位。摄政王多尔衮为拉拢胞弟多铎，排挤政敌济尔哈朗，于顺治四年（1647年）七月，晋封多铎为辅政叔德豫亲王，而罢郑亲王济尔哈朗共听政务。晋封册文中称多铎“定鼎中原以来，所建功勋，卓越等伦”，赐金千两，银万两，鞍马二。

骄纵无已，其寿不永

多铎自幼受到父母娇惯，父母亡故后又受到众多兄长、兄嫂的呵护，尽管成长于戎马倥偬的动荡岁月，生活奢靡、贪图享乐的习性已逐渐养成。

多铎的一个特点是好玩，尤其痴迷于听戏唱曲。崇德元年（1636年），睿亲王多尔衮统率大军攻明，诸王公大臣随皇太极齐集欢送，唯独他假托避痘（天花），不去送行，却私携妓女，弦管欢歌。他不顾王爷的尊严，身披戏子之衣，乔扮傅粉之态，以为戏乐。为此，受到了罚银一万两的处分。多铎不仅喜欢看戏还亲自演戏，不惜耽误正事。所以说他是清朝王爷中第一位戏迷。从这里，也可看出多铎为人率意、我行我素的一面，他并不把烦琐的公务、森严的等级、盛大的场面看得那么重要，及时行乐，快乐人生，至少在他的心里占有很重要的位置。

多铎的另一特点是好色。他看上了大学士范文程的妻子，便阴谋强夺过来，作为自己的福晋。范文程在清初汉臣中地位最高，连皇太极对他都执礼甚恭，尊称“老先生”。多铎却“初生牛犊不怕虎”，敢于虎嘴拔毛，丝毫不顾及后果。事情败露后，朝廷上下反响强烈。但多铎受惩后仍不思悔改，又擅自带人闯入户部衙门，按户口簿召集验看八旗女子，实际上是为自己选美。此事传出，朝廷上下又是一片哗然。

皇太极曾召诸贝勒大臣，对他临阵败走、行猎不能约束部属、酗酒妄行、私携妓女取乐等劣迹一一列举，严厉斥责。为此，他的亲王爵被降为贝勒。后来他在修城、屯田及作战方面虽有立功表现，但迄皇太极逝世，也只恢复为郡王。

随着年龄的增长，曾为纨绔子弟的多铎逐渐走向了成熟。皇太极死后，他曾力主多尔衮继承帝位，但因为豪格一派极力反对未能成功。但是，多尔衮还是以“摄政王”的身份掌握了清初朝政的实权，多铎依仗兄长的势力，地位不断上升。顺治元年（1644年），豫郡王多铎与其兄阿济格同时晋封亲王。

清朝入关，多铎统率过两次大征伐，为清朝征服中原作出了重要贡献，从而奠定了他在清王朝中的重要地位。

第一次大征伐，顺治元年受命为定国大将军，经河南入陕西，连败李自成军，并在潼关取得决定性胜利。随即率师南征，克扬州，突破南明的扬子江防线，占领南京，进而击破江南和浙江抗清势力的抵抗。

多铎征南，为清朝立下了汗马功劳，使他的功业达到了顶点。但这次野蛮的军事征服，也使江南广大汉民经受了一次血与火的炼狱。凡在清军兵锋面前顽强抵抗的，无不玉石俱焚。扬城城破，多铎杀史可法，屠城十日。江阴、嘉定等城军民也受此荼毒。豫亲王多铎平江南卓有功绩，屠戮无辜百姓却极其残忍，使这些地区的一些繁华市镇几乎成为废墟。后人因有“江南虽著绩，最忍是屠城”的评语。

第二次大征伐，顺治三年（1646年）多铎受命为扬威大将军，率师讨伐背叛清廷并投靠喀尔喀蒙古的苏尼特部。多铎连败苏尼特部，追至克鲁伦河和土拉河。喀尔喀蒙古土谢图汗派2万人援助苏尼特部，也被击败。

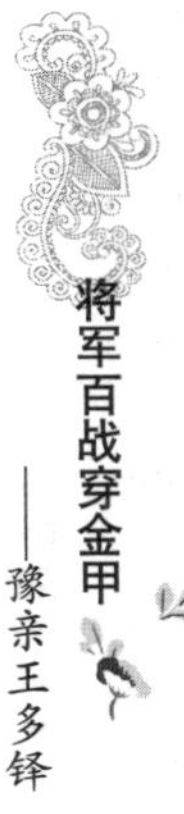

数年后，苏尼特部、土谢图汗部均臣服清朝。这次远征，多铎扬威边陲，为清王朝把外蒙古全部纳入版图，起到了重要作用。

多铎凯旋回京后，被晋封为辅政叔德豫亲王，随即取代了郑亲王济尔哈朗的辅政王位置。多尔衮把亲弟弟提到如此高位，还向诸大臣振振有词地解释说：“豫亲王平定中原，功勋卓著，早应晋封。我虽有这个想法，但考虑豫亲王是我弟弟，所以犹豫不决。然而，我代管朝政，应进贤退不肖，举贤不避亲，有国家的大法在，怎么可以瞻前顾后呢？”多尔衮把提拔亲弟说成是执政为公，他授意诸王大臣迅速拿出个决议来，结果自然是异口同声地说应该晋封。

多尔衮对弟弟多铎委以重任，寄予厚望，希望巩固自己在朝中的地位。然而，多铎却没有这个福分。一年后，因患天花突然病逝，年仅36岁。多尔衮闻讯，率师从前线返京，为其举行隆重葬礼，立牌纪功。

顺治七年（1650年）十二月，摄政王多尔衮死，顺治帝亲政。济尔哈朗等讦告多尔衮谋篡皇位，致多尔衮身后削爵，多铎因是其同母弟之故，连累追降为郡王。康熙十年（1671年）六月，追谥豫郡王为“通”。乾隆四十三年（1778年）正月昭雪多尔衮，同时命复多铎亲王及封号，配享太庙，八月，入祀盛京贤王祠。

恃功而骄终丧命

——武英郡王阿济格

阿济格是清太祖努尔哈赤第十二子。他一生经历清太祖、清太宗、清世祖三朝。在战场上，阿济格可谓是骁勇不凡、指挥若定、谋略精当，为清王朝的创建立下了汗马功劳。因其长年远征劳顿，疲惫身瘦，令一向铁骨铮铮的皇太极也心疼流泪。阿济格因此跻身于清朝上层领导之列，被封为多罗武英郡王。然而他有勇无谋，不谙政治，最终一败涂地。

皇太极死后，福临即位。他瞧不起这个毫无尺寸之功，未满6岁的侄儿，曾在军中称福临为"孺子"，甚至一度称病不朝，以示抗拒。仗着屡立战功，他骄矜恣肆，又狂傲无理，脾气暴戾，一味蛮横，不断惹是生非，最终被诸王投入大狱，身死爵削。

打仗不怕死，人称“万人敌”

阿济格是清太祖努尔哈赤第十二子。阿济格的少年时代，正是努尔哈赤拼力统一女真各部，征战不已的时期。他十余岁，“亦能佩弓箭驰逐”，马上功夫娴熟。20岁首次出征，以后便在战场上大显身手。21岁因战功封为贝勒，领有一旗人马，显示出军事上的才华。

天命十一年（1626年），努尔哈赤去世，清太宗皇太极继承后金汗位。皇太极是具有远大抱负的政治家、军事家。为了君临全中国，他发动一系列战争，这就给阿济格提供了施展才干的机会。天聪元年（1627年）正月十三日深夜，阿济格受命会同二贝勒阿敏突袭朝鲜义州（今辽宁义县）。因进军神速，朝鲜守军“不觉军至”，束手就擒。同时，阿济格等分兵乘夜攻击明将毛文龙所居铁山，迫使毛文龙遁入海岛。然后，阿济格等继续采用“潜师夜袭，势若滔水，急如风雨”的战术，连克朝鲜五城，朝鲜“西路大镇次第摧陷”。正月十六日，阿济格等攻占朝鲜国都平壤，朝鲜国王李倧逃避到江华岛，遣使求和，与后金签订《江都和约》。皇太极斩断朝鲜与明朝联系的战略意图初步实现。

如果说后金兵首次攻朝鲜，阿济格仅是辅助阿敏等资深将领，没有独自立功建勋的话，那么，天聪元年（1627年）五月，在皇太极亲率大军攻明宁远（今辽宁兴城县）、锦州的战争中，阿济格却是立下殊功，其敢战的勇气震撼了三军。这是一场极艰苦的战斗，皇太极先是攻打锦州，久战不下，便留部分兵将继续围攻，自率阿济格等转攻宁远。宁远明兵出城东迎战，距城1公里安营，排列枪炮，严阵以待。皇太极见此情形，知难用骑兵纵击，便令军佯退，想诱明兵追击，然后反攻歼之。

可是，待皇太极退过一道山冈，回头一看，明兵并未中计，仍原地不动作固守状。皇太极无奈之下只好准备硬攻。代善、阿敏、莽古尔泰等战将都认为，明兵距城太近，能够得到城上炮火有力支援，不可强攻硬取。唯有阿济格横刀勒马而出，请求战斗。皇太极对代善等人很不满意，怒气冲冲地说："当年皇考太祖攻宁远不克，如今我攻锦州又不克，似此野战之兵不能取胜，这还如何能张扬我国的威风？"说罢，径自挥刀跃马，冲向敌阵。阿济格毫不迟疑，跟着猛杀过去，把明前队骑兵全歼于城下。代善等人见此情景顿感惭愧，连甲胄都顾不上穿，就各领本部人马疾驰向前，迎战明步兵。这一仗杀得天昏地暗，血流成河，双方死伤都很惨重。后金军虽没完全取胜，但却重创明军，挫其锐气，杀出了威风。

天聪三年（1629年），皇太极发兵征明，合兵围攻重镇遵化（今属河北）。明山海关总兵赵率教闻警，急驰入援。阿济格迎头拦击，打败赵率教。攻陷遵化后，阿济格跟着皇太极率兵直趋明都北京。明京师得报，立即戒严。明宁远巡抚袁崇焕率军自宁远火速进关应援，与后金军相峙于广渠门。阿济格再次一马当先，冲锋陷阵，直至坐骑重创仆地而亡才返回自己军中。

阿济格的猛勇，在天聪五年（1631年）后金与明朝的大凌河之战中表现得最为突出。素有"万人敌"之誉的明军勇将祖大寿，追逐后金的侦骑，逼近皇太极住所，皇太极仓促披挂应战。祖大寿有万夫不当之勇，此时正杀得性起，势头极凶猛。皇太极身处危境，有性命之虞。在这紧急关头，阿济格及时赶到，奋力挡住祖大寿。明兵步骑纷纷围了上来，阿济格毫无惧色，愈战愈勇，终于杀退明兵，并手刃明一裨将。事后皇太极感其救驾之恩，将自己所统领的亲兵交付阿济格指挥。这算得上是最高的嘉奖了。

阿济格骁勇不凡，又具有一定谋略。大凌河之战时，阿济格率一路人马夜围锦州。明军突然偷袭他的营地。当时大雾弥漫，人马咫尺不能辨认，后金兵不免有些慌乱。阿济格却头脑清醒，镇静自如，指挥若定，约束部属各就各位，列阵自保，待雾散去，才下令反击。结果很快打败明军，俘获明一裨将、军械及马200余件（匹）。

后金用人，一是看其出身，二是看其军功。阿济格是努尔哈赤之子，出身高贵，且立下汗马功劳。于是，在清崇德元年（1636年）四月，阿济格被封为多罗武英郡王，跻身于清朝上层领导集团之列，时年31岁。

逢战必胜，独当一面

阿济格封王后，往往独当一面，受领重任。

崇德元年（1636年）五月三十日，为了实施“残明”方针，清军出师征明，阿济格被任命为大军统帅。皇太极在翔凤楼召见出征将领时说：“尔众人犹有争论不决之处，宜听武英郡王剖断，毋得违背。”当众授予阿济格最后决定权。清军出发时，皇太极又亲自为阿济格送行，显然皇太极对阿济格是充分信任，并寄予厚望的。

遵照皇太极的既定方略，阿济格10万人马的锋芒直指明京畿地区，一路势如破竹，败明军7次，俘获大量人畜。眼见清军势头凶猛，明崇祯皇帝惊恐不安，下令北京全城戒严，并命明军将士全力以赴，对北京城西南严加防范。但出乎明廷意料的是，阿济格虚晃一枪，不走山西，而是从西北方向进逼北京。在进入居庸关，攻取昌平时，阿济格施用欺诈之计，事先释放明降兵2000人，让他们诈称逃归，骗得昌平守将开城接纳。当清军自天寿山后突然出现在昌平城下，城内降人即作内应，昌平（今属北京市）城立时陷落。七月九日后，阿济格移兵沙河、清河镇，昌平的降兵也抵达北京西直门。

崇祯皇帝大惊失色，急命文武大臣分守都门，并令兵部传檄山东、山西等地，让其军队火速入援京师。明朝上下，一片慌乱。可是，阿济格根本无意攻打明京师，也不想围困，只是威吓而已。皇太极制定的作战方针是，凡遇城堡能攻则攻，不能攻则走，不以攻占城堡为主要目的。而是深入明境，消耗明军实力，挫败其锐气，达到震慑人心的作用。所以，在崇祯皇帝惶惶不可终日之时，阿济格不待明军汇集，自动撤军。在以后一个多月里，阿济格率清军围着北京转，攻城陷地，杀戮抢掠，遍蹂畿内。据阿济格向皇太极报告，共攻克12城，56战皆捷，俘获人畜177820。这虽难免有夸大战绩之嫌，但阿济格确实较好地实现了皇太极的战略意图，搅乱了明朝正常的社会秩序，挫伤了明军的斗志。

九月，阿济格班师回到沈阳，皇太极亲自迎出地载门5公里，设宴慰劳阿济格。皇太极看到阿济格远征劳顿，疲惫身瘦，竟禁不住流下眼泪，伸手把阿济格拉到自己右侧坐下，用金卮向他敬酒。

以后，阿济格又多次征战，屡屡取胜。最值得一述的是，他在明清战略性的大决战——松锦之战中立下的显赫功勋。

崇德四年（1639年）年二月，明朝调洪承畴总督蓟辽军务，抽调军中精锐，准备与清军决一胜负。崇德五年（1640年）三月，皇太极命济尔哈朗、多铎率军修筑义州城，驻军屯种，并时常出轻骑骚扰，使明山海关外宁、锦等地不得耕种，计划步步紧逼，长期围困锦州。由是，拉开了著名的松锦之战的序幕。

松锦之战初时，清军多不利，皇太极决心“空国以往”，御驾亲征。

崇德六年（1641年）七月十九日，皇太极率援军抵达松、杏（今辽宁凌海市西南杏山城）之间，召集诸将共议攻围之策，确定了作战方针。洪承畴的明军环松山布阵，皇太极的清军扎营松山西南，两军对垒，剑拔弩张，决战进入高潮。二十日，一支数千人的明军突然从松山后突围，直奔杏山。阿济格立即率军追赶。明军跑得太快，阿济格见追赶上不，灵机一动，转而进攻塔山，夺取了明军在笔架山的储备粮12堆。明军被截断退路，军心本已动摇，现在又丧失粮仓，便更加慌张，士气一落千丈。洪承畴苦撑到崇德七年（1642年）二月，粮尽矢绝，松山城破。洪承畴和一大批明军将领被俘，锦州、塔山、杏山也相继为清军攻占，明关外军事屏障几乎丧失殆尽，只剩下宁远这一座孤城，北京的门户就要被撞开了。

在历时二载的松锦之战中，阿济格在清朝的功劳簿上着实大书了一笔。纵观阿济格的征战情况，敢战善战的本色一以贯之，差不多是逢战必胜，终皇太极之世，阿济格一直受到重用，是皇太极的得力支柱之一。

嗜杀成性，凶残无道

松锦之战后一年，也就是崇德八年（1643年），皇太极于八月初九暴卒。由于皇太极生前没有指定嗣君的继承人，争夺皇位的斗争十分激烈，多尔衮和豪格是最有力的竞争者。阿济格极力主张多尔衮即位，甚至跪地请求多尔衮答应他的要求。阿济格这样竭尽全力支持多尔衮登基，并不是他俩关系特别好，恰恰相反，他与多尔衮有较大的嫌隙。阿济格支持多尔衮是暗藏私心的。首先，阿济格与豪格互相仇怨。他认为，豪格若当权，“我等俱无生理”；其次，阿济格心胸狭窄，多尔衮同豪格比较，他情愿屈居胞弟多尔衮之下，也不愿臣属侄儿豪格；再次，论血缘关系，多尔衮距他亲近些，当时是十分注重血缘亲疏的。阿济格等推举多尔衮即帝位的企图，遭到皇太极原所统领的两黄旗将领的强烈反对，他们坚持要在皇太极的儿子中选一个做皇帝。斗争的结果，皇太极第九子、不满6岁的福临被选中，多尔衮和济尔哈朗辅政。

顺治元年（1644年），多尔衮称摄政王。他施展权术，打击政敌，排挤济尔哈朗，集军政大权于一身。此时，正值李自成农民起义军攻占北京，明崇祯皇帝自缢身亡。明山海关总兵吴三桂向清军乞降，请求清军帮助镇压农民军。多尔衮认为这是入主中原的天赐良机，率阿济格等迅速入关，迎战李自成。李自成没料到清军突然参战，惊慌失措，策马便走，全军惨遭大败。阿济格和多铎率八旗精锐，以吴三桂为前锋，追击李自成军，越过北京，直至固关始返。

十月，清顺治帝迁入北京，行定鼎登基典礼。在叙功时，晋封阿济格为和硕英亲王，赏赐两个马鞍。阿济格终于获得了清朝最高一级王爵。这时，清军兵强马壮，进关后连连获胜，士气旺盛，加之招降了许多明将，实力陡增。多尔衮等分析形势后，认为“今日事势，莫急于西‘贼’，破此，则大业成矣”。于是集中全部精锐，重点进攻李自成的大顺军。阿济格被命为靖远大将军，统率将士征陕西，以截断大顺军的后路。

十一月，阿济格攻陷太原、平阳等城，占据山西。顺治二年（1645年）阿济格自山西保德渡过黄河进入陕西绥德，在大顺军降将唐通的配合下，击败大顺军李过、郝摇旗部，占领延安、鄜州（今富县），直逼西安。与此同时，清定国大将军多铎在潼关击败大顺军后，也抵逼西安。大顺军腹背受敌，主动放弃西安，下陕南，由商州龙驹寨走武关，退入商洛地区。清军得胜的捷报传至北京，多尔衮令阿济格负责安顿关中及追歼大顺军，多铎按原计划转而趋往南京，进攻南明弘光政权。

阿济格任命了西北地区官员之后，随即率师南下。而大顺军由于连续大败，精神颓丧，行军又拖家带口，动作迟缓。其主力撤到河南内乡后，竟停滞不前，直到阿济格追赶上来，才拔营南下湖北。阿济格穷追不舍，先后在河南邓县，湖北承关、德安、武昌等地，与大顺军接仗八次，皆获胜。四月，阿济格水陆并进，在距江西九江20公里处突入大顺军老营，俘杀大顺军著名大将刘宗敏和李自成的两个叔父，招降大顺军军师宋献策等，同时俘获大批大顺军随军将领家属。大顺军连遭大败，主要原因在于战略上的失误。李自成想夺取东南作为抗清基地，一味东进，沿途仓促对付阿济格的攻击，处于被动挨打的境地。如果李自成能在群众基础较好的地区，发动人民的反清运动，组织反击，可能就是另外一种情况了。另外一个重要原因是，阿济格充分利用了大顺军的错误，勇追猛打，不让敌手有喘息之机。同时，摸清了大顺军的战略意图，超前拦击，打乱了大顺军的战略步骤。

大顺军经过一连串重大挫折后，处境愈发艰难，东下的路被阿济格截断，所掌握的数万艘船只也被阿济格缴获。多铎所领的清军由归德（商丘）、泗州，趋近南京。李自成夺取东南的打算根本无法实现，不得不掉头向西南方向撤退，准备穿过江西西北部转入湖南，行至湖北通山县境九宫山麓，遭到当地地主武装的伏击，不幸壮烈牺牲。

与农民军英勇抗清相反，明宁南侯左良玉之子左梦庚率骑步兵10万停泊在九江，阿济格军一到，左氏不战而降。于是，阿济格轻易占领了河南12城，湖广39城，江西6城，江南6城，并任命官员镇守。多尔衮闻捷讯，派侍臣到阿济格军中慰劳，随后下谕，让阿济格班师回京。

阿济格这次万里征战，和以往的征战不同。以往他是以明廷为对手，这次是镇压李自成农民起义军。从清朝统一中国的意义上说，阿济格是建立了奇功。但也必须看到他是一个屠杀农民军的刽子手。在镇压农民军的过程中，阿济格暴戾风狠，残酷无情。他攻占陕西米脂后，惨无人道地将李自成故里的居民，不分老幼全部屠戮一空。阿济格的嗜杀成性、凶残无道，显露出清入关初时暴虐的侧影。

头脑简单，获罪下狱

阿济格虽说屡战屡胜，劳苦功高，但他身上顽固地保留着严重的奴隶社会原始的作战作风。顺治元年（1644年），清军入关，占领明京畿地区后，阿济格竟然主张："现在应乘着兵威，大肆屠戮，留下诸王以镇守北京地区，而主力或回归沈阳，或退保山海关，就可以没有后患了。"这种放弃统一中国，仅以杀掠为目的的见解，是与历史潮流相悖的。阿济格是清初保守派的代表之一。

阿济格缺乏自知之明，对自己只能为将不能为帅的能力没有正确估计。同时，他也缺乏谦虚的美德，随着他的功劳渐大，骄矜之态变得恣肆起来。这一方面表现在他作战胜利后，目空一切，骄纵松懈，丝毫不把敌手放在眼里。崇德元年（1636年）阿济格蹂躏京郊各州县，56战皆胜，撤军返回时，违反军事常规，不以精兵殿后，却把辎重留在队尾，自己耀武扬威只管前行；并命手下人砍来木头，在上面写了"各官免送"四个大字，扔于路上，戏谑尾随其后的明军，幸亏当时明军怯懦惧战，否则阿济格定吃苦头。另一方面，表现在对内部人与事的处理上。

阿济格自视甚高，刚愎自用，常自作主张，一意孤行。这在皇太极时期就已见端倪。天聪二年（1628年），阿济格擅自为其弟主婚。崇德七年（1642年），阿济格驻守高桥时发牢骚说："军行劳苦。"又放纵敌人，私行打猎，不待皇太极的犒劳就率自先归。只是由于当时阿济格对皇太极存敬畏之心，虽然时有骄情显露，但在皇太极的管束下，还不至于做出太出格的事来。

皇太极死后，情况变了。当皇帝的福临是他的侄儿，摄政的多尔衮是他的弟弟，阿济格便少有顾忌了。他瞧不起毫无尺寸之功、未满6岁的福临，曾在军中称福临为“孺子”，甚至一度称病不朝，以示抗拒。顺治元年（1644年）四月，阿济格追击李自成，路经宣府（今河北张家口市宣化区），把巡抚李鉴找来，为贪酷不法的赤城道朱寿鍌说情，要李鉴释免朱寿鍌。李鉴拒绝说：“朱寿鍌是重犯，若擅自释放，给皇上知道了，对你恐怕没有好处。”阿济格部下绰书泰在一旁呵斥道：“你怎么不怕王爷（阿济格），反而怕小小年龄的皇上呢！”阿济格又派绰书泰等到李鉴处，再次硬逼他放人。

由此可见，阿济格有意无意地把自己凌驾于皇帝和国法之上。阿济格和多尔衮也多有矛盾冲突，对多尔衮的军令，阿济格并不认真执行。他在追击李自成时，擅自出边到土默特（今内蒙古东南）、鄂尔多斯（今内蒙古中部）逗留，索取当地马匹，经多尔衮再三催促，才动身南下，险些贻误战机。李自成兵败撤退，阿济格谎报李自成已死，又不等候多尔衮的谕旨到就班师回京。顺治六年（1649年）三月，多铎病殁，其子袭爵。六月，阿济格派人质问多尔衮说：“多铎征李自成至望都（今河北望都县），潜身僻地；攻破潼关、西安时，不歼灭敌人；追击叛逃的蒙古苏尼特部腾机思时，不取其国。多铎的功绩不显著，不应当优待他的儿子。郑亲王济尔哈朗是叔父的儿子，不应当称为‘叔王’。我是太祖的儿子，皇帝的叔叔，当以我为‘叔王’。”阿济格就这样贬低别人，抬高自己，其实际用意是试探多尔衮的口风，看看能否获得“叔王”名分，提高身价。多尔衮没给他好话，严厉反驳说：“多铎死去不久，你怎么能讲这样的话？当年令你征李自成，多铎征江南，你逗留外边，是多铎袭破李自成，攻克西安，平定江南、河南、浙江。追剿腾机思，他击败喀尔喀两汗人马。多铎功绩比你大多了，并且他原来是亲王，你原来是郡王。他一子为我养子，一子袭王爵位，怎么说是优待？郑亲王虽叔父子，但原是亲王，你怎么能妄思越分，自己要求封为叔王？”阿济格自知理亏，无言以对，但又不甘心就此了结。他不久再次挑起事端，要多尔衮批准他营造府第。多尔衮知道若不打击一下他的气焰，给他以惩罚，他会不断滋事生非的。于是，多尔衮便在朝廷上当众数落阿济格的罪状，说：“你阿济格前往大同，擅自加大同、宣府文武官各一级，私下除免各处职官，违抗命令攻打浑源州（今山西浑源县），还与郡王瓦克达背地里私赠财物。现姑免治罪，以后不准再参预政务，接触汉官。”先前，多尔衮对阿济格的种种狂悖行为，也进行过一些制裁，甚至降过他的爵位。这次多尔衮嘴上虽说不治罪，但令阿济格从此退出政治舞台，这对阿济格说来不啻为灭顶之灾。

对于多尔衮的限制和打击，阿济格是满腔怨恨。顺治七年（1650年）十二月，多尔衮死于喀剌城（今河北承德西），阿济格去奔丧，仅应付性地对多尔衮灵柩张望了一眼，便返回自己住所。当晚，诸王哭灵五次，仅有阿济格一人没去。第二天，经其他诸王再三劝说，他才勉强起身去哭灵，路途中遇到多尔衮原来统领的人马，挥鞭就打，令他们闪开让路。阿济格泄私愤已达到不择手段的地步。

骄横与野心往往相伴互滋。阿济格骄横之时，他的野心也不断增长。顺治三年（1646年），阿济格曾带着扈从经过午门，摆出帝王的威风。他想称“叔王”，也是要谋得更大的权力。多尔衮死后，创建清朝的宗室元勋不过剩下郑亲王济尔哈朗等寥寥几人，阿济格认为自己走向最高权力宝座的障碍拆除得差不多了，夺取国政的时机业已成熟，于是踌躇满志，趾高气扬。他派人到北京召第五子劳亲带兵前来助阵，胁迫多尔衮的部属归附自己。并妖言惑众，说多尔衮后悔收多铎儿子多尔博为养子，曾想让劳亲入主正白旗（多尔衮部的主力），为劳亲统领正白旗制造舆论。同时，强迫端重亲王博洛等速推他摄政。对一些不听他话的人，则加以诘责、压制。总之阿济格尽一切所能，力图造成他摄政的既成事实。

阿济格一系列窃权活动，引起郑亲王济尔哈朗等众人的不满和警觉，他们采取措施对阿济格严加防范。当多尔衮的灵柩到达石门，顺治帝福临亲往迎接。阿济格公开表示对顺治帝的蔑视之心，连身上的佩刀都不按规矩摘去。劳亲领兵赶到时，阿济格又重新张开旗纛与其会合。然后分为两队，向前与丧车并行。等多尔衮丧车停住，阿济格居左坐，劳亲居右坐，大有挟持之势，可谓悖乱至极。诸王对此十分气愤，忍无可忍，由额克亲、吴拜等首先告发其罪，随后发兵，监视阿济格父子，使他们不敢轻举妄动。回京后，立即召开诸王及议政王大臣会议，确定阿济格谋乱罪，将他削爵幽禁，没收他的部属。劳亲也由贝勒降为贝子。

阿济格想继多尔衮之后摄政专权，可算是狂妄之至，不自量力。从实力上讲，阿济格当时只统领十三牛录，势单力薄，根本无法与诸王匹敌；从能力上讲，阿济格就更不够格，他生性鲁莽，脾气暴戾，狂傲无理，锋芒毕露，诸王中很少有人服他。

阿济格跌了大跟头，一头栽到牢狱中，本应该静心思过，吸取教训。但是他并不知悔改，仍一味蛮横，不断惹是生非。先是在狱中私藏兵器，打算掘地道，和劳亲约期越狱。事发后被裁减一切，只给十几个妇女随身伺候，原有部属和家中财物皆没收入官。后来，阿济格又谋划在狱中举火，被看守告发。诸王觉得不严肃法纪不行了，于是定他死罪，赐自尽，爵位削除。

在人檐下得低头

——肃亲王豪格

豪格（1609—1648年）是清太宗皇太极的长子，少年时凡是重要战役他都亲自参加。豪格是伴着战火，在马鞍上长大的。血与火培养出他勇武刚毅的性格，同时也增长了他的才干，成为清初的一代骁将，被封为和硕肃亲王。这是他一生政治上的顶峰。春风得意、素有大志的豪格，却无法料到他以后遇到的竟是连绵不断的挫折。他本应大红大紫的一生却因与多尔衮竞争皇位，而惨遭多尔衮的迫害，蒙冤下狱。豪格精神苦闷，郁郁成疾，年仅40岁便含恨而死。然而更让其死后蒙羞的是多尔衮强娶了他的妻子，在历史上留下了叔娶侄媳这不光彩的一笔。

随父征战，颇受器重

豪格是清太宗皇太极的长子。清太祖努尔哈赤为后金汗时，尚是少年的豪格就随从太祖征伐蒙古栋夔、察哈尔、鄂尔多斯诸部，立下战功，被封为贝勒。天命十一年（1626年），也就是豪格17岁那一年，他又同大贝勒代善征伐扎鲁特部，亲斩其首领鄂斋图。豪格是伴着战火，在马鞍上长大的。血与火培养出他勇武刚毅的性格，同时也增长了他的才干。

后金天聪年间（1627—1635年），正值豪格青年时期，又是其父皇太极在位。这样，豪格占据“天时”“人和”之利，在军事和政治上有施展才能的许多机会。他也自知勤勉，凭借血气方刚，连年搏击，表现得十分英勇。天聪元年（1627年）五月，清太宗皇太极首次发兵攻明，豪格同贝勒德格类等打败锦州明军，然后率偏师护卫塔山粮道，保障军需。时遇明军2万，众寡悬殊较大，豪格却毫不畏惧，指挥前军80人冲击，竟将明军打退。天聪二年（1628年）五月，豪格同贝勒济尔哈朗征伐蒙古因特塔布囊。他身先士卒，奋力手刃因特塔布囊，收降了其部属。最值得一述的是，天聪三年（1629年）十月，皇太极再次攻明，豪格奉命会同三贝勒莽古尔泰等赴通州（今北京通州区），视察渡口，捕获明兵哨卒。之后，大军由通州直扑北京，在广渠门外与明宁、锦援军对峙。明重兵在阵营右侧埋伏，伺机出击。莽古尔泰观察到明兵的布阵形势，下令诸贝勒全力攻击明兵右侧，想一举击败明军主力。可是诸贝勒害怕明军人众，尽管有“避敌者罪”的命令，却裹足不前。唯有豪格一人听命，率先冲锋陷阵，直杀到明兵阵壕。明军大溃。

天聪六年（1632年）六月，豪格晋封为和硕贝勒，爵位上了一个阶梯。以后的重要战役，他都亲身参与，屡立战功。天聪八年（1634年）七月，皇太极绕开明山海关防线，发动了远袭明朝宣府、大同的战争。豪格偕额附扬古利拆毁明朝边墙，后金军遂由尚方堡分道长驱直入。八月豪格同贝勒多尔衮进略朔州（今山西朔州市），兵锋直抵五台山。还军后，豪格随皇太极视察大同城，与明援军遭遇，豪格纵马向前，击败明军。天聪九年（1635年）二月，豪格同多尔衮、岳托、萨哈廉等统兵收降察哈尔林丹汗的儿子额哲。回师时渡黄河到归化（今内蒙古呼和浩特市旧城），岳托生病不能走，他和多尔衮等人随机应变，干脆转而攻明。自平鲁卫至朔州，残毁明宁武关（今山西宁武县）、代州（今山西代县）、忻州（今山西忻州市）、崞县（今山西崞阳镇）等地，把明山西搅得天翻地覆，总计杀了6000余人，俘获的无法计算。经过这么一番屠掠，才满载而归，返回归化，接岳托回朝。

天聪十年（1636年），皇太极称帝，定国号曰“清”，改元“崇德”。四月，豪格晋封为和硕肃亲王，获得清朝最高一级爵位，时年27岁。六月，又奉命执掌户部。豪格加封晋爵，并担当户部重任，一是由于他忠心耿耿，战绩卓著。豪格早在天聪五年即曾表示：“愿竭忠为国，遇征伐不辞劳瘁，以图报称。”他基本上是努力实践了自己的诺言。整个后金天聪时期，在皇太极的指挥下，他与其他贝勒密切合作，无论是西战蒙古，还是南征大明，都是遇险先上，逢战争先，为清帝国的建立作出了卓越的贡献，在叔伯兄弟中也日益突出。二是由于他才智过人，有独到见解。天聪七年（1633年），皇太极集思广益，下诏询问征伐明朝、察哈尔、朝鲜三者何先。豪格上疏说：“应先征明，但若直取锦州，其余坚壁不下，则战事旷日持久，会使我师疲惫。故应率我军全部和边外新旧蒙古

军，从旧道开入明境，并告之明各屯寨，说我欲和，而明君不作答，使明将自怨其主。再用更番法，待秋高马肥，携带汉兵大炮，一出宁远，一出旧道，二路夹攻山海关。得手则已，不得手便派人招降‘流贼’（对明末农民军的诬称）。不然，则驻军通州，侦探‘流贼’情况，逼明军分兵御我。俟明防御松懈之时，我军全力突袭之。至于朝鲜，可暂时进行抚慰，让它保持中立。对蒙古察哈尔则视具体情况而定，它若逼近我，便相机进击。若远遁，就暂时随它去。”豪格这里不仅提出攻明的理由和方案，还提出统一战线的策略，即联络农民起义军，在诸王的议论中显得棋高一着，表明他具有敏锐的分析能力和一定的战略眼光。从后来的军事行动看，除联络农民起义军这一条外，豪格的其他建议均为皇太极采纳。自从这个首先“残毁”明境的方针确定后，明朝便防不胜防，实力大耗。

环顾后金诸将，有勇力、能拼杀的不乏其人。然而，既有勇又有谋，既能征战又能理政的人才并不多。这样，豪格以自己的战功和谋略，又挟皇太极长子之威，在诸将中崭露头角，承担重任，便是自然而然的事了。

宦途坎坷，几起几落

崇德元年（1636年）四月，豪格晋封和硕肃亲王，掌户部事，这是他一生政治上的顶峰期。春风得意、素有大志的豪格，恐怕无法预料他以后遇到的竟是连绵不断的挫折。从崇德元年到顺治元年（1644年）短短的九年间，豪格经受了四落四起的政治风浪。

豪格封王、掌户部事不久，就因泄露皇太极机密话语和对皇太极心存不满，被降为贝勒，解除掌户部的职任，罚银千两。崇德元年八月，豪格同睿亲王多尔衮攻打明锦州。十月，皇太极命他仍摄户部，但爵位没有恢复。此是豪格第一次沉浮降升。

崇德二年（1637年）九月，都统鄂莫克图胁迫蒙古台吉博洛把女儿嫁给豪格，以图讨好。事情被揭发出来后，豪格袒护鄂莫克图，不治其罪。结果，豪格被解除部任，罚银千两。崇德三年（1638年）九月，豪格领军征明，自董家口毁边墙入明境，在丰润县（今属河北）打败明兵，遂下山东，降高唐州（今山东高唐县），略曹州（今山东曹县）。明兵拆毁桥梁拒守。豪格军沿河岸布阵诱敌，暗派精兵潜渡过河，绕到明兵背后攻袭。明兵腹背受敌，大败而逃。豪格又派2000骑兵败明郭太监兵于滹沱河，攻破献县。崇德四年（1639年）豪格凯旋而归，论功行赏，被赐马二匹，银万两。八月，命仍摄户部。九月，复原封。此是豪格第二次沉浮降升。

崇德五年（1640年）元月，豪格同多尔衮等领兵到义州屯田，意在长期围困锦州明兵。起初，豪格等较好地贯彻了皇太极的战略意图，攻克锦州城西九台，抢割锦州城外庄稼，多次击败出城的明兵，使明军坐困锦州。到十二月，豪格和多尔衮斗志松懈，移师去城15公里，并遣兵还家探视。结果，豪格以纵敌罪由亲王降至郡王。

崇德六年至七年（1641—1642年），豪格参加了著名的松锦之战。崇德六年（1641年）元月，豪格、多尔衮、济尔哈朗等围攻锦州、屡战屡捷，击败明蓟辽总督洪承畴兵13万。十一月，豪格会同辅国公满达海围松山，布下天罗地网。松山明军多次突围不得，而城中粮尽，“人相食，将不能自保”。崇德七年（1642年）二月，明松山副将夏成德密约降清，于十八日夜，开门内应，引清兵入城。豪格一马当先，遣所部右翼精兵率先登城，一举攻克松山，俘获洪承畴及巡抚邱民仰、总兵曹变蛟等，斩明官兵3000余人。

之后，豪格连续作战。三月，他移师围攻杏山，杀明兵出城砍柴者30余人，又遣前锋努山击败想逃入宁远城的明兵500余人。由于松山、杏山的明兵或歼或败，早已精疲力竭的锦州明军待援无望，三月八日，南城投降。四月，豪格同郑亲王济尔哈朗合力攻打塔山，用红衣大炮轰开城墙，歼城内明兵7000人。四月二十一日，明杏山守将迫于大势已去，放弃抵抗，输城请降。从此，明关外四座重要城堡全部落入清军之手，清军一雪昔日攻城不下、反伤主帅的耻辱，取得空前的胜利。七月，清廷叙功豪格恢复原封，受赐一具鞍马，百匹蟒缎。此是豪格第三次沉浮降升。

崇德八年（1643年），皇太极逝世，清世祖福临即位，翌年改元顺治。福临尚不满6岁，不能理事，故由多尔衮摄政。豪格与多尔衮积怨甚深，背地散布多尔衮的坏话，被都统何洛会等人揭发出来。于是，顺治元年（1644年）四月，豪格被议罪削爵。十月，顺治帝大封诸王，念及豪格有功，仍复原封。此是豪格第四次沉浮降升。

豪格宦途坎坷不平，屡次遭贬。从根本上说，是由他本人错误所致。豪格未受封时，能够奋发效力，谨身自持。一旦受封，便萌生傲气，出现松懈之态。他抱怨皇太极，并泄露皇太极的言语；不能严格执法，当罚不罚；擅自做主，违背军令等，都是豪格放任自己的结果。

同时，其父皇太极即位后，着力加强君权和中央集权，削弱八旗贝勒的势力，但遇到相当大的阻力。皇太极必须谨慎小心，尽量公正处事，以免授人以攻击的口实。这样，皇太极对自己的长子豪格自然要从严要求，有错必罚，毫不偏袒。不过，皇太极对豪格的确不尽满意，他最钟爱的是第九子福临。

另外，睿亲王多尔衮蓄意谋取最大权力，豪格则是他的主要障碍，只要他能抓住豪格的错，是绝不会轻易放过的。豪格屡次遭贬，却又屡次起用，原因何在?

一是豪格栉风沐雨，身经百战，功绩卓著。同时，在清初诸王中，豪格不辞劳苦、敢赴艰辛的精神显得十分突出。崇德二年（1637年）正月，豪格率军随皇太极征朝鲜，从长山口至昌州。昌州军民自知不敌，弃城上山立寨，想凭借险要地势据守。豪格激励士兵猛攻，力克之。接着，豪格又击败朝鲜安州、黄州500士兵于宁边城下，擒俘其总兵官。朝鲜宁边帅率兵来援，豪格遣蒙古都统苏纳等将其击败，并将宁边统帅活捉。当豪格行至宣屯村，村民告诉他："黄州兵帅听说其王被围，率兵一万五千前往增援，已走了三日。"豪格当即决定消灭朝鲜这支生力军，以协助多尔衮攻下江华岛，企图俘获朝鲜国王。于是，他率领连续征战数日之师，疾驰一昼夜，在陶山追及黄州兵，奋勇将其击败。正是因为豪格对于清王朝的开国，功不可没，精神可嘉，所以，顺治元年（1644年）十月大封诸王时，摄政的多尔衮也不得不同意恢复他的原爵。

二是与皇太极对豪格的信任有关。皇太极与豪格虽有嫌隙，关系不很融洽，但豪格毕竟是皇太极的亲生骨肉，不存在重大的思想分歧和利益冲突。所以总的来说，皇太极对豪格是用心栽培并放手使用的。皇太极即位初，权力斗争十分激烈，其中三贝勒莽古尔泰是他的主要政敌。天聪五年（1631年），莽古尔泰与皇太极发生争执，曾拔刀露刃"欲犯上"。天聪九年（1635年），莽古尔泰又伙同他人阴谋推翻皇太极，夺取御座。皇太极严厉地镇压了莽古尔泰及其同伙。随后把豪格从黄旗分出，单立分旗，专主莽古尔泰原统领的正蓝旗。由此可见，皇太极对豪格是颇为信任的。同样，豪格对皇太极虽有怨气，但仍不失忠心耿耿。莽古尔泰的妹妹莽古济格格反皇太极，犯谋逆罪论死。其次女是豪格的妻子，豪格对此十分恼怒，说："格格既想谋害我父，我岂可与格格之女同处？"于是杀了妻子。当然，豪格为了表示效忠父亲，竟杀害了自己的妻子，这未免太残酷了。

豪格在顺治元年（1644年）十月恢复原爵时，清廷已定鼎北京，顺治帝诏告天下，宣布君临全中国。然而，政治军事的局势仍很凶险，各地人民的反抗十分激烈。在此动荡之际，豪格又被委以军事重任，开始了他一生中最后一个阶段的军事生涯。

清军入关初，在河北和北京地区圈占大量土地，掳掠大批人口充当奴仆，京东各地受害更甚。在李自成大顺军的影响和推动下，北方地区燃烧起熊熊的抗清烽火，这些农民军给清军以一定的威胁，使其不敢全力南下。为了解除后顾之忧，顺治元年冬，清廷派豪格领兵围剿。豪格使用诱惑和袭击的两手，先是平定济宁，再攻破满家洞等农民起义军，填堙251个洞穴，稳定了山东。

顺治三年（1646年）李自成已死，大顺军余部虽然仍在坚持斗争，但难以重复大业。这时，残明的弘光政权也遭覆灭。清朝取得入主中原的决定性胜利，开始将兵锋转向西南，努力统一全中国。三月，豪格被任命为靖远大将军，率同衍禧郡王罗洛浑、贝勒尼堪等西征，准备先平定陕西，再南下剿灭四川的张献忠大西军。豪格抵达西安后，即派遣尚书星讷等征讨邠州（今陕西彬州市）的农民军，同时施用攻心战，招降了宋大杰、贺洪器、齐勋、张国栋等农民军首领。又遣派都统都类围剿庆阳（今属甘肃）农民军，杀死其首领石二。五月，刘文炳、康千总、郭天星等领导的农民军迎击豪格清兵，被击败，康千总惨遭杀害。此时，陕西抗清的义军虽连遭失败，但仍具有一定势力。可惜的是他们各自为战，没能联合起来，这就给豪格以分别进击、各个击破的机会。豪格清军从西安出发，分兵围剿，迫降了蒋登雷、石国玺、王可成、周克德等，击溃了其他抗清义军，陕西遂平定。这样，豪格完成了入川征伐张献忠大西军的第一步。

张献忠大西军是顺治元年（1644年）从湖南进入四川的。张献忠计划“暂取巴蜀为根，然后兴师平定天下”。顺治三年（1646年）张献忠审时度势，认为与其羁留四川被动挨打，倒不如乘清军主力尚在江南和东南沿海地区，北上陕西，夺取西安，威慑敌后，以重振雄风，决定弃川北上。

十月，张献忠从成都出发，由孙可望等四将军各领大西军十万余北上。当时，部队共有五六十万人之多，沿途旌旗蔽野，威武雄壮。十二月，大西军进抵西充（今属四川）的凤凰山。大西军的军事行动被张献忠的原部将刘进忠侦知，这个叛徒迅速向豪格告密。豪格得报立即引兵南下，一路马不停蹄，日夜兼程，在刘进忠的引导下进入四川。十一月二十七日，豪格清军闯进西充。而张献忠此时还蒙在鼓里，对清军的动向毫不知晓，一点戒备都没有。当巡哨发现清军到来向他报告时，他根本不相信，主观地认为巡哨是误报。几经拖延，待他嘴里嚼着米饭，仓促出营亲自察看时，清军已开到近前，距他仅一溪之隔。急于邀功的叛徒刘进忠立即指认张献忠给清军看，豪格部将雅布兰张弓搭箭射向张献忠。张献忠哪里来得及躲闪，当即坠马身亡，年仅40岁。豪格乘势挥军掩杀过去。大西军丧失主帅，又毫无战斗准备，被打得大败。牺牲战士数万名，损失骡马12000余匹。孙可望、李定国等将领收拾残部，急速南撤，经重庆、遵义，转入贵州。豪格分兵追击，招降纳叛，平定四川。捷报传至清廷，顺治帝下旨嘉奖。

豪格深谙兵贵神速，他及时把握战机，驱军疾驰，掌握了战争的主动权，这是他能较轻易地打败大西军的主要原因。

蒙冤入狱，含恨而死

顺治五年（1648年）二月，豪格奉旨凯旋回京，顺治帝在太和殿设宴慰劳他，他心中自然很得意。可是，他万没想到回朝之日，便是大祸临头之时。三月，以摄政之名君临天下的多尔衮，追究豪格徇隐随征护军参领希尔根冒功和企图擢用罪人扬善之弟吉赛这两件事，将其议罪削爵，并幽禁牢中。按当时情理，豪格所犯的不过是区区小错，削爵已是轻罪重罚，哪里还该锒铛入狱。更何况豪格是清朝的开国元勋，且不说他早年的功绩，单入关后平定山东、陕西、四川等地的奇功殊勋，清初诸王中没有几人能比得上。就算以功抵过，也还绰绰有余。

既然如此，难道是“功高招忌”吗？也有些说不通。清初功高者，如多铎、济尔哈朗等人都没遭此厄运。况且，清朝当时虽然统治中国的大局已定，胜券在握，但全国各地，尤其是东南、西南地区的反清斗争仍在继续，不存在“狡兔死，走狗烹；飞鸟尽，良弓藏”的历史背景。那么，豪格究竟为什么会遭此劫难呢？要弄清事情的缘由，还只能从豪格和多尔衮之间的利害冲突说起。

崇德八年（1643年）八月初九，皇太极骤逝，诸王窥伺神器，在皇位继承的问题上，发生了尖锐的矛盾。最后，豪格与多尔衮争夺帝位的斗争，表面上看两人都没结果，实际上多尔衮取得了胜利。多尔衮虽然没有皇帝的名分，但他以摄政王身份掌握了大权。稍后，他排挤打击济尔哈朗，“刑政拜除，大小国事，九王（多尔衮）专掌之”。诸王不得与他平起平坐，事实上享有皇帝的尊荣和权力。而豪格从此以后走上权力顶峰的希望彻底破灭不说，己身也完全在多尔衮控制之下。

多尔衮摄政掌权后，既要排除政治上的隐患，又要寻仇泄愤，便处心积虑地整治豪格。顺治元年（1644年）四月初一，原来支持豪格的何洛会，见豪格大势已去，转而投靠多尔衮，揭发豪格图谋不轨，告发豪格曾说过："我岂不能手裂若辈（多尔衮等）之颈而杀之乎！"这下多尔衮抓住了豪格的把柄，毫不留情地对他进行迫害打击，把豪格的心腹鄂莫克图、扬善、伊成格、罗硕等，均加以"附王为乱"的罪名处死，豪格本人也差点被杀掉，只是由于他弟弟、皇帝福临涕泣不食，才得免死，被罚银五千两，废为庶人。

豪格遭此打击，元气大伤，已不再对多尔衮构成威胁。但多尔衮并不放过他，必欲置之死地而后快，待他征战回朝，便找借口将他投入监狱。豪格少年得意，性素高傲，如今壮志不酬，反受冤屈，身陷囹圄，精神极度悲伤苦闷，终于恹恹成病。一个生龙活虎的壮汉最后竟成为骨瘦形枯的病鬼，不久就在狱中含恨去世了，年仅40岁。

豪格死后，多尔衮娶了他的妻子。论辈分，多尔衮是豪格的叔叔。叔叔强娶侄媳，在历史上留下了不光彩的一笔。对豪格来说，这不啻为雪上加霜，冤枉添耻辱。

顺治七年（1650年）冬，多尔衮死。顺治帝福临亲政，念及豪格与他是骨肉兄弟，且死得委屈，复封豪格为和硕肃亲王，立碑表之。顺治十三年（1656年）九月，追谥"武"再立碑以纪其功。

清乾隆四十三年（1778年）正月，乾隆帝追念肃亲王豪格忠勋，命配享太庙，复封号曰"肃"。八月，入祀盛京贤王祠，为清代八家"铁帽子王"之一。

豪格是清太宗皇太极的长子，却并没有享受多少父皇的恩荫，主要是

凭借自己的文韬武略才逐渐跃居为清初的主要诸王之列。在开创清朝一代基本方面，他是一个出色的成功者，但在内部的权力斗争中，他是一个彻头彻尾的失败者。他的最后结局，也反映了皇权争夺的残酷现实。

忽立忽废为哪般

——理亲王胤礽

胤礽（1674—1725年），玄烨第二子，孝庄仁皇后所生。康熙十四年（1675年），立为太子。髫龄读书，即受父教，所读四书五经，必背诵复讲、精熟贯通乃止。6岁就学，通晓满汉文字，熟谙诗词歌赋，精骑善射。参与政务处理，结交内外臣工，渐渐形成“太子党”。康熙二十九年（1690年），玄烨在征伐噶尔丹途中染病，以侍疾毫无忧色，父子感情开始破裂。康熙三十六年（1697年），因结党援，幽禁索额图。康熙四十七年（1708年）八月，玄烨行围，于布尔哈苏台，召集诸王大臣，揭露其罪行，被幽于上驷院之侧。康熙四十八年三月（1709年），复立为皇太子；康熙五十一年（1712年）十月，玄烨查出他营私结党，再行废黜禁锢。胤禛嗣位后，将其移解祁县郑家庄居住，派兵严密监护。雍正二年（1724年）十二月，卒于囚所，追封理亲王，谥密。

出类拔萃的嫡子

康熙皇帝宠很爱自己的第一任皇后赫舍里氏，他们感情深厚。赫舍里氏很慈祥，她先后为康熙皇帝生育过两个儿子，但两个儿子都情况不妙。第一个儿子叫承祜，一直身体不好，在康熙十一年（1672年）夭折。一年后，皇后再次怀孕，于康熙十三年（1674年）五月三日，在坤宁宫产下了她和康熙皇帝的第二个儿子胤礽。这本来是大喜之事，可谁料到，皇后因为产后出现的危症，当天就离开了人世。这个儿子的降生，给康熙皇帝带来了无尽的烦恼。

康熙皇帝怀着喜悦和悲痛的双重心情，徘徊在皇后产房坤宁宫暖阁中。这是康熙皇帝与自己心爱的皇后所见的最后一面。他看着虚弱的皇后生命渐渐耗尽，也看到了襁褓中粉红娇嫩的婴儿，一个混沌无知的幼小生命，十分可爱地依靠着皇后渐渐冰冷的身子。他万分悲痛，静静地站在那里，泪如雨下，内心充满了无尽的凄苦、伤感和悲悯。

皇子胤礽是皇后所生，他一出生，母后就离开了人世。不过，这位皇子却得到了年轻父亲的特别关爱。康熙皇帝将胤礽留在自己的身边，一起在宫中生活。他亲自照看这个幼小的孩子，看着他一天天成长。康熙皇帝对自己不幸的幼年时光记忆犹新，他自幼就很寂寞，极少得到父皇顺治的关爱和照顾。幼年时代的生活十分凄冷，印象真是太深刻了。所以，康熙皇帝深切知道，虽为一个衣食无忧的皇子也同样渴望父爱，一个孩子完美的幼年生活是离不开父亲的呵护的。因此，他对皇后所生的胤礽充满爱怜，倍加体贴、照顾和呵护。

其实，从皇子的年龄排序上讲，胤礽当时不是皇长子，而是康熙皇帝的次子，在他之上，还有一位地位较低的嫔妃所生的皇子，也就是皇长子胤禔。但是，胤礽是皇帝与皇后所生，按照中国古礼所规定就是嫡子。胤禔虽然年长，但却是庶子。中国古代皇位的继承法确定的基本原则是：立嫡、立长。就是说，先立嫡子，再立长子。康熙皇帝坚定地信守皇位继承法的原则，遵循中国帝制继位的礼法，选择皇后所生的胤礽作为自己的皇位继承人。

皇次子胤礽十分聪明，才智超出了常人，他的气质、风度和相貌，都是十分出众的，令康熙皇帝非常满意。康熙皇帝为了名正言顺地培养他，就决定早早地确立他的太子身份，养育在身边，重点进行全面的培养和训导。康熙十四年（1675年）十二月，他就发布诏书，立虚龄只有两岁的胤礽为太子。

幼年胤礽的聪慧，表现在他的日常生活之中，令康熙皇帝爱怜不已。他四五岁的时候，康熙皇帝就开始教导他识字、习字和读书。因为，康熙皇帝知道，幼年读书，如日出之光，他本人就是从五岁的时候开始读书的。太子胤礽开始他的读书生活之时，勤奋的康熙皇帝依然在深入研究和探讨儒学经典和理论，同时，他一直在有意识地引导幼年的胤礽接触这些圣贤书，喜爱这些内可修养身心、外可治国平天下的经典。可喜的是聪明过人的太子胤礽，十分喜爱父亲，非常愿意接受父皇的教导，令康熙皇帝感觉幸福。太子不仅聪明听话，而且悟性极好，并有超人的读书能力。康熙皇帝十分惊讶地发现，太子的颖慧，超过了他本人年少之时。太子的出类拔萃，使他深感欣慰和鼓舞。

可以理解，在太子胤礽的童年和少年时期，身为父亲、以读书为一生事业追求的康熙皇帝十分自豪，面对这样一个天使一样的又是心爱皇后留下的嫡子，作为父亲的康熙皇帝很有成就感，对于王朝的光明未来也很有信心。康熙皇帝经常感谢上苍，赐给他大好河山，还赐给他好儿子。他相信，按照古来圣贤的教诲方法，借助儒家经典的学习熏陶，不仅可以使自己成为一个时代因之骄傲的圣明之君，也可以由自己亲手栽培一个充满希望、掌握辉煌未来的太平天子。

在太子胤礽少年岁月里，康熙皇帝过得非常幸福和充实。每次出行狩猎、巡游，康熙总要把他带在身边，让他跟随在自己的左右，形影相随。康熙乘辇出行的时候，太子总是跟随在御辇之旁。在出行的路上，康熙依然手不释卷，当他读到经史子集之中关系齐家、治国、平天下以及裨益身心的地方之时，都要认真仔细地讲解给太子听，非常耐心地引经据典，讲解其本意和微言大义，又是比喻，又是引申，又是论证，直到聪明的太子透彻理解并能举一反三为止。

令康熙皇帝高兴的是，胤礽不仅总是能够领会父皇的谆谆教诲，而且总是能说到要点上，总是用温雅清朗的词语从容不迫地回答，还能将以前讲过的、引用过的和论述过的，巧妙地解答提问，每次答题都是十分圆满。康熙皇帝一天比一天感觉惊讶：这个孩子真是天才！所读经书，过目不忘；所有讲解，记忆清晰；所有听过的知识，随时引用，出口成章，下笔成文。太子的谈吐，让侍立一旁、不大精通文理的侍卫们都听得十分神往，有时还不禁手舞足蹈。更让康熙皇帝欣慰的是，太子胤礽随时奉命所作的诗文，文采斐然，文学功夫不凡。太子的天赋，让康熙皇帝有时感动得热泪盈眶。为了让太子文武兼备，康熙皇帝亲自指导他学习骑射。

太子胤礽6岁（虚龄）时，康熙皇帝出于疼爱，特地为他在紫禁城东部的后宫禁地（乾清门东边、景运门外），建造了一座清代历史上十分重要的建筑，专门用于培养太子、皇子的地方，赐名毓庆宫，供太子胤礽生活起居和读书学习。毓庆宫的地理位置之所以特别重要，是因为它紧挨着后宫禁地的乾清宫，还紧邻着皇帝的家庙：它的东墙外是皇室祭祖的奉先殿，西墙外就是斋宫。康熙皇帝选择将毓庆宫建造在这两座供奉着祖先灵位的、肃穆的高大宫殿之间，其本意大概是为了使聪明过人的太子能够体味祖先的艰辛，每天朝乾夕惕，谦虚谨慎，用心去感受列祖列宗对他的期待和重托。

太子胤礽在13岁以前，都是在康熙皇帝的身边度过的，每天都是按部就班地起居、饮食、读书、学习。康熙皇帝几乎每天都要关心太子的读书、学习，教导他功课，听他背诵古文，谈读书心得，临字、作文、写诗。康熙皇帝亲自作太子的文化老师，身体力行，讲读和实践着儒家学说，亲自向他传授儒家经典。康熙二十四年（1685年），康熙皇帝对身边的大臣说，他每天必定要做的，有两件重要的事情：一件是清晨之时，前往太皇太后宫中问安；二是召见太子，亲自为太子讲书。皇帝在万机余暇，亲自为皇太子启蒙读书，教授文化，这在中国历史上是少有的，似乎仅此一例。

太子出阁讲学

检验太子读书成果的最有效方法，就是出阁讲学。这是中国历代宫廷的传统，这个传统，康熙皇帝不仅要延续，而且还要发扬光大。康熙二十五年（1686年），太子13岁了，康熙皇帝这个年龄时已做了父亲。所以，康熙皇帝决定让太子出阁讲学。在出阁之前，太子已系统地学过四书以及五经中的《尚书》，对于这些书的理解和记忆，都是十分准确的。康熙皇帝对于太子的学业，十分满意，甚至有些自豪。这次出阁讲学，让大臣们一睹皇储的风采，更主要的是领略一下这位未来天子的天赋和学业，康熙皇帝感觉很有必要。

他亲自出马，为太子出阁讲学做准备。其实，太子的记忆力出奇惊人，没有什么需要准备的。但康熙皇帝一生谨慎，还是要亲自为太子出阁讲学选定教科书。康熙皇帝怕太子紧张，讲学不能发挥水平，就召见太子，鼓励他学深、讲透。他对讲官们指出四书讲读的重点，他说："四书粗解之，则张居正《四书直解》为佳。欲求精意，莫过于《日讲解义》。皇太子诚能通贯此书，自克明晰理，惟视其力行何如耳。不然，徒滋繁言何益。"

康熙皇帝对太子期望很高，虽然知道太子聪颖、好学，但仍然不能满足于太子现有的学业，期望他再上一层楼，学业更加精进。康熙吩咐廷臣们，为太子保举更为合适的辅导官，教授太子的学业。众大臣集议之后，一致举荐博学大臣汤斌。汤斌是当朝大臣，也是一代硕学鸿儒，曾担任康熙皇帝的筵讲官。康熙皇帝当然知道汤斌的学问、人品，对于大臣的一致推荐，自然表示赞许。康熙皇帝对近侍说："自古帝王谕教太子，必选平和、恭谨、恪守道义之臣，统率东宫僚属，辅翼太子。汤斌在讲筵，素行谨慎，朕甚知之。后来，派他出任督抚，自身廉洁，并率属下实心任事。应重加选用，以为封疆大吏之表率。"于是，授汤斌为礼部尚书兼管詹事府。

汤斌是太子师傅的首领。以汤斌为首的东宫辅导官很快组建完成，其中，关键人物是少詹事耿介，是由汤斌亲自推荐和选用的，另一位重要人物是大臣尹泰，担任东宫詹事。康熙二十五年（1686年），由钦天监选择吉日，闰四月二十四日，作为皇太子出阁开讲的日期。这一天，康熙皇帝亲临保和殿，隆重地为太子举行出阁读书典礼。

保和殿曾是顺治皇帝的寝宫，也是康熙皇帝幼年时的寝宫。后来，保和殿成为王朝典礼的重要场所，是皇帝举行大典和主持殿试的地方。这天早朝，康熙皇帝一身礼服，先向满朝文武大臣们出示太子胤礽以前读书、学习的习字作业。大学士和詹事们及众大臣奉旨，一同校阅太子的作业。康熙皇帝吩咐大臣们校阅，指出作业中的不妥之处。其实，哪有什么不妥之处？实际上皇帝是在展示自己作为皇帝，身为父亲的自豪。

大臣们早就听说太子有过人的天赋，学业之精进，让博学的康熙皇帝都深为叹服。这次展示的太子作业，是历年来太子所写的满、汉习字，一摞一摞的，共有八大竹篋之多。汤斌等大学士、东宫辅官和众大臣们站在那里，看着内侍抬出来的这一筐筐太子习字，一个个惊诧莫名，浏览之下，不禁目瞪口呆。

康熙皇帝事先检视过这些作业，从中挑出了一些胤礽所写的满文，特别是满文书写的《贞观政要》以及许多重要的汉字警句格言，堆放了两大摞。汤斌等人屏住呼吸，神情严肃，仔细阅看，心潮起伏。他们看见，太子的书法遒劲刚毅，端重而藏锋，其气势和布局，俨然是大家名帖。而且，在这每一张作业上面，都有康熙皇帝逐日的笔圈点。这次特殊的早朝之后，一身礼服的汤斌等讲官，次第入殿，行过见面礼，正式进讲。汤斌这是第一次在毓庆宫中，为聪明的太子讲说历史。汤斌注意到，饱学的太子十分平静，也十分成熟，神情之中充满着自信。太子很明媚也很爽朗，不像一个初次见到陌生长辈的少年，也不像几乎所有的学生第一次见到师傅那样胆怯和羞涩。太子声音清亮，用十分谦虚和恭敬的口吻对讲官们说："皇父虑予幼稚，不知勤学，日以为念，即一字也无不躬亲详示，勤加训诲。予性不敏，于皇父睿旨虽未尽能体会，然何敢不殚心竭力从事于学？《四书》《书经》《易经》略能背读。"

从气势上讲，自入殿之后，师生的角色，就开始发生了转换。太子的这一番话，诚恳，儒雅，充满自负，让师傅们从内心深处发出一片赞叹。太子的地位开始提升，师傅感觉这位非凡的太子，在学业上几乎与自己平起平坐了。接着，太子恭敬地表达自己对师傅们的礼遇，宣布：请师傅们

从今天开始，讲书之前，再也不必行礼。讲书之时，也不必站着，而是一起坐而论道。

太子一身朴素的衣服，眉宇之间，充满了书卷之气。他坐在那里，看着须发半白甚至全白的众师傅，诚恳地说：“尔等皆学问渊博，品行端方，可以倚任。所以，皇父著尔等为予讲官，此正予重道崇儒之日也。今特于尔等进讲时，停其行礼侍立，赐坐进讲，庶得从容讨论，便于问难，可以讲解多时。”太子这种大胆的举动，这种给予师傅们的礼遇，都是超乎前人的。汤斌等人闻言，喜出望外，也十分惶恐，一再表示不敢接受，也不能接受。他们再三推辞，太子仍然不允。于是，太子就学的新学规就这样敲定了。

讲学之后的一天下午，师傅汤斌等人满面春风，十分兴奋地来到乾清门外，陈述了太子早晨之时向众师傅们郑重提出的尊师、赐坐之礼，恭请侍卫转奏皇帝，表示师傅们敬重太子，不能接受太子的不世礼遇，叩请皇帝亲下谕旨，继续按照宫中旧例，师生行礼之后，师傅们仍旧站立进讲。

康熙时期，在上朝以外的时间，大臣是不能随意面见皇帝的，皇帝与大臣之间的信息传递和语言交流，通常由侍卫、内侍负责传送。康熙皇帝在内殿办公，听说太子为了提高对讲官的礼遇，为了表示尊重师傅，改变讲学礼仪，十分高兴，表示支持太子。他立即传出谕旨：“皇太子冲年，嘉向典学，尔等勿阻其意。况赐坐进讲，古礼有之，著即遵行。”汤斌等人听后心潮澎湃，激动不已，但是，他们身为臣子，仍然坚决表示不敢承受这般礼遇，也不敢接受这份特殊隆恩，并再三恳请皇帝收回太子的意旨。康熙皇帝倍感欣慰，就规定师傅们在讲课前向太子行礼，然后，依照太子的意愿，师傅们可以坐下讲书。

大学士和众文武大臣对于太子的作业印象极深。太子的八篋习字作业，康熙皇帝允许大臣们带回官署。大学士和讲官们非常高兴，他们在官署细阅太子的佳作，欣喜不已。在这些佳作之中，有太子6到10岁期间所书写的满字；有10岁到出阁的前一天所书写的汉字。太子的一笔一画，工整端正，精楷苍劲，透出一种娴熟的笔法和遒劲的功力。

第二天上朝之时，大臣早早地就恭候在殿门之外，畅谈太子的学业，赞美未来天子的英伟，歌颂当今皇帝的圣明。他们满面春风，怀着对皇帝亲自教育太子使太子学业有成的崇敬之情，真情地赞颂皇帝的功德，诚恳地赞扬太子的天赋聪颖。

初废太子

然而，胤礽稍长，却越来越使玄烨感到失望。

第一，胤礽自幼得父辈恩宠，侍臣阿谀，养成任性骄纵的作风，对父皇亦少敬意。玄烨和胤礽之间首次显露嫌隙，是在康熙二十九年（1690年）七月。玄烨出塞远征噶尔丹时，中途得病，传信叫胤礽到行宫相见。见面时，胤礽毫无忧戚之色，对父亲的健康漠不关心，使玄烨很不高兴。

第二，玄烨生活节俭，从不妄用滥取，胤礽却奢侈贪婪，甚至倚仗皇太子身份派人向地方官敲诈勒索。康熙四十六年（1707年）玄烨带胤礽南巡，江宁知府陈鹏年在主办行宫事务中供奉简朴，又无礼仪馈赠，胤礽大怒，竟要将陈处死。

第三，玄烨待人宽和，胤礽却任意凌虐臣属，甚至连亲贵也随意挞辱。胤礽在诸皇子中地位优越，恣意妄为。当然，同辈兄弟出于忌恨，拨弄是非，也促使了胤礽与父亲关系的恶化。

从玄烨一方讲，立储受挫也有自身原因。他22岁时册封皇太子，未免操之过急。尽管为树立太子威信和培养从政能力煞费苦心，却未注意在制度上防止皇储越分，形成对皇权的干扰。比如在礼仪上，一开始就规定，皇太子服御诸物俱用黄色，一切仪注几乎与皇帝相同。玄烨事后总结说，胤礽“骄纵之渐，实由于此”。他又规定，每逢庆典，大臣们朝拜皇帝后，需往东宫行礼。这些优遇，反而助长了太子的骄纵和非分之想。加上一些阿谀奉承之辈麇集太子周围，为其出谋划策，逐渐形成所谓“太子党”，使玄烨感到皇权受到威胁。

最终促使玄烨决心废黜胤礽的是两件事。

第一件：胤礽失宠后，引舅氏索额图为靠山。索额图是开国勋臣索尼之子，胤礽母亲的叔父，任大学士、领侍卫内大臣多年，康熙四十年（1701年）以老乞休，但在朝中仍拥有强大势力。索额图是太子胤礽最倚信的支持者，朝廷中索额图党逐渐演变为“太子党”。康熙四十二年（1703年）五月，据索额图家人告发，索额图“背后怨尤，议论国事”，又发现助太子“潜谋大事”。索额图交宗人府拘禁，后死于狱中。玄烨与胤礽的矛盾日益深化。

第二件：康熙四十七年（1708年）五月，玄烨率领诸皇子行围塞外，皇十八子胤祄病重，留中途调理，不久病情恶化，玄烨回銮临视，非常忧戚。胤礽对弟弟病危却无动于衷，毫无友爱之意，玄烨对他加以责备，胤礽反而大发雷霆，任意挞辱随行诸大臣侍卫。甚至每夜窥伺玄烨所居幔城，使玄烨惊惧不安。

康熙四十七年（1708年）九月初四日，康熙帝在巡视塞外返回途中，在布尔哈苏台，召集诸王、大臣、侍卫、文武官员等至行宫前，垂泪宣布皇太子胤礽的罪状：

第一，专擅威权，肆恶虐众，将诸王、贝勒、大臣、官员恣行捶挞；

第二，穷奢极欲，吃穿所用，远过皇帝，犹不以为足，恣取国帑，遣使邀截外藩入贡之人，将进御马匹，任意攘取；

第三，对亲兄弟，无情无义，有将诸皇子不遗噍类（意即“没有活下来的人”）之势；

第四，鸠聚党羽，窥伺朕躬，起居动作，无不探听，伊每夜逼近幔城，裂缝向内窃视；

第五，从前索额图助伊潜谋大事，朕悉知其情，将索额图处死。今胤礽欲为索额图复仇，结成党羽。朕未卜今日被鸩，明日遇害，昼夜戒慎不宁。（《清圣祖实录》卷二三四）

罗列罪状之后，康熙帝说：不能让这不孝不仁的人为君。康熙帝“且谕且泣，至于仆地”。谕毕，命人将胤礽羁押。

同日，康熙帝为了打击皇太子集团的势力，下令将索额图的两个儿子格尔芬、阿尔吉善及胤礽左右二格、苏尔特、哈什太、萨尔邦阿等人“立行正法”。

随后，玄烨召诸皇子入乾清宫，宣布：“诸阿哥中，如有钻营谋为皇太子者，即国之贼，法断不容。”

但是，胤礽废后，太子虚位，希冀储位的诸皇子竞争纷起，争斗更加不可遏制。

就在同一天，皇十八子胤祄死。这对康熙帝来说，真是祸不单行，感情上受到沉重的打击。康熙帝为了政治上的需要，不得不废斥皇太子。但废斥之后，又很难过，愤恨、失望、惋惜、怜爱，复杂的心情，交织在一起，一连六日“未尝安寝”，对诸臣谈起此事，“涕泣不已”。

九月十六日，康熙帝回到北京。命在皇帝养马的上驷院旁设毡帷，

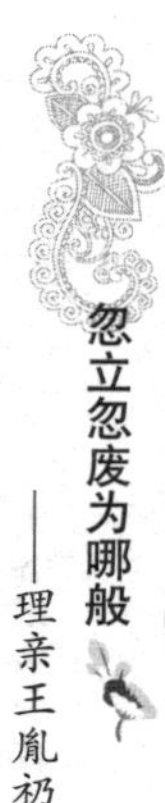

给胤礽居住，又命皇四子胤禛与皇长子胤禔共同看守。当天，康熙帝召集诸王、贝勒等副都统以上大臣、九卿、詹事、科道官员等于午门内，宣谕拘执皇太子胤礽之事。康熙帝亲撰告祭文，于十八日告祭天地、太庙、社稷。将废皇太子幽禁咸安宫，二十四日，颁诏天下。

皇太子从康熙十四年（1675年）初立，至康熙四十七年（1708年）初废，长达33年之久。这时康熙帝55岁，皇太子35岁。为了培养皇太子，康熙帝可谓费尽苦心。废皇太子一事使康熙帝悲愤交加，格外痛心，心力交瘁。此时，康熙帝已经进入老年，而接班人却变得渺茫。他哀求皇子们说："在同一时间里发生皇十八子死和废皇太子两件事，心伤不已，你们仰体朕心不要再生事了。"然而康熙帝的儿子太多，他在位时间又长，"夜长梦多"，皇子们早已形成了几个利益攸关的政治集团。他们之间的争斗，不是争夺房子、银子、珠宝和土地，而是皇位。巨大的诱惑，使这种争夺由表及里、由隐到显、由缓到急、由温到烈，势不能止。康熙帝废掉皇太子的举动不仅没有制止这种争夺，反而让一些皇子仿佛看到了希望，因而储位之争更为激烈。

诸皇子争储

胤礽被废，皇太子位空缺，诸皇子立即为争夺储位而积极活动。

皇长子胤禔的有利条件是：一则居长，二则原大学士明珠是其舅父，三则得到皇父的宠爱。为了争夺储位，他可谓煞费苦心：

第一，争取立长。他错误地估计形势，认为康熙帝立嫡不成，势必立长。但康熙帝对于他的野心已有所察觉。康熙四十七年（1708年）九月初四日，宣布拘执胤礽同时，即明确宣谕：“朕前命直郡王胤禔善护朕躬，并无欲立胤禔为皇太子之意。胤禔秉性躁急、愚顽，岂可立为皇太子？”

第二，请杀胤礽。胤禔利令智昏，竟奏请杀掉胤礽，说：“今欲诛胤礽，不必出自皇父之手。”康熙帝听了，非常惊异，意识到胤禔与胤禩结党谋储位，竟欲杀害胤礽，若是得逞，后果严重。康熙帝一再批评胤禔，指出其杀弟之念：不谙君臣大义，不念父子之情，天理国法，皆所不容。

第三，推荐胤禩。胤禔见自己夺储无望，便想推荐与自己关系密切的皇八弟胤禩（胤禩少时为长兄胤禔生母惠妃所抚养）。

第四，制造舆论。胤禔利用张明德相面事，为胤禩制造舆论，说：“相面人张明德曾相允禩，后必大贵。”康熙帝派人追查张明德相面之事，查出不仅有相面之事，而且有谋杀皇太子的企图。

第五，镇魇胤礽。皇三子胤祉向康熙帝揭发：皇长子与一个会巫术的人常有来往。经查，发现胤禔用巫术镇魇胤礽，阴谋暗害亲兄弟，并有物证。其母惠妃出身微贱，向康熙帝奏称胤禔不孝，请置正法。康熙帝不忍杀亲生儿子，令革其王爵，终身幽禁，并将其所属包衣佐领及人口，均分给皇十四子胤禵及皇八子胤禩之子弘旺。同时又警惕以明珠为首的另一支外戚实力的增长。

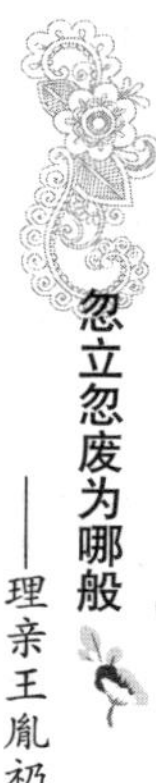

皇八子胤禩精明能干，在朝中有威望，党羽多，声势大。胤礽被废后，胤禩很有希望当皇太子。但康熙帝从相面等事发现他有野心，“党羽早相要结”，对张明德等谋刺皇太子事知情不举，又发现胤禩署内务府总管事时，到处拉拢，妄图虚名，将皇帝所赐恩泽、功劳归于自己。

康熙四十七年（1708年）九月，康熙帝痛斥胤禩道：“允禩柔奸性成，妄蓄大志，党羽相结，谋害胤礽。今其事败露，即锁系，交议政处审理。”

皇九子胤禟告诉皇十四弟胤禵，胤禵进入，营救胤禩。康熙帝大怒，拔出佩刀，将诛胤禵。善良敦厚的皇五子胤祺上前，跪抱劝止，康熙帝愤怒稍解。这件事情闹得宫廷乌烟瘴气。同年十一月，复允禩为贝勒。

康熙四十七年（1708年）十一月十四日，康熙帝召满汉文武大臣齐集畅春园，令从诸皇子（皇长子除外）中举奏一位堪任皇太子之人，说："众议谁属，朕即从之。"康熙帝的意思是复立皇太子。令诸臣推举皇太子之前，康熙帝曾找李光地，询问废皇太子病"如何医治，方可痊好"，试图启发臣下，复立胤礽。很明显，胤礽的病由废皇太子而引起，所以"解铃还须系铃人"，对症下药，只有复立。李答："徐徐调治，天下之福。"李光地为少惹是非，未向任何人透露此事，以致推举时，诸臣将胤禩推举出来，康熙帝不高兴。

当时马齐为大学士，阿灵阿为领侍卫内大臣兼理藩院尚书。康熙帝指出：皇八子未曾办理过政事；近又罹罪，其母出身微贱，故不宜立为皇太子。康熙帝传谕李光地，提醒说："前召尔入内，曾有陈奏，今日何无一言？"这时诸臣才恍然大悟。

这时的皇四子胤禛却不露声色，暗自韬晦，观察窥测，等待时机。

康熙帝深恶皇子结党，内外勾结，上下串联，蓄谋大位。他说："诸皇子有钻营为皇太子者，即国之贼，法所不容。"

再立太子

储位空缺，诸子纷争愈演愈烈，使康熙帝认识到有必要把这个缺位补上，以堵塞诸子争储之路。鉴于朝中保奏胤禩的势力大、呼声高，康熙帝考虑唯有用嫡长子抵制一途可行。后来他说："诸大臣保奏八阿哥，朕甚无奈，将不可册立之胤礽放出。"

所以，康熙四十八年（1709年）三月初九日，以复立皇太子胤礽，遣官告祭天地、宗庙、社稷。次日，分别将皇三子胤祉、皇四子胤禛、皇五子胤祺晋封亲王，七子胤祐、十一子胤禌封郡王，九子胤禟、十二子胤祹、十四子胤禵，俱封为贝子，胤禩在此前已复为贝勒。康熙帝试图以此促进皇太子与诸皇子以及诸子之间的团结。

实际上，康熙帝重新认识到胤礽的罪名原多不实。当初，他最怀疑胤礽企图谋杀他，皇太子申诉说："皇父若说我别样的不是，事事都有，只弑逆的事，我实无此心。"康熙帝听了，不但未斥责皇太子，反而认为说得对，令将胤礽项上的锁链取下。

本来，自废皇太子后，康熙帝就痛惜不已，无日不流涕，寝食不宁。他回想拘禁胤礽那天，"天色忽昏"，十八子胤祄病死；进京前一日，大风旋绕驾前；夜间梦见已故祖母太皇太后，远坐不言，颜色殊不乐，与平时不同；皇后亦以皇太子被冤见梦。康熙四十七年（1708年）十月十九日，去南苑行围，忆昔皇太子及诸阿哥随行之时，不禁伤怀，终于病倒。当日回宫，立即召见胤礽，并将召见胤礽事谕告臣下，谓："自此以后，不复再提往事。"此后经常召见胤礽，每"召见一次，胸中疏快一次"。

康熙帝又召科尔沁达尔汉亲王额驸班第、领侍卫内大臣、都统、护军统领、满大学士、尚书等入宫，亲自向他们宣布："皇太子前因魇魅，以至本性汩没耳。因召至于左右，加意调治，今已痊矣。"命人将御笔朱书，当众宣读。谕旨内容为：

前执胤礽时，朕初未尝谋之于人。因理所应行，遂执而拘系之，举国皆以朕所行为是。今每念前事，不释于心，一一细加体察，有相符合者，有全无风影者。况所感心疾，已有渐愈之象，不但诸臣惜之，朕亦惜之。今得渐愈，朕之福也，亦诸臣之福也。朕尝令人护视，仍时加训诲，俾不离朕躬。今朕且不遽立胤礽为皇太子，但令尔诸大臣知之而已。胤礽断不报复仇怨，朕可以力保之也。（《清圣祖实录》卷二三五）

这是一份平反昭雪文书，意向已极明白，将要复立胤礽为皇太子。康熙帝召废皇太子、诸皇子及诸王、大臣、都统、护军统领等，进一步澄清事实，说胤礽“虽曾有暴怒捶挞伤人事，并未致人于死，亦未干预国政”，“胤禔所播扬诸事，其中多属虚诬”。接着，当众将胤礽释放。胤礽表示：“皇父谕旨，至圣至明。凡事俱我不善，人始从而陷之杀之。若念人之仇，不改诸恶，天亦不容。”（《清圣祖实录》卷二三五）

皇太子虽复立，但原有的君储矛盾并未解决，所以很快就又发生了严惩皇太子党的事件。这次抓的是步军统领托合齐。

托合齐出身卑微，原为安亲王家人，后转为内务府包衣，曾任广善库司库。以其为定嫔之兄、皇十二子允祹之舅，故受到康熙帝信任，于康熙四十一年（1702年）六月出任步军统领。

康熙五十年（1711年）十月二十日，以托合齐有病为由，将其解职，同时任命隆科多为步军统领。托合齐被解职七天后，即十月二十七日，康熙帝在畅春园大西门内箭厅召见诸王、贝勒、文武大臣等，宣称：“诸大臣皆朕擢用之人，受恩五十年矣，其附皇太子者，意将何为也？”于是当场逐个质问刑部尚书齐世武、兵部尚书耿额等。众人矢口否认结党，康熙帝令锁拿候审。（《清圣祖实录》卷二四八）另外，命将已经解职的步军统领托合齐，拘禁宗人府。

至次年四月，议处户部尚书沈天生等串通户部员外郎伊尔赛等，包揽湖滩河朔事例额外多索银两一案。经刑讯取供：刑部尚书齐世武受贿3000两，步军统领托合齐受贿2400两，兵部尚书耿额受贿1000两。这在贪污大案中本是微不足道的数字，但因有皇太子党一事，处罚特重。这三个人与主犯沈天生、伊尔赛等一样，俱拟绞监候，秋后处决。命将尚书齐世武“以铁钉钉其五体于壁而死”。

另据《满洲名臣传·齐世武列传》记载：齐被判绞之后，又改发遣伯都纳，雍正二年（1724年）卒。十月二十九日，议托合齐将其“即行凌迟处死”，不久于监所病故，命将其“锉尸扬灰，不准收葬”。就是将托合齐的尸体剐了、烧了、扬灰了。其罪主要是：胤礽潜通信息，求托合齐等人，借助手中之权势，“保奏”他尽早即帝位。这就是说，是皇太子在策划逼皇父尽早让位，因此，康熙帝怒不可遏。

二废太子

胤礽由被废到复立，前后不满半年，玄烨反复失措，未能稳定朝廷局势。胤礽复位不久，故态复萌，在廷臣中广植党羽。

他在复立以前，曾当着父亲和兄弟的面，承认“凡事俱我不善”，并发誓不念人仇，实际上对废斥一事一直耿耿于怀。而且，对属下人暴虐横施，捶楚鞭笞，饮食服用，穷极奢华。种种暴戾乖张行止，比以前更加厉害。

玄烨不得已，决定再废皇太子。康熙五十一年（1712年）九月三十日，康熙帝巡视塞外回京当天，即向诸皇子宣布：“皇太子胤礽自复立以来，狂疾未除，大失人心，祖宗弘业断不可托付此人。朕已奏闻皇太后，著将胤礽拘执看守。”十月初一，以御笔朱书向诸王、贝勒、大臣等宣谕重新废黜胤礽的理由，主要是：

第一，从释放之日，乖戾之心，即行显露；

第二，数年以来，狂易之疾，仍然未除；

第三，是非莫辨，大失人心；

第四，秉性凶残，与恶劣小人结党。

康熙帝要求诸臣："各当绝念，倾心向主，共享太平。后若有奏请皇太子已经改过从善、应当释放者，朕即诛之。"十一月十六日，将废皇太子事遣官告祭天地、太庙、社稷。

康熙帝第二次废黜皇太子，虽然并非如他自己所说"毫不介意，谈笑处之"，但确实不像第一次时那么痛苦。因为他发现，立皇太子就难免有矛盾；不立皇太子可能更好，因为这样可以减少皇储争夺的内斗。

数月之后，针对有的官员奏请册立皇太子，康熙帝答复说：宋仁宗三十年未立太子，我太祖皇帝并未预立皇太子，太宗皇帝亦未预立皇太子。汉唐以来，太子幼冲，尚保无事；若太子年长，其左右群小结党营私，鲜有能无事者。……今众皇子学问、见识，不后于人，但年俱长成，已经分封，其所属人员未有不各庇护其主者，即使立之，能保将来无事乎？

康熙六十一年（1722年）十一月十三日，康熙帝病危，召三、四、七、八、九、十、十二、十三诸皇子及隆科多。遗言立胤禛为嗣皇帝，善待废太子胤礽，当日病逝于畅春园。

二十日，胤禛正式登基，改明年为雍正元年。即位诏书中涉及废太子"弱龄建立，深为圣慈钟爱。寝处时依，恩勤倍笃。不幸中年神志昏愦，病类疯狂。皇考念宗社重任，付托为艰，不得已再行废斥，待至十有余年，沉疾如故，痊可无期"等语。雍正帝封胤礽次子弘皙为多罗理郡王。

雍正元年（1723年）五月初七日，雍正命理郡王弘皙携家属迁移至京郊郑家庄居住。后来这里叫平西王府，简称平西府，就是因理郡王弘皙而得名的。

雍正二年（1724年）十二月十三日，胤礽病逝于禁锢地紫禁城咸安宫，终年51岁。

公忠体国谥曰“贤”

——怡亲王胤祥

爱新觉罗·胤祥（1686—1730年），康熙帝第十三子，正蓝旗人，敬敏皇贵妃章佳氏所生，努尔哈赤裔孙。弟兄间，唯与雍亲王胤禛关系最密。胤禛继位，即封为和硕怡亲王，总理朝政，又出任议政大臣，处理重大政务。

胤祥能文能诗，书画俱佳，而且颇具办事之才，善于协调人际关系，是一难得人才。可惜他只活了45岁，在历史舞台上来去匆匆。他身后备极哀荣，追谥“贤”。这是对一位死去王爷品行的最高评价。

少年时代

在康熙帝的众多后妃中，胤祥的生母章佳氏并不据有显赫的位置。她出身一般，是满洲镶黄旗参领海宽的女儿。初入宫，册封妃。她于康熙二十五年（1686年）生皇十三子胤祥，二十六年（1687年）生皇十三女，三十年（1691年）生皇十五女。在四年零两个月内，连续生了三个孩子。这在玄烨中年以后的嫔妃中再无二例，说明她一度很受皇帝的宠幸。但是，她享寿不长，康熙三十八年（1699年）去世。这时，她的儿女尚幼，胤祥14岁，皇十三女13岁，十五女9岁。

幼年丧母，胤祥和两个妹妹只好由其他嫔妃代为抚养。据说，抚养胤祥的是德妃乌雅氏，即后来继承皇位的雍正帝胤禛的母亲。胤禛比胤祥大8岁。可能正因为命运的这一安排，使他与胤禛最为亲善，并影响了他的一生。

胤祥6岁开始在皇宫内就学读书。学习内容包括满汉文化，儒家经典，以及书法绘画。他的师傅法海，是康熙帝玄烨的舅舅佟国纲的第二子，换句话说，法海是玄烨的表弟，也即胤祥的表叔。法海是当时满洲人中不可多得的博学硕儒。他23岁考中进士，授为翰林院庶吉士，又奉命在南书房行走，成为玄烨身边的文学词臣。康熙三十七年（1698年），玄烨选派他在懋勤殿辅导皇十三子胤祥、皇十四子胤禵（雍正继位后胤改为允）。胤禵是胤禛胞弟，胤祥与胤禵一同就学，同样反映了他与胤禛的特殊关系。这时，胤祥13岁，胤禵11岁。他们在法海门下一学就是10年，两兄弟后来才学俱佳，与法海执教有很大关系。

康熙三十七年（1698年）七月，13岁的胤祥第一次跟随皇父去盛京谒陵后，直至四十七年（1708年）九月一废太子事件发生前整整10年间，康熙帝只要离开京师，无论去哪里，必将胤祥带往。仅此即足以说明，康熙帝对他是另眼相看的。胤祥在雍正年间作为皇帝最得力助手的种种表现，也充分表明他除去具备较高的文化素养外，还颇有办事才力，善于协调人际关系，是一难得人才。这应是胤祥为康熙帝所青睐的主要原因。

胤祥能文能诗，书画俱佳。康熙四十一年（1702年），玄烨南巡，皇太子胤礽、皇四子胤禛、皇十三子胤祥随驾。某日，玄烨在行宫召集大臣和皇子们研习书法。不仅亲书大字对联当场展示，还邀请众人观赏皇四子胤禛和皇十三子胤祥书写的对联，据说，诸臣环视，“无不欢跃钦服”。如此惊叹的举动，自然有阿谀逢迎的成分，但两位皇子擅长书法确是事实。这一年，胤祥17岁，如果不是心里有底，玄烨又怎么会让他同皇兄一起当场献技呢？胤祥继承了满洲人的传统技艺，骑马射箭样样精通。有记载提到，他“精于骑射，发必命中”。有一次出巡狩猎，一只猛虎突出林间，他神色不动，手持利刃向前刺之，见者无不佩服他的神勇。

康熙四十三年（1704年）前后，皇八子胤禩的老师何焯在给家人的信中，也提到十三殿下为皇帝所钟爱者，前途无量。不足20岁的胤祥受到皇父的器重，连供职清廷的汉族文人也一清二楚。但在第一次废太子时，胤祥因“与二阿哥好，横遭大阿哥嫉妒陷害，无辜株连于二阿哥”，失宠于康熙，终康熙之世，既无重用，也没有受封。至于网上流行的胤祥曾被“十年圈禁”一说，为文学影视作品杜撰，不足信。有大量史料，如皇子请安折、出席康熙六十大寿、拉拢文士屈复等，能够证明胤祥在康熙四十七年（1708年）至康熙六十一年（1722年）的14年间拥有行动自由。

胤祥和雍正早年的关系，虽然没有太多史料可寻，但可以肯定兄弟俩

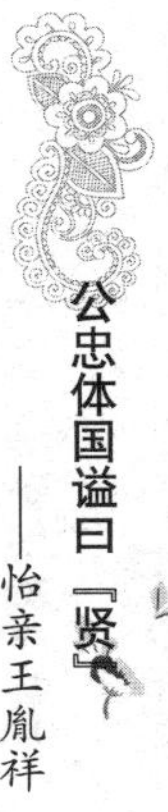

是亲密无间的。雍正给胤祥的祭文中提到胤祥的算学由他亲自教授，“忆昔幼龄，趋侍庭闱，晨夕聚处。比长，遵奉皇考之命，授弟算学，日事讨论”。每逢塞外扈从，兄弟俩“形形相依”。当康熙出巡只带他们其中一个扈从时，即使短暂分别，两兄弟也会诗书往还。雍正还把他和十三弟唱和的诗作收在诗文集中，让胤祥的少数作品得以传世。

新君即位，时来运转

胤祥只活了45岁。他的命运发生转折，是在其父康熙帝逝世以后。

从康熙逝世，到雍正八年（1730年）他本人故世，一共8年。这短短的八年间，他卓越的才华、优秀的品质与风范，都得到了淋漓尽致的展示。

父皇逝世与胤禛即位，成为胤祥否极泰来的标志。

在康熙朝后期诸皇子争夺储位的日子里，皇四子胤禛处心积虑，怀有觊觎之心，但他工于心计，深藏不露，最终登上了至尊皇位。

胤禛母亲乌雅氏，护军参领威武之女，并非出身显贵，在妃嫔中地位低微，生胤禛后晋封德妃。胤禛21岁封贝勒，晋封雍亲王时，年逾30岁。他接受满人戴铎“戒急用忍”的策略，在玄烨面前极表恭顺，不露形迹，暗中却结纳朝臣，多方活动，同时又与兄弟诸王和睦相处。

有几件事加深了父皇对他的好感：

第一件：康熙四十七年（1708年）玄烨巡幸塞外，胤礽被遣送回京，胤禛受父命看管胤礽。其时胤礽颜面尽失，威风扫地，年长诸皇子乘机落井下石，唯独胤禛站出来为胤礽说话，从而获得玄烨的好感，夸他“深明大义”。

第二件：当玄烨因立储失败而心情沮丧，身患重病之际，胤禛殷勤奉侍，不离左右。

第三件：胤禛的儿子弘历（即后来的乾隆帝）于康熙五十年（1711年）出生。弘历儿时聪明伶俐，善读诗书，深得年届七旬的祖父宠爱。康熙六十一年（1722年）玄烨传见弘历生母时，连称她为“有福之人”。这对于胤禛继承大统，也是一个吉兆。

康熙五十六年（1717年）十一月，玄烨召集诸皇子及满汉大臣，谕言中谈及自第一次废黜胤礽以来，过伤心神，身体每况愈下，然后郑重说道：“死生常理，朕所不讳。惟是天下大权，当统于一。十年以来，朕将所行之事，所存之心，俱书写封固，仍未告竣。立储大事，朕岂忘耶？”最后说：“若有遗诏，无非此言。”玄烨在谕中暗示已决定立储，只是未将选定的嗣君言明。

康熙六十一年（1722年）十一月，玄烨病死。死后，宫中传出遗诏，内称“皇四子胤禛人品贵重，深肖朕躬，必能克承大统，著继朕登基，即皇帝位”。

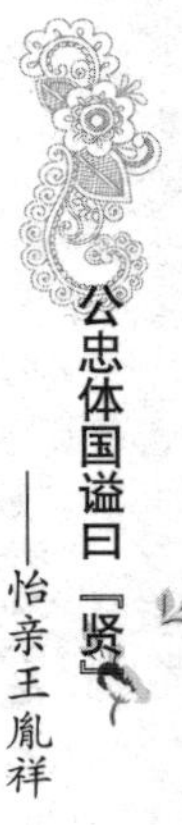

关于雍正帝胤禛得位缘由，迄今说法纷歧。有的史家说他篡改遗诏，有的史家认为他继承大统得自玄烨的最终选择。不管怎么说，他的宝座是经激烈争夺才得到的，当是事实。胤禛亲历帝位之争而终于如愿以偿，不能不证明他的心术和手段确实不同凡响。在清入关后的十代帝王中，胤禛是即位时年龄最大的皇帝。45年的藩邸生活，使他积累了丰富的政治和社会经验，对他的帝王生涯产生了深刻影响。

胤禛是个睚眦必报、敢作敢为的人，他登基后，做了相辅相成的两件事：

一件，清算老账。将皇八子允禩、九子允禟、十子允䄉、十四子允禵四弟囚禁。允禵是胤禛同母弟。在雍正帝编写的《大义觉迷录》一书中，曾披露一种传言："圣祖皇帝（康熙）原传十四阿哥允禵天下，皇上（指雍正）将十字改为于字。"此说依据不足，前人多有辩证，这里不再重复。有一种说法，说允禵是因支持皇八子允禩争储而遭胤禛报复。又一说，康熙帝晚年对允禵格外器重，派他率兵西征，暗寓立储之意，也招致胤禛不满，最终手足参商，兄弟形同陌路。以后，允禟、允禩均被削宗室籍，并令其改名为"塞思黑""阿其那"。皇长子允禔、废太子允礽自康熙朝被囚禁，至雍正朝幽死。

又一件，册封胤祥。康熙六十一年（1722年）十一月，胤禛的皇位还没有坐热，就迫不及待地宣布：册封胤祥为怡亲王，命总理事务。胤祥活了45岁，徒然只是一个闲散皇子，这一下，爵也有了（而且是最尊的），权也有了（而且是最高的），比起以往那些获封的兄弟来，后来者居上，称得上飞黄腾达。胤禛还不以此为满足，又将已故23年之久的胤祥生母章佳氏的封号，由原有的"敏妃"一下子提高了两级，追封为敬敏皇贵妃，并祔葬景陵。

在以后若干年里，胤祥还得到以下殊遇：

其一，胤祥封王后，雍正帝要按亲王册封惯例，赐银23万两。但胤祥谦谢不要，最后接受了13万两。雍正帝又要照例支给他六年官物，胤祥固辞不受，胤禛加恩，将他兼管的佐领改为私属，并多赏给侍卫和亲军，以示优宠。

其二，在他的亲王爵外，又加封一郡王爵，允许他在诸子中指封。胤祥坚辞不受，就给他增加了俸银一万两。

其三，雍正帝把胤祥的功绩和品行概括为八个字，忠、敬、诚、直、勤、慎、廉、明。亲自把这八个字书写匾额赐给胤祥。

公忠体国，才能卓著

雍正初政，胤祥迅速成为雍正的台柱。其理事之才绝非常人能及，识人之明达，手段之老练，完全不像个从未与政的皇子。这也坚定了雍正继续重用他的决心。康熙晚年，经济、军事、浮税、刑狱等均已出现危机，哪一件都极为棘手，并非得到新皇帝倚重信任的人就一定能搞好的。像胤祥能同时治理那么多棘手的国家大事，却均井井有条的，在历代能臣中实属罕见。

胤祥精于理财。雍正元年，胤祥受命总理户部。该部所司直接关系国计民生，而且事务繁多，头绪复杂，康熙末年以来积存的许多弊端都亟待解决。胤祥自上任伊始，便勤奋理事，不稍懈怠。首次清理过去遗留的旧案，由于数量颇大，胤祥打破以往常规，采取规定限期和奖励勤勉相结合的办法，将几千宗旧案都理出头绪。当时中央新设会考府，专门负责审核财政出纳，办理清查亏空、收缴积欠的事务。胤祥深知此事至关重要，遂尽职尽责，认真办理。在不到三年的时间里稽核、驳回不符合规定的奏销项目近百起，有效地防止了滥支舞弊的浪费现象。

同时，又查出户部亏空银250万两，经奏请皇帝，针对不同人群的不同情况，采取诸如直接查抄，把亏空官员的职位全部冻结，“如限内交完，伊等应升之缺听其升转”，以类似于分期付款的方法逐年减扣官员奖金等方式分别加以解决。对一些与造成财政亏空有直接关系的王公亲贵也毫不容情，连履郡王允祹礼等人都被勒令变卖家产清还亏欠。有人因此责怪胤祥过于苛刻无情，然而也正是凭着这种不徇情姑息的认真态度，他才较好地贯彻了雍正皇帝旨意，使亏补欠还，整顿财政取得显著成效。

此外，胤祥在蠲免诸省不合理赋税、整顿两淮盐务等许多方面也都有不凡的建树，为了制止各地官员在税收赋敛中任意加派，中饱私囊，胤祥疏请取消加色、加平等积弊，减轻了百姓的额外负担，也遏制了官吏贪污受贿之风。雍正即位时，国库只存银800万两，到雍正八年却高达6200多万两。

胤祥重视武备。雍正朝时期，怡亲王主管的内务府全面包揽了武器的制作事项，产品包罗万象，从打钉到铸造大炮一应俱全。在天津建立海军一事，雍正也交与怡亲王负责。除此之外，选武官本来是兵部最重要的权力，然而事实上，雍正七年以前全国中低级官吏（三品以下）的铨选权却不在兵部，而在怡亲王。

胤祥还承办了大量繁杂事务。他处事周密，勤勉不怠，雍正对他极其信任，故委任他的事也很多。如管领汉侍卫，督领圆明园八旗守卫禁兵，养心殿监理制造，诸皇子事务，雍正旧邸事务，选择雍正陵址等均交给胤祥经营。胤祥竭尽全力，事必躬亲，克尽臣弟之道。雍正夸他办过的事情："无不精详妥协，符合朕心。"研究雍正帝的著名学者杨启樵博士近年从内务府的《活计档》中发现了新的资料，揭开雍正皇帝的宫廷生活面貌。《活计档》是宫内大小工务每天每项的详细纪录，非常零碎但记录完整，内中显示胤祥不仅负责包括烧彩漆、烧珐琅、交代宫廷画家作画、主持地图出版、镌刻雍正宝玺等事情，连生活小节也为雍正打理，例如雍正认为灯饰做得不好，眼镜要工匠修改等，也是胤祥代为张罗的。

清宫珐琅彩瓷是中国瓷器中的绝世名品，专供皇室御玩，存世极为珍罕，目前所知海内外公私机构收藏的总数仅400余件。珐琅彩烧制起于康熙朝末年，盛于雍正朝，延续至乾隆中期以后遂成绝响。烧珐琅作坊全国仅在紫禁城内、怡亲王府和圆明园三处，且统归大内的造办处管辖，造办处正是由怡亲王负责。

胤祥原本天分就高，被皇太子党争事件牵连之后，更是冷静地将形形色色争权夺利的种种行径看得清楚。他处事低调、韬光养晦，处处谦卑恭敬，绝不恃宠逞能，这不但让雍正放心，也使别人无从评议。胤祥虽身处高位，却没有被荣华富贵冲昏头脑，反而更加谨慎，甚至从不在家接待外臣，以免招忌。

胤祥待人温和宽厚。康熙末年，胤祥就曾出面笼络明遗老屈复，被以一首《贞女吟》婉拒，但此人终雍正一朝没被官府骚扰过，反而到了乾隆朝，其诗文集被列入四库禁毁书目。雍正七年，四川提督弹劾容美土司，提到土司令牌上有“明天子”三字。对此密折，怡亲王批复说“至委牌所称明天子，臣等细玩文义，即明天子之意，与前明无涉”，认为土司令牌上的“明天子”三字，应该是贤明天子之意，与前明天子无关。

李卫赴任之前，胤祥用自己的钱赏他银子，李卫在任上吐血，胤祥给他看病找药。朱轼的母亲病故，胤祥替他去雍正那里争取到在御前素服办公的许可（这是很大的恩典），还送了一大堆东西给朱轼安慰他。勘测水利时，胤祥晚上也要等和他一起去的汉大臣平安踏勘水源回来才睡觉，怕他们迷路，还派自己的坐舰去找。岳钟琪领兵，担心自己是汉人不能服众，胤祥就去帮他和雍正沟通。诸如此类对官员们多加关照、给下属送衣送药的例子不胜枚举。

胤祥在康熙年间就得了叫鹤膝风的病，可能是风湿，也可能是骨结核。之后虽经过调养，但身体状况已经变差。雍正八年（1730年）五月，胤祥病亡。雍正帝悲恸异常，高度称赞他：“事朕八年如一日，自古无此公忠体国之贤王。”赐谥号“贤”。雍正帝还谕命把忠、敬、诚、直、勤、慎、廉、明这八个字加在谥号之前。所以，胤祥死后的尊号特别长，

全称“忠敬诚直勤慎廉明怡贤亲王”。在京西白家疃、天津、扬州、杭州等各处，还建立了怡贤亲王祠，供人们祭祀。

胤祥辅政八年，兢兢业业，勤奋不怠，树立起贤明大臣的典范。有清一代的王爷，像他这样德才兼备，在生前身后得到人们公认的，的确凤毛麟角。

乾隆帝弘历追念胤祥功，特下诏旨：“怡贤亲王公忠体国，其爵位亦应世袭罔替。”清朝共有12家“铁帽子王”。在胤祥之前，清初“铁帽子王”皆因军功卓异而获此特权，胤祥则因治绩突出获此殊荣。晚清的恭亲王、醇亲王、庆亲王步其后尘，也相继获得了世袭罔替的特权。但他们与怡亲王相比，难以相提并论。

胤祥的后人——载垣、溥静

胤祥去世后，怡亲王一共袭了9次。其中比较有名的，一个是第五次袭的载垣，一个是第八次袭的溥静。与第一代怡亲王不同的是，这两位怡亲王一个被赐死，一个被八国联军挞辱而亡，均死于非命。

第六代怡亲王载垣（1816—1861年），胤祥玄孙。他深受咸丰帝宠信，在朝中任要职。咸丰十年（1860年），大学士桂良的代表团未能把英法联军阻拦在天津，载垣和兵部尚书穆荫以钦差大臣名义，前往通州，与英使额尔金的代表巴夏礼举行谈判。谈判破裂后，载垣下令逮捕巴夏礼及随员，其中20余人被杀，随即遭到英法联军的报复。载垣随驾赴热河。在热河，载垣与郑亲王端华、肃顺等八大臣被咸丰帝委以赞襄政务王大臣（八顾命大臣）。不久，慈禧发动政变，载垣被赐死，爵位从第一等的亲王降至第十等的不入八分辅国公，并命不得以其子孙及亲兄弟子承袭。怡亲王爵中断三年后，清廷以收复江宁（南京），推恩还王爵，转由宁郡王弘晈的四世孙镇国公载敦承袭。载敦死，子溥静承袭。此为第八次袭。

光绪二十六年（1900年）义和团运动期间，端王载漪首倡“剿夷”之说，怡亲王溥静与庄亲王载勋、辅国公载澜、贝勒载濂、载滢、贝子溥伦群起响应。八国联军入城后，溥静以亲王之尊，竟为德兵挞辱而死。死后被清廷以“纵庇拳匪启衅”罪名革爵，可谓身败名裂。

溥静的福晋，为大学士文煜之女。文煜曾任福州将军，是有名的肥缺，文煜与其兄文辉皆以财富称名。光绪九、十年间，南方票庄阜康倒闭，其兄弟被发现倒款数十万。后经户部查出，令其明白回奏：何以有此巨款？文煜张皇失措，召集族人各认数万两，编造说是代合族经营。文煜又向恭亲王奕䜣请托，此事才含糊了结。溥静的福晋骄奢无度，因其排行十三，人皆称呼她“十三妹”。某年正月怡亲王府请春酒，文煜内眷皆往，在东四南大路上与一公爵（乾隆名臣大学士阿桂的后人）争路互殴。文宅仆人倚仗怡亲王府的权势，竟将公爵与车夫羁押，并加以侮辱。此事一出，坊巷哄传，被人向都察院检举。后经恭亲王奕䜣出面调停，才算了结。奕䜣的儿媳是文煜第九女，即长子载澄贝勒夫人。此外，如瑞郡王奕誌的福晋、贝勒载濂夫人，都是文煜的女儿，与溥静福晋、贝勒载澄夫人均为姊妹。由此可见，宗室亲贵间的血缘姻缘关系盘根错节，非常密切。这也是怡亲王府迭遭大祸而能“死而不僵”的一个原因。

怡亲王府前后共有三座：胤祥初封时，怡亲王府在冰碴胡同，新中国成立后更名为校尉胡同。当时的怡亲王府面积很大，据绘于乾隆年间的地图，怡亲王府西临王府井大街，东至校尉胡同，北到金鱼胡同，南至帅府园胡同，包括了中央美术学院等一大片地方。怡亲王死后，按照他的遗愿，王府舍为寺庙，即贤良寺。

怡亲王新府则移至朝阳门北小街（今中国科学院自然科学史研究所所在地）。该府屋宇宏深，庭院开阔。同治初，因第五次袭怡亲王载垣获罪削爵，此府转赐道光帝第九子孚郡王奕譓，所以又称“九爷府”。载垣革爵三年后溥静复爵，新王府又迁至东单牌楼北路东。

主持洋务有贡献

——恭亲王奕䜣

爱新觉罗·奕䜣（1833—1898年），道光皇帝第六子，是第一代和硕恭亲王。

在道光帝的诸皇子中，论聪明、论胸怀、论文采，奕䜣均胜出咸丰很多。但他运气不好，与帝位失之交臂。

奕䜣经历了咸丰、同治、光绪三朝，几度执政，又几度被黜。最终，他不得不拜服在慈禧太后的淫威之下。不过，奕䜣因创造了一系列第一而名垂青史。他是晚清诸王中放眼看世界的第一人。他长期主持“洋务”，创立“总理各国事务衙门”和“同文馆”，前者是外交部的前身，后者是外语学院的雏形。

奕䜣生逢乱世，锐意革新，提倡“自强”，推动“洋务”，使衰落中的清王朝一度呈现“中兴”的气象。因此被尊为“贤王”，死后赐谥号“忠”。

身为皇子，早享殊荣

奕䜣，生于道光十三年（1833年），是清宣宗道光皇帝旻宁的第六个儿子，文宗咸丰皇帝奕詝的异母兄弟（奕詝排行老四）。他的母亲博尔济吉特氏，是刑部员外郎花良阿的女儿，选入皇宫后，先封为静贵人，后晋封为皇贵妃。她为道光帝共生了三个儿子，奕䜣是她的第三子。奕詝10岁那年，他的生母孝全皇后因病去世，年幼的奕詝就由奕䜣的生母静皇贵妃抚养。小时候，奕䜣与奕詝兄弟二人常在一起嬉戏玩耍，形影不离。静皇妃对奕詝更是疼爱有加，视为己出。因此，奕䜣与奕詝在幼年的感情非同一般。

奕䜣自幼聪明过人，深受道光帝的喜爱，与奕詝一同被道光帝视为掌上明珠，从小就受到很好的教育。道光十七年（1837年）年仅5岁的奕䜣就被送进乾清门北侧的上书房读书，从师于翁心存、贾桢。经过几年的学习，他的知识水平日渐提高，既能够熟读经史，又擅于诗文。此后，他又受教于卓秉恬，卓秉恬善治经世济用之学，这对奕䜣产生了很大的影响。

奕䜣之所以越来越受到道光皇帝的钟爱，主要是因为他文武双全，很有才干，是众皇子中的佼佼者。他善于舞刀，工于骑射，其身上颇有祖先的遗风。有一年春天，奕䜣与诸皇子随道光帝校猎于南苑，由于箭法娴熟，所获猎物甚多，所以深得道光帝欢心，只是由于皇四子奕詝接受其师傅杜受田的建议，以不忍心伤害生灵作答，才使道光帝转而对奕詝表示好感，决定立他为皇储。

然而，奕䜣虽然没有被立为皇位继承人，但决不放弃对皇位的争夺，尤其是道光二十八年（1848年）以后，随着道光帝身体状况每况愈下，他和奕訢之间的皇位之争也日趋激烈。道光帝病重时命内侍传旨召奕詝和奕䜣入对，两人都认为这是表现自己夺取帝位的绝好时机，于是分别问计于自己的师傅，奕詝的师傅杜受田对奕詝说："阿哥如条陈时政，知识万不敌六爷。惟有一策，皇上若自言老病，将不久于此位，阿哥惟伏地流涕，以表孺慕之诚而已。"

奕䜣的师傅卓秉恬鉴于奕䜣的才干远远超过其兄长奕詝，因而建议他充分发挥自己的特长，"上如有所垂询，当知无不言，言无不尽"。兄弟二人各按自己师傅的嘱咐，在道光帝面前进行了尽情的表演，然而，卓秉恬此次大为失算，对于一位垂死者来说，奕詝的"仁孝"更能打动道光帝的心魄，奕䜣在与奕詝的角力中再次败下阵来。

尽管如此，才华横溢的奕䜣仍然大受道光帝的宠爱，道光三十年（1850年）正月，道光帝在宣布封奕詝为皇太子的同时，也将奕䜣封为恭亲王，这是其他皇子所没有得到的殊荣，足见道光帝对奕䜣的器重。

道光帝封奕䜣为恭亲王，其原因有二：一是对没有当上嗣皇帝的奕䜣表示安慰；二是希望奕䜣在奕詝继位后能够恭慎行事，服从和拥护新皇帝的统治，避免为争夺帝位而骨肉相残的事情发生。

道光帝在位整整三十年（1821—1850年），过失不少，选定奕詝、放弃奕䜣就是一个重大的失策。道光帝本不是一个识人明君，他当政时重用的大臣多是庸碌之辈。他选定奕詝看重的是虚伪的仁孝，而不是实际的才能，这一点不能不给晚清政局的变化埋下深深的隐患。

就奕詝、奕䜣二人的人品与资质而言，奕䜣在哪方面都比奕詝强许多。这可以从二人后来的作为上看得一清二楚。奕䜣才具优长，思想敏捷，锐意创新，敢于直言，虽生逢衰世，仍获"贤王"之称。而奕詝做了皇帝不久，就在内忧外患的交相煎熬下消极颓唐，沉溺酒色，不思进取，终因酒色戕身，31岁就撒手人寰，把日益残破的河山留给了年幼的独子载淳，徒然为野心勃勃的慈禧太后垂帘听政提供了机会。道光帝误立奕詝，使清朝走上了一条更屈辱更坎坷的道路。

咸丰元年（1851年），未满20岁的奕詝即位，封奕䜣恭亲王。几乎与奕詝即位同时，洪秀全等人在广西金田发动了太平天国起义。太平军迅速壮大，由广西而湖南，由湖南而湖北，很快攻入长江流域的武汉并进取南京。咸丰三年（1853年）四月，林凤祥、李开芳率太平军精锐北伐，兵锋直抵直隶，迫近北京。清廷震动，咸丰命奕䜣成立京师巡防处。同年稍晚，又受命他担任军机大臣。从此，奕䜣开始了历经咸、同、光三朝的政治生涯。

在这段时期，兄弟两人的关系还比较和睦。但是，随着奕䜣生母的去世，他们的关系变得疏远了。

奕詝即位后，曾封奕䜣的生母即自己的养母为康慈皇贵太妃。奕䜣希望尊她为皇太后，奕詝却不同意。奕䜣不愿善罢甘休，几次奏请为生母加封。奕詝却认为，康慈皇贵太妃虽然抚养了自己，但不是生母，按例，不应封为皇太后。咸丰五年（1855年），康慈皇贵太妃病重，奕䜣与奕詝每日问安。一日，奕詝往寿康宫探视太妃，太妃神情恍惚，见床前人影晃动，以为是奕䜣，就拉着他的手流泪说："当年阿玛（满语呼父亲之词，这里指道光帝）实欲传位于你，想不到被四阿哥（奕詝）得去，我现将此事告诉你。"奕詝知道她认错了人，忙呼："额娘！"太妃一看是他，便翻身向墙，一言不语。奕詝心中不悦，忌恨太妃对奕䜣的偏爱和泄露了内情。奕䜣却对此一无所知。不久太妃病危，奕詝入内问安，恰遇奕䜣自内而出，奕詝问太妃病情，奕䜣跪泣说："病已经很重了。我想她是等着得到封号才能阖眼吧。"奕詝仓促中未置可否，随口敷衍："哦！哦！"奕䜣不知是有心还是无意，把这理解为奕訢已同意晋封，立即到军机处传达他的旨意。礼部奏请尊皇贵太妃为康慈皇太后。事已至此，奕訢不能不准奏。事后，他却十分恼怒，认为是奕䜣故意要挟自己。

于是，奕訢一面下令降低皇太后的丧仪规格；一面又下旨以“恭亲王奕䜣于一切仪礼多有疏略之处”，着革去军机大臣等一切职务，不准再办理丧仪，发回上书房“读书”。

两个月后，咸丰帝给养母博尔济吉特氏加谥号为“孝静康慈弼天辅圣皇后”。大臣们发现谥号里少了一个“成”字。因为道光皇帝的谥号是“成皇帝”，少了个“成”字就不能升附太庙，即“不系宣宗谥，不附庙”。果然，后来奕䜣生母康慈皇太后的梓宫没有葬在道光帝的慕陵内，而是单独葬在慕陵之东，称“慕东陵”。兄弟俩的矛盾公开暴露出来了。

正因为两人猜忌日深，积怨甚久，所以当咸丰十年（1860年）英法联军攻入北京，咸丰帝逃亡热河时，就不让乃弟同行，把他留在北京担任和谈代表。这一决策，很有可能是和肃顺等亲信大臣商量的结果：既可免去因奕䜣相随逃奔的不便，又可以重任相托而壮人观瞻。奕䜣和局办得妥善，咸丰帝可得个知人善任的美名；办理得不妥，则可随时发作，使奕䜣左右为难。但是他不知道当时的局势已是洋人正在物色能够符合他们利益的谈判对手之时。咸丰帝的这一决策，无疑为奕䜣势力的抬头，大开方便之门。

叔嫂密谋，辛酉政变

咸丰十年（1860年）夏，英法联军再次向中国发动大规模侵略战争，由天津进抵北京通州，清军一败涂地。咸丰帝惊慌失措，在载垣、端华、肃顺等亲信大臣扈从下，仓皇逃奔热河（今河北承德避暑山庄），留恭亲王奕䜣在京与洋人周旋、议和。

《北京条约》签订后，英法联军逐渐退去，在北京主持和议的恭亲王奕䜣多次奏请咸丰帝回銮。咸丰帝在热河咯血病重，肃顺等人一再劝阻暂缓回京。咸丰十一年（1861年）七月十七日，咸丰帝病危，在病榻前遗命立6岁的载淳为皇太子，任命载垣、端华、肃顺等八大臣为“赞襄政务大臣”，在载淳未成年前共同辅政；同时授予皇后钮祜禄氏“御赏”章，皇太子载淳“同道堂”章（实际由其生母叶赫那拉氏掌管），作为符信。同时规定，经顾命八大臣草拟的谕旨，必须加盖两印章后，方为有效。咸丰帝这样做的本意，是在确定辅政大臣的同时，加强对他们的制约，以防止大权旁落，重蹈康熙初年辅政大臣鳌拜欺君专权的覆辙。但他万万没有想到的是，这种精心安排反而加速了皇室内部的争斗。

咸丰帝一死，肃顺等顾命大臣权势更加扩张，引起载淳生母那拉氏（慈禧太后）的强烈不满。那拉氏有着很强的权力欲，而她在咸丰帝病重期间替他批阅奏章的经历又使她有了干预政务的能力。以肃顺为首的顾命大臣为此加意防范那拉氏干政，大大加深了双方的恶感。另外，权势日重的肃顺在两宫太后面前显出的妄自尊大的态度更深遭忌恨。在慈禧的提议下，两宫太后暗中发懿旨往召唯一有力量可以对抗顾命大臣的恭亲王奕䜣赴热河行在“筹咨大事”。

与此同时，在北京的恭亲王奕䜣为了探听虚实而一再请求赴热河叩谒梓宫（皇帝的棺材）。肃顺等顾命大臣没有理由驳回奕䜣这个合情合理的请求，又对自身的权位过于自信，认为奕䜣即便到了热河也兴不起什么风浪，于是同意他赴热河叩谒梓宫。

咸丰十一年（1861年）八月初一，奕䜣到达热河，在澹泊敬诚殿叩谒梓宫之后立即受到两宫太后的单独召见。八月初六日，奕䜣再次晋见两宫太后。双方密谈，显然达成了推翻“顾命大臣”的默契，而肃顺等人却完全蒙在鼓里。

在此前后，还发生了一件非同寻常的事情。八月初六日，御史董元醇上疏，奏请由“皇太后暂时权理朝政”，并“另简亲王（意指奕䜣）辅政”。从而挑起了“垂帘听政”与“赞襄政务”之争。两宫太后召见顾命八大臣，商议“垂帘听政”的奏请。端华、肃顺等人勃然抗命，说“臣等系赞襄幼主，不能听命于皇太后”。据说声震殿宇，吓得小皇帝惊怖不已，大声哭泣，以致尿湿了太后的衣袍。端华等退朝后，立即草拟谕旨，内有“我朝圣圣相承，向无皇太后垂帘听政之礼”的话，对该御史予以痛斥。皇太后将拟旨留中不发，拒不钤印。次日，八大臣又晋见太后，以罢政相威胁。两宫皇太后被逼无奈，将拟旨发下照抄颁布。

那拉氏曾与她的妹夫、醇郡王奕譞密议制服肃顺等八大臣的良策。奕譞说“此事非恭王不办”；恭亲王则认为“非还京不可”。两宫皇太后与奕䜣合谋，乘梓宫还京，一举废除顾命大臣，夺取政权。

九月二十三日，咸丰帝的梓宫由热河启运回京，由肃顺亲自护送。那拉氏则抱着幼帝载淳同端华、载垣等一起，由小道先行，在京迎候梓宫。九月二十九日，皇太后与小皇帝返抵北京，向迎候的王公大臣哭诉载垣、肃顺等要挟无礼，欺侮之甚。大学士周祖培建言，先令解任，再行拿问。

九月二十八日，领兵在外的兵部侍郎胜保奏请“皇太后亲理大政，另简近支亲王辅政”。同时，在京王公大臣联名上疏，请皇太后亲政。两宫太后随即宣布，将载垣、端华、肃顺等解除赞襄政务大臣任，革职拿问。

十月初三日，两宫太后命群臣议载垣、肃顺等罪。怡亲王载垣、郑亲王端华均令自尽，肃顺斩立决。其他顾命大臣或革职、或发遣。

载垣为第一代怡亲王胤祥四世孙，康熙帝的后裔，属近支宗室，排在

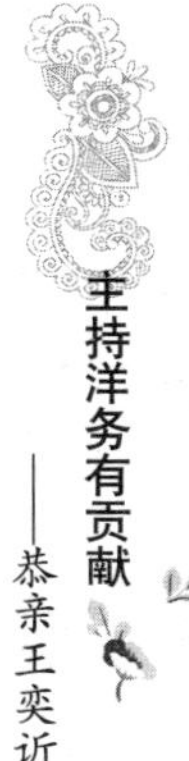

载字辈。端华为郑亲王济尔哈朗七世孙，属远房宗室，故不排字，但郑亲王爵为“世袭罔替”八大铁帽之一，将端华夺爵赐死，在清朝历史上也是非同小可的大事。端华死后，王爵降为不入八分辅国公。同治三年（1864）七月，奉旨赏还郑亲王世爵，由济尔哈朗的另一支子孙承志承袭。

再说肃顺的结局。那拉氏对肃顺恨之入骨，政变成功后，决意杀戮不贷。诏书中说：“肃顺之悖逆狂谬，较载垣等尤甚……斩立决。”那拉氏早与肃顺结下怨恨。据说咸丰帝曾因那拉氏“忤旨”（违背皇上旨意）事与肃顺商议对策，肃顺建议效用“钩弋故事”，铲除那拉氏，仅留其子。西汉武帝喜欢钩弋夫人之子弗陵，想立为太子，又担心弗陵幼小，母后专权，为稳定刘氏政权，汉武帝在生前将钩弋夫人赐死，又将其子立为太子，即后来的汉昭帝。这就是“钩弋故事”。咸丰帝在位11年，所生皇子，只载淳一人。慈禧敢于顶撞皇上，也是因为恃子而骄的缘故。肃顺请咸丰帝效“钩弋故事”，是他的远见。但咸丰帝心有妇人之慈，没有采纳肃顺的建言。一次酒醉，不慎把肃顺的话泄露给那拉氏。那拉氏对肃顺恨之入骨，必欲除之而后快。

肃顺被押赴菜市口刑场，由睿亲王仁寿担任监斩官。据时人记载：肃顺身肥面白，白袍布靴，被绑缚倒置牛车上。车过骡马市大街，路旁看热闹的儿童欢呼：“肃顺也有今日吗？”一些人拾起瓦砾泥土向他扔去，顷刻之间，面目模糊一片。将行刑，肃顺仍谩骂不止：“想不到，受了小娘们的算计。”肃顺不肯下跪，刽子手就用大铁柄敲断他的两腿。

清朝定制，宗室行刑，在宗人府自尽，不赴刑场公开斩决。肃顺因比照叛逆例，所以绑赴菜市口行刑。慈禧、奕䜣剪除政敌，逞快于一时，丝毫不顾及天潢贵胄的颜面。

肃顺富于权变，任事果断，最终却身首异处，栽在那拉氏、恭亲王的阴谋之下。

因为这一年是农历的辛酉年，所以这次政变又被称为“辛酉政变”（或“北京政变”）。从此，确立起两宫太后（一为钮祜禄氏，后来尊号叫慈安，又称东太后；另一为叶赫那拉氏，后来尊号叫慈禧，又称西太后）垂帘听政、恭亲王辅政的新体制。咸丰帝死后，顾命大臣曾为载淳拟定“祺祥”的年号，至此改年号为“同治”，意思是两太后一同治政。市井中流传的歌谣这样唱道：“祺祥坐了不两天，一个香炉两蜡杆。”

香炉指肃顺被杀无头，蜡杆指载垣、端华自缢而死。此后不久，开始了慈禧太后专权四十余年的历史。

宦海人生，几起几落

辛酉政变后，慈禧与奕䜣取得了对载垣、端华、肃顺集团斗争的胜利。奕䜣被授予议政王的称号，任领班军机大臣兼管总理衙门，成为两宫太后的主要依靠者，从此确立了两宫太后垂帘听政、恭亲王奕䜣辅政的新体制。以此为契机，奕䜣在政治、经济、外交上推行了一系列重大改革。

首先是兴办洋务运动，这是奕䜣在中国近代化道路上的重要业绩。在与外部世界的频繁接触中，奕䜣的思想渐渐发生了变化，开始跳出“华夷大防”的封闭文化圈。咸丰十年（1860年）十二月，他在《通筹夷务全局酌拟章程六条折》中建议咸丰帝变通外交方针，指出今日之西方列强已再不可能以古之夷狄视之，要面对现实正视他们，为此，清朝应确立对外“权宜和好”的新策略，以创造“力图振兴”的和平环境。不久奕䜣又提出了一个旨在加强满清王朝国力的主张，十二月十四日他上疏咸丰帝，说：“探源之策，在于自强，自强之术，必先练兵，现在国威未振，亟宜

力图振兴，使该夷顺则可以相安，逆则可以有备，以期经久无患。”简单的话语，既提出了自强的目的，又提出了自强的着眼点。尽管奕䜣这一关于“自强”的主张还不够细致，有待完善，但它对中国历史的发展发生了深远的影响。此后三十余年的中国历史基本上是沿着这个纲领指引的近代化方向行进的。奕䜣在这个纲领中首倡的“自强”口号开创了洋务运动历史新时期，从此洋务运动在神州大地上轰轰烈烈地开展起来。咸丰十一年（1861年）曾国藩创立安庆内军械所，同治二年（1863年）李鸿章创立金陵机器制造局，同治四年（1865年）又创立江南机器制造总局，翌年左宗棠在福建创办了福州船政局，随后清朝又建立了北洋、南洋舰队。在兴办军事工业的同时，奕䜣还主持创设同文馆，兴办近代教育，并于同治五年（1866年）说服、协助两太后派出出洋考察团，加强对世界的了解。同治十一年（1872年）又批准成立轮船招商局，发展民用企业。光绪二十一年（1895年）他协助光绪帝提出了“力行新政”的口号，进一步促进民用企业的发展。

奕䜣所倡导的洋务运动对于古老的中国来说是一项具有深刻变革意义的新事业，其过程充满着艰辛，时常遭到顽固派的非议和掣肘。奕䜣面对这些阻挠，针锋相对，据理力争，为洋务事业向纵深发展扫清障碍。

同治元年（1862年），奕䜣奏请设置的同文馆在北京建立，同文馆开设西方自然科学课程，聘请外籍教师授课，对于传统文化观念变革具有重要意义。也正因为如此，同文馆开办不久，就受到倭仁、杨廷熙等顽固派的激烈批评，他们声称：“立国之道，尚礼义不尚权谋；根本之图，在人心不在技艺”，“古今来未闻有恃术数而能起衰振弱者也。”奕䜣对倭仁等人的论调，痛加反驳指出：教育为人才之本，是中国自强的关键，中国要自强，就必须引进技术，“师夷长技”，培养自己的科技人才，这样才能增强中国的国力。否则，中国将一误再误，命运不堪设想。由于奕䜣的据理力争，洋务派与顽固派之间的这场辩论终于以洋务派的胜利而告终。由同文馆之争所引发的这次教育大辩论在中国近代文化史上具有重要的意义，它标志着近代化运动的艰难曲折以及向纵深发展。

然而顽固派并不甘心失败，同治十年（1871年）他们又以工业化“靡费太重”为由攻击洋务派。奕䜣被迫再次组织推动李鸿章、沈葆桢等洋务派与顽固派围绕工业化问题展开了大辩论。在以总理衙门大臣身份作出的关于这次大辩论的总结中，奕䜣指出：搞工业化可以引进洋器、聘用洋人，但要自操主权。与此同时，他归纳出中国近代化的两个发展途径，一是拓宽生产领域，兴办民用工业，以民用养军工，以富国而致强兵；二是改革经营方式，在官办之外，还可以官督商办，甚至商办。这次大辩论，如著名的“同文馆之争”，有力地推动了中国近代化向纵深方向发展。

其次，创立总理衙门，整顿吏治。咸丰十年（1860年）十二月奕䜣与桂良、文祥将《通筹夷务全局酌拟章程六条折》呈递咸丰帝，奏请设立总理各国事务衙门，作为办理涉外事务的总机关，这一建议为咸丰帝采纳。奕䜣被任命为筹建总理衙门的负责人。在筹建过程中，奕䜣本着“义取简易”的原则，只设大堂、满汉司堂和科房，设司员16人，规定寻常奏稿、文移、照会皆由司员自行办理，不得假手供事文案，以此提高工作效率。鉴于吏治败坏的现状，奕䜣借同治元年（1862年）京察之机进行了雷厉风行的整顿，以官声、政绩取人，凡政绩突出者给予破格提拔；平庸衰朽者，则勒令退休，年富力强的官员尤被加以重用。在这次京察中，许多昏庸、老迈的满族官员被勒令休息或降级使用，老化的官僚机构略透入一丝亮色。

最后，依靠汉族地主武装并“借师助剿”镇压太平天国。奕䜣执政期间，不仅需花大气力对付外国侵略者，还需尽全力剿灭国内太平天国革命与捻军起义。由于八旗、绿营军已腐败不堪，奕䜣决定重用汉族地主武

装。“祺祥政变”后不久，他奏请东西两宫太后正式委任两江总督曾国藩节制江南四省军务，随后又对曾国藩进行慰勉，不许其推辞，并批准他派李鸿章招募淮军的请示，从此曾国藩的湘军、李鸿章的淮军渐渐成为清朝镇压太平天国的主要力量。与此同时，奕䜣为了取得英法的军事援助，“借师助剿”，又把本来按条约应在平定地方之后才对外开放的长江各通商口岸提前开放，允许华尔组织洋枪队配合作战，并通过廷寄谕旨对江苏巡抚薛焕说：“洋枪队如能得力，即著多挑丁壮，交华尔等教演，庶兵精而力不薄，可当大敌。”这样常胜军、常捷军等洋人组织的武装亦相继组建起来，成为镇压太平军的又一支军事力量。同治三年（1864年）在清军与洋人武装的联合进攻下，太平天国农民起义终于被镇压下去。奕䜣因镇压太平天国农民军有功，被赏加三级军功，他的三个儿子被封为王公爵位。同治七年（1868年）他又受命节制各路统兵将领，调集精良的淮军镇压捻军，使捻军起义归于失败。奕䜣以功被加授右宗正。

北京政变后，作为大清帝国主要支柱的恭亲王奕䜣肩负重任，在佐理内政的同时，主要负责外交事务。同治七年（1868年）奕䜣代表清政府与英国进行“修约”谈判，在这次谈判中他立足于保卫利权，多方抵制英国提出的旨在扩大在华权宜的新要求。同治九年（1870年）天津教案发生，当时奕䜣正休病假，闻讯后力疾视事，与董恂等大臣商讨对策，经过对教案的初步分析，决定以惩凶赔罪作为处理此事的总方针。本着这一方针负责处理此案的曾国藩、崇厚提出了关于辟谣、惩凶、赔罪的具体方案，但这一方案却在御前会议上引起了激烈的争论，由于奕䜣全力支持曾国藩、崇厚的方案，“恭邸持之坚”，致使这一妥协方案得以通过。

同治六年（1867年）侵入我国的阿古柏在新疆宣布成立“哲德沙尔国”，公开出卖中国权宜。十三年（1874年）日本又侵占台湾，中国边疆发生危机。如何加强边防，清朝统治集团内部意见不一，由此产生了一场海防与塞防之争。光绪元年（1875年）奕䜣主持召开了军机处会议，确立了海防与塞防并重的战略方针，并作出了七条决策，一是批准左宗棠借用外债300万两，户部另拨200万两，各省再将西征协饷提前拨给300万两，以保证西征军的军饷；二是加速筹办海防，授权李鸿章督办北洋海防、沈葆桢督办南洋海防；三是令云南、四川、广西、广东、福建等地督抚大员留意吏治、军政、外交，以巩固边防；四是批准购买和自选铁甲舰、炮舰、水雷、鱼雷等项计划；五是改进信息传递手段，令福建迅速创办闽台电报线，加强通信联络；六是调沈葆桢、刘铭传到台湾，着手进行交通、矿业、种植及防务等方面的建设；七是派曾纪泽出使俄国，修订崇厚所订的丧权辱国的条约。应该承认，这七条决策是富于战略眼光的，对中国近代国防建设的意义亦是深远的。

得罪慈禧，三被废黜

在慈禧太后擅权时期，他又前后三次遭到罢黜。

第一次：同治四年（1865年）二月，翰林院编修蔡寿祺上疏弹劾议政王揽权徇私。慈禧太后召见奕䜣，说“有人弹劾你”。奕䜣不谢罪，追问是什么人。后答：蔡寿祺。奕䜣顶撞说“蔡寿祺不是好人”，欲加逮问。慈禧太后大怒，以同治皇帝的名义亲拟诏旨，斥责奕䜣“妄自尊大，诸多狂傲，倚仗爵高权重，目无君上”，宣布撤去他议政王、军机大臣等一切职任。消息传出，朝野震惊。由于众王公大臣一再奏请开恩录用奕䜣，慈禧太后恢复了他的领班军机大臣一职，但取消了其议政王称号。奕䜣入宫谢罪，在太后面前伏地痛哭，无以自容。这次轩然大波，慈禧太后不过略

施手段，就使奕䜣充分领教了她的厉害。

此后数年，奕䜣与太后相安无事。但他不是那种八面玲珑的性格，主持枢要，判断是非，又不可能处处依从太后心愿。接着就发生了惩治太后宠监安德海的一段插曲。

慈禧太后平日深居内宫，诸事依赖身边太监，太监对她曲尽谄媚之能事，两者关系非同一般。太监安德海依仗慈禧太后的宠信，在宫内外作威作福，甚至欺负到同治帝头上。小皇帝曾在宫中用泥巴塑了一个小人，早晚用剑砍泥人脑袋，一边砍一边喊："杀小安子。"朝野之士对安德海多有反感，奕䜣对他更是恨之入骨。有一次，安德海在朝房里夸耀自己官帽上的翎子精美，一些大臣不敢得罪他，只好连声附和。奕䜣实在忍不住自己的厌恶，冷笑着哼了一声，说："你的翎子再好，怕也护不住后脖子。"说明对他已动了杀机。

同治八年（1869年）夏，慈禧太后授意安德海前往苏州采办龙袍。安德海出京沿运河南下，船上遍插"奉旨钦差采办龙袍"字样大旗。沿途雇觅妇女，唱曲作乐。船抵山东德州，适逢他的生日，随从男女给他设宴祝寿，大事招摇，两岸观者如堵。山东巡抚丁宝桢得到密禀，以安姓太监"自称奉旨差遣，招摇煽惑，真伪不辨"，迅速奏闻朝廷。适逢慈禧太后生病（一说正在观戏），奕䜣等人授意军机大臣拟旨，命山东督抚迅速派委干员，将安德海严密查拿，无须审讯，就地正法。安德海被押送省城济南，经丁宝桢亲自审讯后下令处死。安德海伏法，人心大快。丁宝桢因办理此案，竟一时成为风云人物。奕䜣处理此案，相当巧妙。慈禧太后迫于舆论，不敢为安德海公开开脱。她对奕䜣等人虽有不满，却也无可奈何。

第二次：同治十二年（1873年），18岁的载淳宣布亲政。他提出重修被英法联军焚毁的圆明园，给归政后的慈禧太后居住。同治十三年（1874

年）七月，奕䜣联合一些朝廷重臣拟定奏疏，以“西陲未靖，外侮方殷”为理由，谏阻修园。同治帝召见群臣，只阅奏折数行，便说：“我停工何如！尔等还有何饶舌？”奕䜣回奏：“臣等所奏尚多，不止停工一事，容臣宣诵。”随即取出折底，逐条讲读。同治帝恼羞成怒说：“我这个位子让给你如何？”奕䜣不敢再奏。

数日后，同治帝召见奕䜣，追问所奏微服出行事，是听谁说的。奕䜣答：“臣子载澄。”同治帝大怒，怨恨载澄。接着，同治帝以“召对时言语失仪”为由，宣布革去奕䜣一切职务，降为不入八分辅国公。因遭到众大臣反对，改为革去亲王，降为郡王；并谕载澄革去郡王衔贝勒，以示惩儆。不过到了次日，载淳的胡闹就受到太后的干预。慈禧太后虽支持重修圆明园，但对载淳的轻躁妄动还是不赞成的。大事小事，轻重缓急，她心里分得很清楚。据记载，慈禧太后把载淳召入弘德殿，垂泪对跪在下面的载淳教训说：“十年以来，无恭邸（恭亲王）何以有今日？皇上少未更事（年少不懂事），昨谕著即撤销。”同治帝再颁谕旨，赏还奕䜣亲王世袭罔替，载澄郡王衔贝勒。这场风波只闹了数日，就告平息。

这年十二月，同治帝久病不起，一命呜呼，年仅19岁。关于载淳的病因，外间传说纷纭，难以确指。但少年天子，纵欲伤身，当是事实。载淳一死，清朝皇室再次面临继统问题。清朝皇帝近支子弟，以康熙、乾隆两朝为最多。康熙帝有35男，乾隆帝有17男。到了咸丰帝，就只有独子。此后，同治、光绪、宣统三个皇帝连生育能力都没有。三朝前后50年（1862—1911年），宫中不闻儿啼声，当时称为“国统三绝”。同治帝病死而无嗣子，按照祖制，应从近支晚辈中选立皇太子。如果这样的话，恭亲王奕䜣的子孙可能性最大。但这样一来，慈禧就成了“太皇太后”，再也不能“垂帘听政”。因此，她未给儿子载淳立嗣，却决定立自己的妹夫醇亲王奕譞的4岁儿子载湉为帝（清德宗光绪帝）。

慈禧太后再一次立幼童为帝，使她有更充裕的时间加强自己的权力。奕䜣虽然继续主持军机处长达九年之久，但他的职权却逐步被削弱。光绪六年（1880年），慈禧太后偏听太监诬陷守门护军的一面之词，欲置护军于死罪。奕䜣率领全体枢臣“力争不奉诏”，引起太后的恼怒，大声质问：“你事事与我为难，你到底算什么人？”奕䜣毫不示弱，昂然道：“臣是宣宗（道光帝）第六子。”太后说：“我革了你的爵！”奕䜣回答：“你能革臣的爵，却革不了臣的皇子。”奕䜣等人的抗辩，终使护军从轻发落。此事虽小，却加剧了慈禧太后对奕䜣的不满。

第三次：光绪十年（1884年），法国侵略越南。奕䜣及其主持下的军机处不想轻易开启战端，引起朝臣交章弹劾。适值清军在前线溃败，慈禧太后同醇亲王奕譞合作，以“萎靡因循”的罪名，将以奕䜣为首的军机大臣全部罢黜，停奕䜣亲王双俸，命他“家居养疾”。又命礼亲王世铎主持军机处，庆郡王奕劻主持总理衙门，并命遇有重大事件，先与醇亲王商办。奕譞为幼帝生父，照例不能主持朝政，但有“商办”之名，实际隐操枢府大权。慈禧太后这次改组军机处，因发生在甲申年，史称“甲申易枢”。奕劻、奕譞、世铎的行政能力远不如奕䜣，所以时人把这次中枢机构的大换班比喻为：易中枢以驽马，代芦菔以柴胡。驽马即笨马，柴胡是比芦苇价高的一味中药，以讽刺这些新进王公的庸懦。后者的共同特点是对太后无不唯命是从。所以，“甲申易枢”后，太后的权势进一步扩大，标志着她专权统治的确立。

赋闲十载，晚年复出

奕䜣突遭罢黜，内心愤懑不平。国运衰弱，清室无力回天，也令他心灰意冷，身心疲惫。下野就下野吧，干了大半辈子窝心事，也该歇歇啦。官帽没了，我仍是大清朝的亲王。他要过与世无争的生活，远离政治，于是以养病为名躲到北京西山的戒台寺，隐居十年。

光绪二十年（1894年），中日甲午战争爆发，中国军队一败再败。当此危急时刻，许多大臣建议慈禧起用奕䜣。慈禧经过长时间拖延后，正式召见奕䜣，让他管理总理衙门事务，恢复他军机大臣职务。奕䜣复职后，把主要精力放在希求各国的调停上，在谋求英、法、美、德、俄各国联合对日干涉失败后，他起用李鸿章赴日谈判，签订了丧权辱国的《马关条约》。为了挽回《马关条约》使中国蒙受的巨大损失，奕䜣利用国际矛盾，促使俄、法、德三国干涉，迫使日本放弃对中国辽东半岛的要求。在这一过程中，俄使曾提出在中国东三省修建铁路以通海参崴的要求。奕䜣指示清朝驻俄公使许景澂照会俄国政府，表示中国将自修东三省铁路，显示了维护主权的姿态。

甲午战后，要求维新变法的呼声日渐高涨，年轻的光绪帝意图奋发有为，也倾向维新。奕䜣对于维新却百般抵制，拒不同意光绪帝召见康有为。此时，他又成了维新变法的重要阻挠者。

奕䜣的最后几年，是在朗润园（今北京大学校园的一部分）度过的。光绪二十四年（1898年）奕䜣病殁，享年66岁。他因生前为清王朝作出了

巨大贡献而受到颂扬，身后追谥号“忠”，配享太庙，入祀贤王祠。

奕䜣主持内政外交20多年，是当时清政府中极少数对外部世界了解较深、头脑也较清醒的政治家之一。他深知清朝积弱积贫，无力与西方列强抗衡。因为有足够的前车之鉴，他清楚战争失败的严重后果。所以，奕䜣处理外交事务一向以和解为基础，在列强的侵迫下甚至一味妥协，希图维持苟安的局面。许多自诩“清流”的廷臣对奕䜣不满，抨击他软弱无能。不过，当奕䜣于光绪十年（1884年）被夺职后，清王朝就陷入了更加深重的危机——中法战争（1884年）、中日战争（1894年）、义和团运动、八国联军侵入北京（1900年）……内忧外患，纷至沓来。假使在这期间，他仍主持枢要，对外对内应会采取一些不同对策，清王朝的局面未必会如此危殆。他至少会阻止慈禧太后挪用海军军费修建颐和园，以及她一意孤行的其他一些蠢事。

奕䜣生前曾感慨地说过：“我大清宗社，乃亡于方家园。”方家园胡同在北京朝阳门内，是慈禧太后的母家。旧时，凤凰是皇后、皇太后的象征，因为这里是慈禧和隆裕二朝皇太后的诞生地，所以又称“凤凰巢”。慈禧太后近半个世纪的专权加快了清王朝的覆灭步伐，从这个角度讲，说清朝皇室的宗社亡于方家园也不无道理。

在时人笔记中关于奕䜣的逸闻趣事很多。据记载，奕䜣仪表堂堂，高鼻梁，身材修长。因为出身高贵，他在下属面前执傲有威，待之以礼。何刚德《春明梦录》记载了自己谒见恭亲王时的一段经历：“见面行礼不还，然却送茶坐炕，请升朝珠，甚为客气。叙谈颇久，人甚明亮。惟送客不出房门。”给人的印象是，他与部下总要保持一定距离，以维护王爷的尊贵身份。但与老友共事，却流露出很浓的人情味。何刚德的座师（考进士时的主考官）军机大臣宝鋆，是恭王的老部下。两人在军机处共事多年，一荣俱荣，一损俱损。光绪十年（1884年），同遭罢斥。宝鋆死后，奉诏入祀京师贤良祠。他的神主进入贤良祠之日，奕䜣在仪式举行前先往阅视祭器、祭品，以表示对宝鋆的深情和悼念。但是当正式典礼开始，他却消失了踪影。何刚德不明就里，询问身边的满人，回答说："皇子于廷臣，不能行跪拜礼，其来也重交情，其去也重体制。"这就是奕䜣，既要遵守体制，又不忘老友真情。

奕䜣与同僚共事喜好诙谐。他与宝鋆相处久，常开玩笑。某日军机处将散值，宝鋆先往如厕，许久才返。奕䜣嘲笑他："往何处撇宝去？""撇宝"是当时市井流传的玩笑话，与"如厕"同义。但"撇宝"的"宝"与宝鋆的"宝"同音，奕䜣此话实际暗含戏谑。宝鋆随口答称："哪里，是出恭。"这"出恭"的"恭"与"恭亲王"的"恭"又同音。"宝"与"恭"二字，堪称针锋相对。

又一日，恭亲王自太庙出，指着庙碑下面的屃，对宝鋆说："你看这个宝贝。"宝鋆号佩蘅，而"贝"与"佩"发音相近。以"宝贝"暗指宝鋆。宝鋆的回答也很巧妙："这也是龙生九子之一。"恭亲王兄弟（包括早殇的在内）一共九个。奕䜣爱开玩笑，一方面反映了他性格开朗随和，另一方面也是为了避免同事间话语无多，涉及正题，不慎之中招惹是非或泄露机密。但作为一个活生生的人来说，他还是很有个性的。

光绪二十四年（1898年）四月初十日奕䜣病卒，终年66岁，留下遗折一份，内中写道"伏愿我皇上敬天法祖，保泰持盈，首重尊养慈闱，以陛圣治，况值强邻环伺，诸切隐忧，尤宜经武整军，力图自强之策。至于用人行政，伏望恪遵成宪，维系人心，与二三大臣，维怀永图"。表现了他对清朝命运的关注。念奕䜣数十年的劳绩，慈禧太后特颁懿旨，赐谥"忠"称"恭忠亲王"，入贤王祠，配享太庙。

奕䜣虽出身于皇族，但其一生道路坎坷不平，历经挫折。他曾受命与英、法、日等国签订屈辱的不平等条约。国运衰败，不是他一人所能挽

回的，他内心想维护大清，可无力回天，不能苛责。可贵的是，他锐气不减，在面临列强侵略的封建末世，力排顽固守旧势力的阻挠，发愤图强，掀起广泛的洋务运动，倡办近代外交，致力于教育体制改革，培养了一大批新型人才。他所倡导的洋务运动对推动中国工业、国防、外交近代化具有一定的进步意义。虽然他在主观上是为了维护大清王朝的利益和统治，但在客观上却有利于整个中华民族的进步。他的这个历史功绩是应当值得肯定的。

子孙不肖，命途多舛

奕䜣一生，在政治舞台上经历几番大起大落，“曾经沧海难为水”，难免有看破红尘之念，而他在家庭生活中更是让他经历了太多的身心交瘁。最大的不幸是儿女多早殇，侥幸活下来的则难堪造就。他有四个儿子，长子载澄、次子载滢、三子载濬、四子载潢。其中三、四两子俱幼殇。长子载澄袭贝勒，成年后胡作非为。这三个儿子，都死在他前面。另外一个儿子载滢，一度过继给奕䜣的弟弟钟郡王奕詥，袭贝勒爵位。庚子事变（1900年）时，因卷入义和团活动又被夺去一切职衔。

奕䜣对子女很重感情。他的第二女仅活到三岁就夭折了。四个月后，他的第三子载濬出生。适逢清军克复太平天国都城天京（今南京市），当时奕䜣位极人臣，红得发紫，同治帝下诏恩封其诸子，生仅一月的载濬竟获封辅国公。其获封年龄之幼，在有清一代是空前绝后的。奕䜣信佛，曾臆想载濬是爱女转世，心里稍感慰藉，谁知两年后载濬又夭折了。奕䜣悲痛至极，将第二女和载濬的棺椁一同迁往他选定的一处墓地（在今北京市昌平区东三十里翠华山前麻峪村。顺便提一句，中国当代史上最著名的秦城监狱就建在这片墓地上）安葬。他担心爱女葬处没有标记很快会被后人遗忘，特地撰写了墓志铭。铭文写得真切动人，慈父爱女之心充溢字里行间。大意是说："你死后四个月，你的弟弟出生。过二年，他又死，难道是你的灵魂不灭，托生他而来？然无端而来，又无端而去，又何必为此一见再见，以重伤我心？难道该把这一切归结为命运的安排吗？"奕䜣为子女的一再殇逝哀痛不已，深感生命的脆弱，人生的不可测，最终只有归结为不可捉摸的命运了。

奕䜣死后，也葬在这块墓地上。这是他赋闲时亲自选定的陵址，到现在当地百姓还俗称为"六爷坟地"。园寝中曾专门辟有一处俗称阿哥圈的"小园"，里面除早年入葬的第二女和第三子载濬外，还陆续葬有奕䜣的第三女、第四女和第四子载潢。父子生前相聚无多，死后终于可以永久相依了。

以恭亲王的显赫地位，当初兴建园寝时，规模一定非常可观。不过随着清朝的覆亡，民国的内忧外患，恭亲王的园寝几次被盗掘，很快破败。20世纪50年代，为修十三陵水库，又从墓地拆走大量石料。据说十三陵水库大坝上那几个醒目的大字，就是用园寝的汉白玉石砸碎后拼成的。园寝遭受了彻底的破坏，如今，麻峪村前的田地里，仍矗立着一座精美的石头牌坊，是恭亲王园寝内唯一的遗物。奕䜣后代有影响的人物有三个，一个是他的长女荣寿公主，一个是前面提到的长子载澄贝勒，再有一个是第二代恭亲王溥伟。

荣寿公主生于咸丰四年（1854年），同治初年，慈禧太后为了拉拢奕䜣，把她接进宫中教养，接着就晋封她为荣寿固伦公主，时年11岁。清朝制度，中宫皇后所生女封固伦公主，嫔妃所生女封和硕公主。固伦公主品级约相当亲王，和硕公主约相当郡王。至于格格，成为亲王以下所生女的统称，但也有等级之分，亲王女封郡主。非皇帝亲生女而晋封为公主，在清朝历史上凤毛麟角。奕䜣的长女以郡主身份获得固伦公主品级，无论从哪个角度讲都是殊荣。不过，荣寿公主的经历也并非一帆风顺。同治四年（1865年），奕䜣与慈禧太后发生矛盾，被罢去议政王和军机大臣，荣寿公主也受到牵连，其固伦公主的品级被撤销，直到光绪七年（1881年）才恢复。荣寿公主13岁时，经慈禧太后指婚，下嫁给世袭一等公景寿的儿子志端。景寿早年曾娶道光帝的第六女寿恩固伦公主。父子两人均娶固伦公主，是最显赫的皇亲国戚。但志端没有多大福分，婚后半年病死。丈夫死后，荣寿公主作为太后养女又回到宫中陪伴太后。公主生前，西方照相技术已传入宫廷。从保存至今的相片看，中年的公主相貌平平，长脸盘，大鼻子，眉宇间充溢着威严与高贵。荣寿公主出身亲贵，自幼目空一切。以后受到太后垂顾，更加颐指气使。她出门时，行人必须回避，车马必须停住给她让路。光绪初年，副都御史锡珍在路上遇到公主仪仗，躲避不及，车马冲犯了公主仪仗。公主大怒，将其连人带马押送协尉衙门。锡珍被迫跪在公主轿前叩头求饶，才被开释。不过，随着年龄增长，荣寿公主的霸气逐渐消退，无论是在太后面前还是在宫廷内外，她都广结善缘。据说，载湉（光绪帝）即位后，恭亲王一家对他很嫉妒。但荣寿公主却能顾全大局，与载湉相处得很好。又据说，后来慈禧太后要废掉载湉帝位，她在太后面前曾极力劝阻。荣寿公主府的遗址在北京东城大佛寺街，今北京中医医院内，早已踪迹全无。

奕䜣的长子载澄（1858—1885年），人称“澄贝勒”，天资聪颖，诗文俱佳，但放荡顽劣，劣迹斑斑，让奕䜣头疼不已。据说载澄有病，奕䜣不忧反喜，日盼其死，虽延医吃药，不过掩人耳目。日久病重，家里人报告奕䜣，说：“姑念父子一场，还是看他一眼。”奕䜣走入载澄卧室，见他侧身而卧，气如游丝。浑身黑绉绸衣裤，上用白丝线绣满蜘蛛，奕䜣不看则已，一看大怒，喝道："就这一身匪衣，也该早死了！"说罢，掉头而去，载澄很快气绝身亡。

奕䜣为什么对他这么大怨气？载澄人品顽劣，倒也罢了，关键还是他带坏了小皇帝载淳（同治皇帝）。载淳与载澄一为君一为臣，毕竟是亲叔伯兄弟，两人年龄接近，载澄年长两岁；载澄自幼在宫内上书房伴读，与载淳气味相投。长大后，载澄经常出没于声色犬马之地，见多识广，常把外间的奇闻趣事绘声绘色地讲给小皇帝听。载淳亲政后，禁不住诱惑，仍常与载澄微服出宫，流连于青楼妓馆，最终染病早逝。

载澄死时无嗣。奉太后懿旨，把载滢的长子溥伟（1880—1937年）过继给他。奕䜣去世，溥伟袭亲王爵位，成为第二代恭亲王。溥伟其人风度翩翩，擅长辞令。光绪帝载湉去世时（光绪三十四年，1908年），溥伟29岁，在皇族近支溥字辈中，他年龄居长。溥伟自以为祖父功高，觊觎帝位之心尤其强烈。谁知慈禧太后最终却选定了醇亲王载沣之子、3岁的溥仪（宣统帝）继位。溥伟为此愤愤不已，日久生疾，只好求医问药。某宗室显贵私下嘲笑他："这是患的心病啊，恐非石膏一斤、知母八两不可。"另一个补充道："哪里，只须皇帝一个、江山一座足矣。"溥伟的不满，在皇族内尽人皆知，所以宣统一朝，他受到醇亲王一系的疑忌，未能跻身于权力中枢，只当着一个挂名的禁烟大臣。但他继承了恭亲王府的庞大家业，仍安享荣华。

1914年，他避居青岛德租界，收入锐减，仍旧挥霍无度。家中仆役成群，外出时前呼后拥。一切吃喝日用均从北京采买，鸡鸭鱼肉和咸菜只要老字号，如天福酱肉，天源咸菜，致美斋点心，不一而足。每月开支三五千元，仍不够花销。由于年年寅吃卯粮，最后只好把地租收入分为两份，留给北京家人一份，青岛一份，王府管事人等也分作两拨，依旧费用不赀。

溥伟的下场很可悲。他先跑到青岛想投靠德国人。第一次世界大战结束，又迁大连，与日本人建立了联系。他在穷困潦倒中仍对“亡国”一事耿耿于怀。1931年，日本帝国主义发动“九一八事变”，用武力占领了辽宁、吉林等地。溥伟企图借助侵略者的刺刀，实现他复辟清朝当皇帝的梦想，为此特地跑到沈阳祭陵。不过当时日本正扶植溥仪就任伪满洲国的傀儡“执政”，认为溥伟祭陵行为“与日本有相矛盾的地方”，令他立即终止祭陵活动，并将他赶回大连。溥仪对他也不放心，始终没有给一个职位，连零钱也不肯接济。后来，溥伟贫困至极，死在长春的新华旅社里。

平庸谨慎不爱财

——醇亲王奕譞

爱新觉罗·奕譞（1840—1891年），是第一代醇亲王，道光帝旻宁第七子，奕譞生母是道光帝皇贵妃乌雅氏，第八子钟郡王奕詥，第九子孚郡王奕譓也都是她所生。

在道光帝的九子中，除第四子奕詝继位皇帝（咸丰帝）和早死幼殇者外，最出名的两个人，即第六子恭亲王奕訢和第七子醇亲王奕譞。奕訢出名，是因为他在同治、光绪掌权两朝掌权日久，政绩卓著；奕譞出名，则是因为他家连续两代都出了皇帝，前一个是奕譞的儿子光绪帝载湉，后一个是奕譞的孙子宣统帝溥仪。

醇王一生谨慎，无大作为。他生前曾说，给子孙留的财越多，子孙胆子越大，闯的祸也越大，不如小家小业一生平安。

一生荣显少建树

奕譞的学识和才智都不及恭亲王奕䜣，但他在官场上的遭际却远比奕䜣顺利。奕譞深谙“明哲保身”之道，为人谨慎谦卑，不因身份显贵而稍露锋芒，这是他一生荣显的重要原因。

奕譞的第五子载沣，光绪十六年（1890年）袭王爵，成为第二代醇亲王。光绪三十四年（1908年）其子溥仪入承大统，载沣成为摄政王。因此，在清朝的最后三年中（1909—1911年），他是中国实际的统治者。载沣继承了其父懦弱的性格，才疏识短，难当大任。他面对鼎沸的局势，又屡屡举措失当，加速了清朝的灭亡。宣统三年八月（1911年10月），辛亥革命爆发，次年他被迫同意溥仪退位。

醇亲王府连续出了两个皇帝、一个摄政王，也就是所谓“两代潜龙，一朝摄政”。这本是清朝史上前所未有的荣耀，却因清朝灭亡于其手而黯然失色。

醇亲王奕譞一生，大致分为三段，即读书阶段、参政阶段、执政阶段。

第一阶段，从出生到20岁（1840—1859年），读书阶段。奕譞10岁时，其兄咸丰帝奕詝登基，他受封醇郡王。此后十二年（1850—1861年）里，他没有再得到过什么“恩典”，也没有过多地参与政治。生活的中心，就是在上书房读书。奕譞从6岁起就在上书房读书，整整度过了14个寒暑。这段经历，给他的一生都留下鲜明的烙印。

奕譞的师傅朱凤标，字桐轩，浙江萧山人，道光十二年一甲二名进士，授翰林院编修。咸丰元年，署工部、刑部、户部尚书。朱凤标第一次到上书房，给皇七子奕譞授读在道光二十五年（1845年）。当时奕譞6岁，朱凤标是他的启蒙老师。到咸丰八年（1858年），朱凤标再次到上书房给奕譞授读时，奕譞已经19岁了。

上书房读书，规矩严格，贵为皇子或王公也难免受罚。奕譞在《竹窗笔记》中提到，读书者每日至下午歇息不过一二次，每次不过一刻，且须师傅批准。读书间隙许可讲书论史，但不准外出闲逛。如果功课没有完成，或罚书或罚字，也有罚下榻站立诵读的。严格刻板的上书房教育，给皇子的学识打下了坚实的功底，对其性格的陶冶也产生深刻影响。这一点，在奕譞身上反映得尤其明显。他曾自述："余自幼迄长，与师相依，如负冬日，不可暂离；又如行悬崖，傍深渊，不敢旁移跬步。"奕譞在这里说的"自幼迄长"相依靠的师傅，就是前面提到的朱凤标。他与师傅终日相处，关系密切，感情深厚，甚至达到"不可暂离"的程度。但师傅的严格教诲，又形成他谨小慎微、循规蹈矩的秉性。即便后来位极人臣，他仍旧终日如行悬崖，如临深渊，不敢越雷池半步。而他一辈子功业的成败，与这一性格特点又是息息相关的。

咸丰九年（1859年），20岁的奕譞奉旨成婚，这才分府出宫，住进了西城的太平湖醇郡王府。此后开始步入政治舞台。

第二阶段，从21岁到44岁（1860—1883年），参政阶段。奕譞出宫后，开始担任过一些八旗官职，但在政治上并没有什么作为，直到其侄载淳（同治帝）即位，他的政治地位才骤然提升。这主要得益于他与慈禧太后的至亲关系。

奕譞的正福晋是太后的亲妹妹。由于这层关系，在咸丰末年的皇室内部权力之争中，奕譞站到了太后一边。当时奕譞正在热河，他通过自己的福晋，为深处宫闱的慈禧太后传递密信，又与在北京的恭亲王奕䜣联系，终于成功发动了政变。在顾命八大臣的核心人物肃顺送咸丰帝梓宫还京途中，又是奕譞将肃顺亲手拿下。关于奕譞的这段经历，在清朝末帝溥仪《我的前半生》中有生动的回忆：

> 我很小的时候曾听说过这样一个故事。有一天王府里演戏，演到“铡美案”最后一场，年幼的六叔载洵看见陈士美被包龙图铡得鲜血淋漓，吓得坐地大哭，我祖父立即声色俱厉地当众喝道：“太不像话！想我二十一岁时就亲手拿肃顺，像你这样，将来还能担当起国家大事吗？”

的确，拿肃顺，在奕譞一生中是最值得炫耀的一件事。

此后仅半年时间，奕譞就得获一大堆头衔：都统、御前大臣、领侍卫内大臣、管理神机营事务……同治三年（1864年），又被赐以“加亲王衔”的荣誉；十一年，晋封亲王。

总起来看，同治一朝，奕譞虽多了不少职衔，在政治上仍没有什么作为。恭亲王奕䜣虽只长他7岁，但能力超群，长期主持军机处，内政外交，运筹帷幄，了然于胸。才智平庸的奕譞即便进入权力中枢，在他的风采面前也不能不黯然失色。

同治十三年（1874年），载淳病死。载淳的死，为慈禧太后再度垂帘听政提供了机会。因继位的小皇帝载湉是奕譞次子，所以又给奕譞的人生带来新的转折。载淳在位13年，无嗣子，按照祖制，应从近支晚辈中选立皇太子。但这样一来，慈禧太后就成为“太皇太后”，再也没有“垂帘听政”的机会。同治十三年（1874年）十二月初五日，她在载淳死去当夜，召集惇亲王奕誴、恭亲王奕䜣、醇亲王奕譞、孚郡王奕譓等商议立嗣事宜。诸王中有人提出在近支晚辈中“择贤而立”，也有人建议选年纪稍长者立为国君。她当即反驳说：“文宗（咸丰帝）无次子，今遭此变，若承嗣年长者实不愿，须幼者乃可教育。现在一语即定，永无更移，我二人同一心，汝等敬听。”慈禧太后所说的“我二人”，指自己和东太后。她随即宣布，由4岁的外甥载湉承继文宗为子，并承袭帝位。这天深夜，载湉被从睡梦中唤醒，在群臣和侍卫的簇拥下，从醇王府进入紫禁城。次日清晨，他宣布入承大统，年号光绪。同时，宣布由两宫皇太后重新“垂帘听政”。颁布的懿旨称：“今皇帝绍承大统，尚在冲龄，时事艰难，不得已垂帘听政。”

慈禧太后选中年幼的载湉，是经过一番深思熟虑的。首先，载湉是同治帝载淳的堂弟，他继位只能作为文宗（咸丰帝）的嗣子，这样她就可以太后身份继续垂帘听政；其次，载湉年方4岁，登基后根本没有能力处理朝政，便于她长期执政；最后，与载湉父亲醇亲王奕譞有至亲关系，她的妹妹是奕譞的正福晋，立载湉为帝自然便于控制和施加影响。

慈禧太后让载湉以咸丰帝嗣子名义继承皇位，不仅违背了父死子继的祖制，而且使同治帝失去后嗣，这对清朝严格的宗法制度是一个明显的破坏。难怪她的懿旨一出，不但出乎王公大臣意料，奕譞骤闻之下，竟然吓得昏迷伏地，不能起立。慈禧太后是个权势欲非常强烈的女人，绝不愿丢开到手的权力。对她来说，所谓三纲五常、祖宗法制只能用来适应自己，却绝不能让它们束缚住自己的手脚。选立载湉嗣位，使慈禧的面目进一步暴露出来。奕譞如果不是看得很清楚，是不会失态到如此地步的。

载湉即位后，奕譞就借口病重奏请免去一切官职。慈禧太后允准其请，命他监修穆宗（同治帝）陵寝，并照料小皇帝在毓庆宫读书。父以子贵，又赐其亲王爵世袭罔替。只保留了一条：“有大政事备顾问。”这样一来，奕譞在载湉即位后的前十年（1875—1884年），除了照顾小皇帝读书，很少过问政事。

第三阶段，从45岁到51岁（1884—1890年），执政阶段。奕譞养尊处优的闲散日子一直过到光绪十年（1884年）。慈禧太后希望利用奕譞来削弱恭亲王奕訢的权力，从而为他敞开了通向权力峰巅的大门。

事情还要从慈安太后（东太后）的猝死说起。同治年间和光绪初年，慈安太后与慈禧太后（西太后）两度共同“垂帘听政”。慈安太后性格温和谦让，召见大臣，往往讷讷无语，事无巨细，多听任慈禧太后裁决。慈禧太后为人机敏，锐于任事。名义是两宫垂帘，掌握实权的只是她一人。光绪七年（1881年）三月初十日，慈安太后偶感风寒，进汤药调治，以为即可痊愈，不料第二天病情陡重，神志不清，牙关紧闭，痰壅气闭。戌时，死于钟粹宫，年45岁。慈安太后暴死，有传言谓慈禧太后下毒所致，无确凿证据，成为千古疑案。自咸丰十一年（1861年）以来，两宫太后共同垂帘听政的历史至此结束，开始了慈禧太后一人垂帘听政的独尊局面。

慈禧太后独自垂帘后，大权独揽，削夺恭亲王奕訢执政权力的意图越来越强烈。光绪十年（1884年），中法战起，奕訢主和，奕譞主战。慈禧太后赞同醇王。随即宣布把奕訢逐出军机处，罢除一切职务，同时把军机处大臣全部换班。太后又宣布，今后遇有重大事件，先与醇亲王奕譞商办。这就意味着给了他前所未有的大权。奕譞才虽平庸，志却远大，很希望在政治方面能有所表现，只因恭亲王久居首席军机大臣高位，使他难以遂愿。奕訢被罢，让他第一次有了施展抱负的机会。但是，随着地位升高，权势加大，他的性格弱点也被放大。尤其在太后面前，他愈加诚惶诚恐、谨小慎微了。

奕譞执政生涯中，有两件事是应该提到的。第一件是总理海军衙门，第二件为慈禧太后大修园囿。其实，这又是相互关联的两件事，应该从海军衙门的成立说起。

中法战争后，扩充海军的呼声高涨。光绪十一年（1885年），慈禧太后颁布懿旨，成立总理海军事务衙门（简称海军衙门），由醇亲王奕譞总理其事。一年后，自德国购买的“定远”等铁甲舰到达，直隶总督李鸿章请奕譞同乘海晏号出大沽口，检阅南北洋合操的军舰。看到整齐、雄壮的战舰队列，还引发了他诗人的雅兴。他在途中吟诗多首，以《航海吟草》集刊于光绪十三年（1887年）。

这次巡阅，是清朝有史以来规模最大的一次海军检阅，引起中外关注。没想到，事后却引起一场不大不小的风波。奕譞在出发前，特请太后委派亲信太监李莲英一路伴随左右。李莲英，直隶河间府大城县人，9岁时因生活所迫，入宫为太监，分在懿贵妃（即后来的慈禧太后）名下当差。李莲英聪明乖巧，善于察言观色，很快得到主子赏识。同治八年（1869年）太监安德海被捕杀，李莲英取而代之，升为大总管。慈禧太后违反祖制，亲赐他二品顶戴，赏给黄马褂。奕譞巡阅海军，每见文武官员，皆命李莲英随同。其本意，是为了避免专擅军权的嫌疑，引起慈禧太后疑忌。而李莲英怵于安德海的前车之鉴，也不敢张扬，布靴布衣，每天还手执醇亲王的长杆烟袋，大皮烟荷包，侍立装烟。公余谢客，不见一人。各地卑鄙官员，本来都想乘机逢迎大总管，结果大失所望。醇王左右和李莲英都是一介不取而归，醇亲王大加赞扬。但不管怎么说，李连英出阅水师，明显破坏了清廷“太监不得干政”的祖训。于是，御史朱一新上疏弹劾李有劣迹，朝议哗然。慈禧太后要奕譞作证。奕譞矢口否认李有劣迹。太后颁布懿旨，以“风闻不实，希图耸听”的罪名，将朱降职。

这次巡阅圆满完成，两年之后（1888年），北洋水师已拥有大小军舰25艘，主力阵容包括德制“定远”“镇远”两艘7000多吨的铁甲舰和巡洋舰、炮舰、鱼雷艇，基本具备了近代海军规模。据说已跻身于世界海军“八强”（仅次于英、美、俄、德、法、西、意七国），实力超过了日本。

奕譞主张建立强大的海军，支持李鸿章改进并扩大海军的方案。他还支持某些汉族督抚，如张之洞等人引进西方工业的举动。但是，他的缺点是行事不果，对慈禧太后的一意孤行颇为顺从。恭亲王执政时，屡次制止太后修园。奕譞主持海军衙门后，却挪用海军经费，为太后大建园囿，以致发展海军的宏愿半途而废。

清代帝后都喜欢在行宫或园囿居住。康熙、雍正、乾隆历朝，先后在北京西北郊兴建了畅春园、圆明园以及万寿山（原名瓮山，因慈禧太后办六旬万寿，改名万寿山）的清漪园、玉泉山的静明园、香山的静宜园。这就是人们常说的“三山五园”。咸丰十年（1860年），著名的三山五园被英法联军一举焚毁。慈禧太后不满意常年居住在被她诅咒为“红墙绿瓦黑阴沟”的紫禁城里，决意修复西郊园囿。

同治十二年（1873年），载淳亲政后，在慈禧太后授意下，以“奉养两宫”为借口，下令修治圆明园。修复这样一个废园，不但工程浩大，而且需款很多。恭亲王奕䜣等王公大臣纷纷上疏请求缓修，加以各地经兵燹之后，百业萧条，民生凋敝，太后不得不宣布尽罢各省摊派，停修圆明园。

光绪十年（1884年）恭亲王奕䜣被黜退后，奕譞接掌大权，为了迎合慈禧太后，首先对紫禁城西侧的西苑三海（即南海、中海和北海）进行大规模修治，前后用工600万个，支出经费589万余两，其中多达436万余两挪借自奕譞主持下的海军衙门。

慈禧太后并不以此为满足，不久又动用巨帑在北京西郊大修清漪园。清漪园已成废墟，修治的难度比西苑大得多。慈禧太后授意醇亲王奕譞，以办海军的名义，重修清漪园。为了掩人耳目，在昆明湖恢复水操，并设水师学堂于湖畔。光绪十五年（1889年）载湉大婚，慈禧太后归政。在此之前，以光绪帝的名义发布上谕，宣布重新修葺西苑及万寿山殿宇，取“颐养冲和”之意，将清漪园改名颐和园，作为太后归政后颐养天年的地方。

颐和园工程浩大，前后历时10年。究竟耗费了多少银两，历来众说纷纭，一般估计在3000万两左右。其中挪用户部银1000万两，海军经费2000万两。为了筹措巨额经费，奕譞以海军衙门的名义四处挪借。为了防止舆论不满，又托人向有关大员打招呼。光绪帝的老师大学士翁同龢在日记中写道：

> 庆邸晤朴庵，深谈时局，嘱其转告吾辈，当谅其苦衷，盖以昆湖易渤海，万寿山换滦阳也。

“庆邸”指庆亲王奕劻，“朴庵”是奕譞的字。“昆湖”和“万寿山”均是颐和园的代名词，“滦阳”指热河，“渤海”指北洋海军的建设。意思是说，慈禧太后原有重修热河行宫的计划，后来几经劝说，方许诺以修建颐和园代替。而海军经费又被挪用于园工，因而有以“昆湖易渤海”的提法。实际是奕譞在请求当事者的谅解。

自光绪十一年（1885年）成立海军衙门，至二十年（1894年）中日甲午战起，八年间北洋海军支出平均每年不过二百六七十万左右。这一期间，名义上作为建设海军用的购船经费，大半都被挪用于修建颐和园。自光绪十四年（1888年）以后，海军就没有再增添一舰。日本却在此时投入巨资，大力购买和建造兵舰。至甲午战争前夜，已有兵舰70余艘。实力超过中国海军。

慈禧太后耗四海臣民之膏血，以奉一己享乐，置国家、民族的安危于不顾。奕譞名为总理海军，实则着力修园。结果北洋水师在甲午战争中全军覆没，清廷被迫签订了丧权辱国、割地赔款的《马关条约》。如果问甲午战争为什么败得那么惨，固然可以举出种种理由，其中一个重要原因，就是海军经费被拿去修了颐和园。清末北京民间流传这样一句民谣：鬼子六，败家七。“六”指道光帝第六子恭亲王奕䜣，“七”指道光帝第七子醇亲王奕譞。英法联军入侵北京时，奕䜣奉命留京议和，和洋鬼子打交道，这是蔑称，含有里通外国的意思。败家七，则指奕譞不会办事，把大量银子挥霍一空。

奕譞体弱多病，并不妨碍他对军事的关注。除了发展海军，他曾负责演练八旗神机营，同样毫无业绩可言。

咸丰十年（1860年），英法联军攻入北京，八旗禁军一触即溃。战争过后，清廷不能不感到编练禁军的重要。京师八旗各就所属地方设立公所训练，并挑选各旗精兵1万名，组建神机营。奕譞受命管理神机营后，把规模扩大到14万名，设马步队25营，购备西洋枪炮，选派旗兵学习德国兵法，一时呈现出新气象。

奕譞对训练神机营很尽心，经常亲临阅视。保存至今的奕譞最早的一张照片，就是他于同治二年（1863年）在军营外拍摄的，照片上共有三人。奕譞气宇轩昂，横握腰刀，站在中央，两名侍卫各持长矛、火铳，分立两侧。奕譞在照片上亲笔题诗：

波面残阳耀碎金，
炎光消尽觉凉侵。
莫言倥偬三军事，
也得逍遥一律吟。
碧草马嘶欣脱辔，
青溪人坐乍开襟。
云容纠缦随风布，
念切油然早作霖。

下书："晚操后步至长河作。"

奕譞乘着暑热消退到长河边漫步，忙里偷闲，仍不忘赋诗一首。诗中没有提到神机营，也没有点染操练的紧张。从"莫言倥偬三军事"句中，可以看出他的心态已完全沉浸在晚操后的闲适中。

奕譞是一位好诗人，却不是一位好统帅，何况八旗制度早已腐朽不堪，非一二人努力所能逆转。奕譞为管理神机营费了不少心思，结果却令人失望。

神机营建立后，八旗官员竞相投效，机构日益臃肿，各种职官540余人，竟比兵部还多了300余人。官兵渐染八旗腐化的积习。同治七年（1868年），西捻军一度逼近京畿地区，慈禧太后欲遣神机营御敌。一日神机营会操，遣内侍前往观察。还报说：罢操后，诸兵各手拿一鸟笼，已游荡于茶馆店铺中。民间谣谚，有"见贼要跑，雇替要早，进营要少"，讽刺他们临阵奔逃，出操则预雇替身，平日很少到营出操。太后听说后震怒，令奕譞前往检阅操练。奕譞受命大阅，只见士弱马疲，步伐错乱。有一兵丁竟从马上跌落，摔断了腿骨。经查问，回答说："我是打磨厂卖臭豆腐的，哪能骑马？"

光绪年间，神机营纪律更加松懈，而且鸦片泛滥。神机营在顺治门外校场口训练，会操前各兵丁已将附近各胡同口用帐幔遮掩。兵丁每操练一回合，即纷纷步入帐幔。有好事者绕道窥视，只见"满地排列鸦片烟具，各兵丁拼命呼吸，候令再出"。督操王大臣走后，便呼啸而去。这些用洋枪洋炮装备的八旗"精锐"，实际是一群无力作战的烟鬼。在吴沃尧《二十年目睹之怪现状》第二十七回《管神机营王爷撤差》，对这事也有生动的描写。

清朝统治已病入膏肓，神机营的腐朽，只是全豹之一斑。奕譞纵有重振之心，结果也是枉然。

畏惧慈禧，难有作为

奕譞执政，除了才智平庸，与恭亲王奕䜣的最大区别，就是无原则，无人格，对慈禧太后一味迎合，不敢坚持己见。金梁在《四朝轶闻》中指出："醇亲王奕譞，性和顺，见太后犹畏逊，不若恭王之遇事敢争也。"话虽含蓄，意思却很明白。但谦卑与政治的懦弱从来是同义词，尤其在专横跋扈的慈禧太后面前，他除了俯首听命，很少有真知灼见。所以尽管他在诡谲多变的政局中长期立于不败之地，在政治上却几乎无所建树。

他曾为避免引起慈禧太后猜忌，在载湉即位时上了一道密折，大意是说：古时非皇子出身的皇帝即位后都推恩其本生父母，加上尊号，恐怕将来光绪帝亲政后也会有人建议照此办理，所以请太后将此折留在宫中。日后若有奸邪小人提出类似建议，可立加罢斥。15年后光绪帝亲政，果然有大臣奏请为奕譞加上尊号。当时奕譞已故，慈禧太后拿出尘封已久的密折，用来回答诸臣邀宠幸进的行为，并表白"贤王（奕譞）"的心迹。奕譞不但考虑眼前，还担忧到日后。如此煞费苦心，在晚清诸王爷中无人可比。

载湉即位当月，赐醇亲王奕譞爵位世袭罔替，他力辞不准，勉强接受。慈禧太后特命赏给其夫妇乘用杏黄色轿的特权，他又固辞。后来虽勉强接受，但直至去世也没乘过一次。自唐宋以来，金黄、明黄、杏黄等色泽，就被规定为帝后所专用，他人不得僭拟，奕譞当然不敢受用。

在载湉亲政问题上，奕譞也尽量迎合慈禧太后的意图。光绪十二年（1886年），载湉16岁，太后垂帘已显得不合时宜。慈禧太后面谕王公大臣，于明年正月十五日举行亲政典礼。善于揣摩太后意旨的醇亲王奕譞和诸王公大臣，纷纷上书恳请太后体念时艰，从缓归政。经过几番辞让与恳求，太后终于假惺惺地表示："勉允所请，于皇帝亲政后，再行训政数年。"

光绪十五年（1889年）二月初三，慈禧太后终于撤帘归政。撤帘归政，当然非太后所愿，只是迫于舆论和以往的表态，不能不做出"垂帘听政，本非意所乐为"的姿态。实际情况是，在此前一年的十月，醇亲王奕譞、礼亲王世铎等人已命军机处起草了一个有关归政事宜的奏折，规定在皇帝亲政后，凡有内外折奏，经皇帝朱批或谕旨后，需"恭呈皇太后慈览"；简放大员及各项要差，需先由军机大臣请旨裁定，再由皇帝奏明皇太后，然后再颁谕旨。于是形成了"皇上虽有亲政之名，而无其实，一切用人行政，皆出西后之手"的局面。

奕譞对皇太后诚惶诚恐的心理，不仅表现在他的一切言行中，连家中的陈设也有此痕迹。他命名自己住的正房为"思谦堂"，书斋为"退省斋"。他还特意在书斋条几上摆放了一只仿制的周代欹器，这种器物有一个特点，将水注入一半，仍能保持平衡不会倾倒，如果把水注满，就会倾倒过来使水全部流掉。他在欹器上刻上"满招损，谦受益"的铭言，用来策励自己和子孙戒盈戒骄。奕譞自撰的治家格言有这样一段话：

> 财也大，产也大，后来子孙祸也大。若问此理是若何？子孙钱多胆也大。天样大事都不怕，不丧身家不肯罢。

其实他最担心的，还是在政治上招灾惹祸。正是由于他熟通"明哲保身"的技巧，得以在慈禧太后的淫威下位极人臣，在风涛凶险的政坛中一帆风顺。奕譞在慈禧太后面前战战兢兢、如履薄冰，总算寿终正寝。光绪十七年（1891年）冬，他因病去世，享年52岁。奕譞生前一味退让，生怕受到尊崇会给自己带来不利，而他死后获得的荣耀在清朝王爷中则是前所未有的。他获得了“贤”的谥号，在他之前，只有雍正时期的怡亲王胤祥得到过这一褒奖。他还获得了“皇帝本生考（亲生父亲）”的称号。17年后，第二代醇亲王载沣的儿子溥仪（宣统帝）继位，又尊称他为“皇帝本生祖考（亲生祖父）”。皇帝上谕，在醇王府内建立祠堂祭祀他，并按照祭祀皇帝的礼仪。但在公开场合，他的身份仍是亲王，园寝也依亲王制度。

醇亲王的园寝位于北京西郊的妙高峰下（在今北京市海淀区北安河乡），俗称“七王坟”。奕譞绝想不到，他死后多年，园寝上的一棵古树竟被慈禧太后下令砍去。关于此事起因，要从奕譞亲选园寝谈起。

奕譞选定这块风水宝地时，还不到30岁。此地泉壑幽美、层峦叠嶂，景色宜人，有唐代法云寺遗址。金章宗时，这里又是西山八院之一的香水院。当时奕譞正在蔚秀园养病，某日到西山响堂庙闲游，该庙距妙高峰不过十里之遥，是醇亲王旧仆、太监王照禄、王正光修建的。他们带着风水先生李唐和醇亲王一起到妙高峰勘察。李唐认为该处风水最佳，奕譞喜极，不复狐疑，一言决断。但不久就有人谓此处不可用，奕譞另请风水先生看视，最终拿定主意，在此地修筑了园寝。

为了帮助奕譞置买茔地，慈禧太后和同治帝还拨给了白银五万两。对此他不禁感激涕零，特别赋诗一首，刻碑立于园寝，作为纪念。其中有“何幸平生遭际盛，圣明钦赐买山钱（原注：买山建茔，蒙慈恩圣恩赐银五万两）”之句。

醇王园寝坐西朝东，前方后圆，依山顺势，步步升高。台阶之上，建有碑亭、月牙河、石拱桥、享殿、宝顶。按清朝制度，王公府第、园寝应用绿、蓝色琉璃瓦，而醇王碑亭却覆以皇家专用的黄琉璃瓦。仅此一端，就显示出醇亲王身份的不同凡响。据记载，奕譞过世后，最初运输的碑石比目前竖立在碑亭内的石碑高大许多，因过于沉重，中途无法上山，不得已留在山下，雕刻碑文后就竖在醇亲王同母弟孚郡王奕譓园寝（现称九王坟）的碑亭内，而将孚郡王园寝一块较小的石碑运上了山。园寝内泉水淙淙，林木茂盛。除了苍松翠柏，在奕譞墓道前，还长着一棵古老的白果树（银杏树），树身八九人合抱，高十数丈，据说是金元时物。然而，就是这棵枝繁叶茂的古树，竟使奕譞死后难安。

关于古树被伐一事，记载最详细的是王照的《方家园杂咏纪事》：内务府大臣英年，素讲堪舆（风水），曾为慈禧太后择定普陀峪万年吉地。他急着想升官，就找机会对太后献媚说："醇王园寝有古白果树一株，高十余丈，树阴数亩，形如翠盖，罩在墓上，按地理有帝陵之象。而且白果的白字，加于王字之上，明明是个皇字，于皇家本支不利，应请旨速伐此树。"太后就说："我就命你等伐之，不必告他。""他"即指光绪帝。内务府诸臣虽领懿旨，谁也不敢轻举妄动，于是奏闻皇帝。光绪帝不许，并且严厉下谕："尔等谁敢伐此树，请先砍我头！"诸臣只好又去请示太后，太后态度如旧。相持月余。一日，光绪皇帝退朝，听太监说，太后已于黎明带内务府人往醇王园寝。光绪帝急忙命驾出城，奔至红山口，遥见亭亭如盖的白果树没了踪影，不禁号啕大哭。连哭二十余里，至园，太后已去，树身倒卧，数百人正围着砍树根。周围还挖了十余丈的深池，用千余袋石灰沃水灌其根，以防止复生芽蘖。光绪帝默然无语，步行环绕墓三周，顿足拭泪而归。

关于此事，在当地村民中还有种种传言。有的说，在挖树根时，从底下钻出了大小蛇数百千条，蛇身大者有一尺多粗，长数丈。还有的说，庚子年间（1900年）闹义和团，就是这些蛇精转世报仇。这些传言以讹传讹，显然是无稽之谈。那么，伐树一事究竟有没有呢？

王照为了印证此事，曾亲自去当地考察，与村夫野老谈及白果树事，各道见闻，相对唏嘘。其中有一位姓王的驴夫，自述曾亲自抬着小轿送光绪帝上山。

最可靠的证据，见于光绪帝的师傅、大学士翁同龢光绪二十三年（1897年）五月初七日的日记，上面明确记着："园寝有银杏一株，金元时物，似前月廿三事，懿旨锯去。"

翁同龢落笔简单，略去了前因，只记了后果。如果不是有了王照等人的记载，简直让人摸不着头脑。

慈禧太后为什么对一棵白果树心存耿耿？"风水"之说似乎有些牵强，醇王奕譞生前谨小慎微，对她不敢有丝毫冒犯，死后被追谥号曰"贤"，太后似乎没有必要对他园寝上的一棵古树下此狠手。所以，也有可能，这是她对亲政后锐意变法、越来越不听话的光绪帝日益不满，借此发出一个警告。此事不久，发生了著名的戊戌变法和戊戌政变（1898年）。光绪帝被太后软禁。而那个搬弄是非的内务府总管英年，也没遭好报。在庚子事变中因"庇护拳匪（义和团）"被斩首于西安。

奕譞一生谨慎小心，处处退让谦和，对慈禧太后更是唯命是从。他死后，却连坟地上的古树都保护不了，实在是很可悲的。通过此事，也可以看出慈禧太后为人阴毒的一面。对此，连太后亲近大臣都深有体会，在戊戌政变中因密告有功而获慈禧太后恩宠的大臣荣禄就说过："皇上（载湉）性暴，内实忠厚；太后心狠，令人不测。"

财也大，产也大，后来子孙祸也大

因奕譞在政变中为慈禧等出了许多高招，起到了关键的作用，政变后，他被封为御前大臣、领侍卫内大臣、后扈大臣、都统、掌神机营，他曾经不无得意地说："我21岁时就担当过大事，亲手缉拿了肃顺。"33岁，他由醇郡王晋封为亲王。45岁时，他参与了军机处紧要事件的商议。46岁，他总理海军事务，所有沿海水师统统归他节制调遣，还带领禁卫军保卫皇宫。正当壮年的奕譞成为清王朝内有权势的人物。如果他要弄权的话，完全可以作威作福一番的。可是慈禧对奕譞的信任，反而使奕譞变得异常地小心翼翼、战战兢兢，因为他愈亲近慈禧，越知道慈禧的猜忌任性、不可一世。他不敢安然享受这些权势禄位，所以他曾一再请求辞去他担任的总理海军等职务，但总未获准，而且为了慈禧的需要，反而挪借北洋海军的军费为她修建了北京西郊的避暑胜地——颐和园。47岁时，他更被赏坐杏黄肩舆，他一再固辞。甚至有人对他的赞扬奉承，他也以为是有人要陷害他而心存戒备。最能说明这种心理的是1875年，同治皇帝病逝，慈禧让立奕譞的次子载湉作为咸丰的嗣子，即光绪皇帝。这本来是个"喜讯"，可是奕譞听说后却大惊失色，当即碰头痛哭，昏迷伏地，掖之不能起。后来他自己说："臣前日仰瞻遗容，五内崩裂，已觉气体难更，犹思力济艰难，尽事听命。忽蒙懿旨下降择定嗣皇帝，仓促之间昏迷罔知所措。迨舁回家内，身战心摇，如痴如梦。致触犯旧有肝疾等症，实属委顿成废。"以此遮盖他的失态。慈禧也认为他"情词恳挚，出于至诚"，而

没有深究。

奕譞的正福晋是叶赫那拉氏，她是慈禧的同胞妹子，理应和慈禧很亲近，但恰恰不是。她为人拘谨，头脑里旧的观念根深蒂固。夏天轻易不到花园里去，怕踩死蚂蚁，是罪过。光绪被选进宫去以后，底下还有两个孩子，她心疼孩子，怕孩子得病，不敢让孩子吃饱，节制饮食。孩子饿得皮包骨头，得了营养不良的病。仆人们看见孩子饿得可怜，偷偷地给些吃的，又受到训斥，最后这两个孩子活活饿死了。同治死后，西太后看戏，召奕譞福晋进宫一同看戏，她闭着眼不看。慈禧问她为什么不看戏，她说："国丧不能看戏。"把西太后气哭了，觉得这个人怎么这样不近人情！所以说她们亲姊妹之间的关系是非常不好的。

慈禧既和她亲妹妹不和，她还想出个绝招来治她妹妹，慈禧太后后来赐了个宫女给奕譞，叫颜扎氏，并封为侧福晋。慈禧赐的宫女，奕譞怎敢不要呢？更不能亏待她。颜扎氏长得漂亮，又常被慈禧叫进宫去，她常和正福晋作对，使醇亲王府内宅不宁。载沣的亲娘是刘佳氏，她原是王府中的"侍女"。

慈禧为了维护并巩固她的权威，必然要信任奕譞这样的近支亲属。奕譞也一再用各种方式表明自己对朝廷忠心耿耿，让慈禧放心。例如他把自己的居室命名为"退省斋""九思堂""恩波亭"等。据说奕譞还有一个象牙镇纸，上面刻有奕譞亲笔题词："闲可养心，退思补过"，就说明了他这种心情。奕譞卒于光绪十七年（1891年），谥曰"贤"，称醇贤亲王，这是第一代醇亲王。老醇王刚过世不久，慈禧太后就指派奕譞第五子载沣世袭醇亲王。

儿子摄政：终结大清王朝

醇亲王奕譞生有七子。其中，长子、三子、四子均早殇。次子载湉，即光绪帝。五子载沣，袭醇亲王爵。六子载洵，奉慈禧太后懿旨承继瑞郡王奕誌为嗣，承袭贝勒；七子载涛，承继奕譞弟弟钟郡王奕詥为嗣，也承袭贝勒，两人均加郡王衔。他们虽出继别支，但与载沣同出一父。一门三王，显赫无比。清朝两代醇亲王，都是父以子贵。第一代醇亲王奕譞，因次子载湉为帝（光绪），得享“世袭罔替”殊遇。第二代醇亲王载沣，因长子溥仪继光绪之后以幼龄继帝位（宣统），遂做了监国摄政王。载沣生于光绪九年（1883年），8岁承袭醇亲王爵。26岁时，光绪帝和慈禧太后同时病危。太后在病榻前授意，立第二代醇亲王载沣的长子3岁的溥仪为嗣皇帝，承继同治，兼祧光绪，由载沣当监国摄政王。

光绪帝载湉病殁时，在皇室近支溥字辈中，恭亲王溥伟年龄居长。他自以为，乃祖恭亲王奕䜣生前有保存社稷之功，殁后配享太庙，绝不是任何近支所能比拟的。如立长君，他当然有份。不想慈禧太后择立3岁溥仪，使他觊觎帝位的希望落空。

如此看来，恭亲王奕䜣父子在皇位角逐中一共错失三次机会：第一次，奕䜣与奕詝，以兄奕詝捷足先登；第二次，同治帝载淳病殁，奕䜣子孙又被排挤，以醇亲王奕譞次子载湉胜出；第三次，又以醇亲王载沣长子溥仪胜出。难怪此后很长时间，溥伟一直对此耿耿于怀。

慈禧太后在嗣位问题上为什么又一次弃大选小？有以下一些推测：

其一，与溥仪家的关系最近。溥仪的祖父奕譞的正福晋叶赫那拉氏，是慈禧太后的胞妹。溥仪的母亲苏完瓜尔佳氏，是慈禧太后心腹大臣荣禄之女，又被慈禧太后认为养女。慈禧太后将她指配给载沣时，载沣生母刘佳氏已为他定亲，奏告太后。太后坚持给载沣指婚，刘佳氏只好将已定之婚退掉。

其二，防范袁世凯。溥仪的父亲载沣是光绪皇帝的亲兄弟，太后选定他为摄政王，主要是为了对野心勃勃的袁世凯预作防范。戊戌变法中，光绪帝所代表的维新派为袁世凯所出卖，光绪帝因此被囚禁直到病死。醇王府一系对袁无不恨之入骨。选载沣为摄政王，对袁世凯的权势将是有力的钳制。慈禧太后临终前的这个决定，反映了她刻意保全爱新觉罗皇位的一片苦心。

其三，为同治帝立嗣。慈禧太后当初立载湉承嗣咸丰帝而不为同治帝承嗣，违背了中国传统的继嗣制度，也违背了清朝家法。为此，还发生过震动朝野的吴可读“尸谏”事件。

吴可读，字柳堂，甘州皋兰人，咸丰进士。曾任御史，因直言敢谏几乎被撤职斩首，后改戍军台。光绪改元，遇赦，重新起用为主事，分发吏部。光绪五年（1879年）春，将穆宗（同治帝）与皇后阿鲁特氏合葬于清东陵，吴可读自请随往襄礼，归途至蓟州，宿废寺中，自缢未死，复仰药而亡。吴可读自尽，是为了将遗疏上呈御览，因为除御史外，低级官员无权直接上疏。他在遗疏中说：“我朝二百余年，祖宗家法，子以传子，骨肉之间，万世应无间然。”他还援引历史上宋朝和明朝故事，说明名位次序不可乱定，并坚请两宫皇太后再降谕旨，为载淳立嗣，明确规定将来大统仍归承继大行皇帝（死去的皇帝）嗣子。吏部将吴可读遗疏奏上，朝野震动。

吴可读“尸谏”并引起社会轰动，说明朝野许多人士对“祖宗家法”被破坏心有耿耿。但他建言日后载湉生子即为同治帝立嗣，无异于预定皇太子，同样有悖清朝“不建储贰”的家法。众王、大臣认为有机可乘，纷纷上疏，谓吴可读所陈不可行。这自然符合慈禧太后的本意。不过，吴可读毕竟是为争嗣而死的，慈禧太后不能不有所表示，于是在他的遗疏上批道：“以死建言，孤忠可悯。”

慈禧太后临终前选定3岁的溥仪为嗣皇帝，借此为故去多年的儿子载淳立嗣，也算了结了一段历史上的公案。

在上述三种因素中，哪种因素产生了作用不得而知。或者，当慈禧太后最终作出决断时，这些因素都发挥了影响。

在清朝12帝中，一共出了5个小皇帝。顺治帝福临6岁即位，康熙帝玄烨8岁即位，同治帝载淳6岁即位，光绪帝4岁即位，溥仪年龄最小，只有3岁。溥仪即位后，载沣摄政，并为监国，代皇帝主持国政，有权裁定军国大事和黜陟赏罚诸事。清初，睿亲王多尔衮称摄政而不监国，所以载沣的身份权势比起睿亲王来尤其尊显。但他摄政仅仅3年，清朝就如土崩瓦解般垮台了。清朝的垮台，固然有着深刻的社会背景，与摄政王载沣的举措失当也有直接关系。第二代醇亲王载沣相貌堂堂，颇有风采，给人留下良好的第一印象。进出清宫的美国医生这样描述说：“他缄默少语，相貌清秀，眼睛明亮，嘴唇坚毅，腰板笔挺，虽不及中等身材，但浑身透露着高贵。”

载沣堪称清朝王爷中走向世界的第一人。光绪二十七年（1901年），他18岁，以皇弟的显贵身份率使团赴德国柏林，为上一年义和团运动时德国公使克林德遇刺一事向德国皇帝威廉·亨利谢罪赔礼。载沣抵达柏林后，双方对谢罪仪式一度发生争执。德方要求载沣晋见德皇时行三鞠躬礼，参赞随员均行跪拜礼。此种侮辱，使载沣不堪忍受。后经据理力争，谓世界各国使节觐见彼此元首时均不行跪拜礼，若德皇强欲清朝使者行中国礼，受礼者未必光荣，如传闻于他国，反为德国之耻。措辞委婉而有理，经多次往返交涉，德皇放弃原议，终决定俱行鞠躬礼。出使德国，使载沣大开眼界，从此雄心勃勃，想要干出一番惊天动地的事业。如果没有克林德事

件，载沣不会出使德国，也根本不会有游历欧洲的机会。按清朝旧制：王公和闲散宗室，照例不许离京城20公里。如果没有这次出使，他大概会像其他许多满洲王公，一辈子生活在京城的狭小天地，对外部世界懵然无知。但载沣归国后，并没有被委以重任，又过7年，才被任命为军机大臣。

溥仪即位，26岁的载沣一下子被超拔为摄政王，实在勉为其难。他深知责任重大，很想励精图治，使衰朽的清王朝呈现某些新气象。他每日到乾清宫听政，并召见臣工。一切章奏，亲自批阅。他还仿照雍正帝，在奏折上勤加朱批。但苦于不得要领，往往词不达意。又有亲贵从旁掣肘，意见屡有反复。王公大臣入觐，常对坐无言，遇到请示意见，则嗫嚅不能立断，很快引起众人的失望。深知其底蕴的胞弟载涛这样评价他：载沣“遇争优柔寡断”，“做一个承平时代的王爵尚可，若仰仗他来主持国政，应付事变，则绝难胜任”。

第一，处置袁世凯，优柔寡断。载沣摄政后的第一件事是经过皇族集团的共同商议，要除去心腹之患袁世凯。他下令罢去袁世凯的一切职务，硬说他有“足疾”，行动不便，勒令回老家养病。据说原来是要将他处死的，但由于袁背靠外国使团，且拥有强大的私人党羽，载沣投鼠忌器，不敢下手。当时亦入军机的重臣张之洞也主张不杀袁，说“主少国疑，不可轻于诛戮大臣”。袁世凯被罢官离职，实际仍控制北洋军队。载沣将他打发回老家，只起到“纵虎归山，养痈成患”的作用。载沣处事优柔寡断，缺乏政治手腕，据此可见一斑。

第二，大抓军权，形同寡人。罢黜袁世凯，是清朝皇室在军事上排斥汉人势力的开端，加剧了皇族与汉大臣的矛盾。载沣为加强皇室对军权的控制，又采取了以下措施：

一、任命其弟贝勒载涛、贝勒毓朗、铁良为专司训练禁卫军大臣，企图建立由自己亲率的禁卫军。

二、下谕成立筹办海军事务处，命肃亲王善耆、镇国公载泽、铁良、萨镇冰妥慎筹划，命庆亲王奕劻总核稽查。5人中满洲4人，皇室又占了3人。萨镇冰是留学英国归来的海军专家，也是唯一的汉人。不久成立海军部，由载洵担任海军大臣。

三、载沣借溥仪名义下了一道上谕，宣布由皇帝亲自担任大元帅；皇帝亲政前，由摄政王代为行使最高统帅权。

四、将军咨处从陆军部分离出来，后改军咨府，以贝勒毓朗、载涛为军咨管理大臣。军咨府相当于总参谋部，军咨管理大臣相当于总参谋长。载沣通过载涛，决策最高军事机密。

这样，以载沣兄弟3人为核心的皇族亲贵就掌握了全国的海陆军权、禁卫军权，集中了全部军事权力。

载沣摄政初，外国政府和国内立宪派都曾对他寄予厚望。第一，他曾出访欧洲，眼界远远超出以往的统治者；第二，他是光绪帝的弟弟，对推进中途夭折的改革有着顺理成章的热情；第三，他在政治上给人们留下了开明的印象。据说载沣出使欧洲后回到北京，第一件事就是买了一辆叫作"布鲁厄姆"的欧式马车，驾着它到处来去。这辆一匹马拉的轻便马车，似乎代表着一种全新的文化，人们有理由相信，他摄政后会在立宪方面取得新的进步。谁知他对西方文明的了解，充其量也就是一点皮毛。他当"谢罪使"时从德皇威廉·亨利讨教的一条经验，就是军队一定要控制在皇室手里，皇族子弟要当军官。他做得更彻底，不但把军队抓到皇室手里，而且还抓在自己家人手里。但是，载沣的做法也加深了皇室亲贵与汉族军事将领和地方督抚的矛盾。表面上看军权在握，实际上却陷于更加孤立、虚弱的境地。

第三，预备立宪，皇族内阁。载沣为了掩饰皇族集权，于宣统元年（1909年）三月重申预备立宪，命令各省切实筹办宪政，务必在当年成立

咨议局。这种姿态，使一部分立宪派分子，对载沣产生了很大幻想。各省成立咨议局的同时，在中央筹建资政院。资政院是清廷模仿西方议会模式，却又经过精心改塑的中央议事部门，是代议制度在中国最早的试验。资政院参议员规定有三种产生办法，即钦选、会推和保荐。钦选就是由皇帝亲自点选，目的仍然是便于满洲亲贵对资政院的控制。

资政院开设后，一切议决案需有一负责部门处理，责任内阁应运而生。宣统三年（1911年），摄政王载沣任命庆亲王奕劻为第一届内阁总理大臣，负责组织责任内阁，并将原来的军机处和旧内阁裁撤。待内阁人选宣布，舆论大哗。新内阁13人中，汉族4人，满族9人，其中，皇族又占5人，因而被舆论抨击为“皇族内阁”。这样多的皇室成员位居要津、专擅大权的局面，即使在清王朝200多年历史上，也是未曾有过的。于是，“近支（皇族近支）排宗室，宗室排满，满排汉”的谚语不胫而走。

清皇室借立宪之名，不但没有对统治权有所放松，反而变本加厉地加强宗室亲贵的专权，激起公愤。各省咨议局竞相上书，弹劾内阁，皇族成为众矢之的。清室对舆论汹汹却不屑一顾。立宪派原想在内阁中分点好处，此旨一下，希望完全落空，与清廷的矛盾更加激化。

载沣一味集权，排除异己，在朝野间引起极大不满。加之他生性懦弱，没有统驭全局的才干，致使皇室内部派别分立，纷纷竞争权力。其中一派以贝勒载涛、毓朗为首，控制军事大权，得到载沣的倚信。另一派以镇国公载泽为中心，把持财政大权。载泽虽是由远支宗室过继给惠亲王庶长子奕洵为嗣子，因其自幼聪颖，颇得奕譞怜爱，与醇王府关系一向密切。其妻是隆裕太后妹，有了这层关系，即可私传太后言语，挟制载沣。载泽掌度支部后，在政府中独树一帜，“以集中财政为务，犹载涛之集中军权”。载泽为扩张势力计，向载沣推荐盛宣怀就任邮传部长。庆亲王奕劻组阁后，载泽辈力谋倒阁。当时谙于政情者，多认为继奕劻为内阁总理大臣者，非载泽莫属。元老派奕劻，原是首席军机大臣，受命组阁，自知势单力薄，于是与那桐结为一气，分居总、协理职位。奕、那二人贪污受贿，早已臭名昭著，世人称为“庆那公司”。那桐与袁世凯、徐世昌等关系深厚，结为一党，与载字辈皇室近支互不相能。此外如恭亲王溥伟，载沣对他一向存有戒心，认为无合作的可能，只给了一个禁烟大臣名义，以示敷衍。

载沣原想集中军政大权，强化皇室地位，结果却演变为各派亲贵揽权谋私、犬牙相制的复杂局面，统治能力被进一步削弱。对载沣本人来说，实非始料所能及。

清朝末帝溥仪登基时，曾由摄政王载沣怀抱升殿，净鞭响亮，吓得溥仪大声啼哭。摄政王安慰他说：“皇帝别哭，一会儿就完了。”这无意中说出的一句话，谁知竟成为清朝灭亡的谶语。

宣统三年八月十九日（1911年10月10日）武昌起义爆发，敲响了清王朝的丧钟。一个多月时间，先后有13省宣布对清廷独立，转向革命营垒。清廷派出的军队，在陆军大臣荫昌的统率下，出征讨伐，屡战屡败。清廷岌岌可危，惊慌失措。内阁协理大臣徐世昌看到时机已到，便同内阁总理大臣庆亲王奕劻、协理大臣那桐等人一齐向载沣保举他的政治死对头袁世凯重新出山，同时以“奉职无状”，自请“立予罢斥”。载沣本不愿意迈出这关键一步，但是他素性懦弱，没有独做主张的能力。当时的主要军事将领如冯国璋、段祺瑞，都是袁世凯的嫡系心腹，亦提出“非宫保（指袁世凯）再出，不能挽救危局”。载沣在穷途末路之际，只好任听摆布，将大权拱手交给袁世凯。

十月，袁世凯就任内阁总理大臣，回到北京，马上收编了载涛掌握的禁卫军，接着迫载沣辞去监国摄政王之位，以醇亲王名义退归藩邸。至此，袁世凯已把清王朝的军、政大权完全攫为己有。随即，老奸巨猾的袁世凯与南方民军达成清帝退位后选他当大总统的保证，又以革命的势力逼迫清帝退位。当时，隆裕太后连连召开御前会议，商讨对策。会上，隆裕太后无可奈何，抱着溥仪大哭说："我悔不随先帝早走，免遭这般惨局。"王公贵族，主战主和，意见不一。不久，极力主战的宗室贵族良弼被革命党人彭家珍炸死，亲贵王公闻风丧胆，纷纷逃避。同时袁世凯的亲信段祺瑞等40多名前北洋将领致电清帝要求退位。

有趣的是，清廷存亡危在旦夕，摄政王载沣虽也如坐针毡，但在讨论战和的会议上，却经常一言不发。以致皇族中有不少人认为他庸碌无能，毫无政治才能，不配做摄政王，大清江山就断送在他们兄弟父子手中。但是也有人认为，载沣虽从政历练不足，但能够审时度势，顺应历史潮流。

民国初年，孙中山两次到北京，都曾拜访载沣，充分肯定他在辛亥革命时，代表清廷逊位，和平交出政权，是一个爱国的、有政治远见的行动；作为皇帝生父和摄政王，在逊位问题上，能把国家和民族的利益摆在前头，把家族的利益摆在后头，是难能可贵的，在历史上是罕见的。孙中山的一席话，在今天看来也很有道理。

据说，当载沣被迫辞去摄政王位，从宫中回归王府，对福晋瓜尔佳氏说："从今天起我可以回家抱孩子了！"福晋见他一副若无其事、轻松的神态，气得痛哭一场，并告诫儿子："长大了万不可学阿玛那样！"这段故事与载沣自书的对联"有书真富贵，无事小神仙"，虽不足以证明他早有"退隐"之志，但也可以看出，摄政三年，的确令他心力交瘁。

对比清初、清末的局势，有一些类似之处：一，都是幼主统治，顺治帝6岁即位，宣统帝3岁即位；二，均由摄政王执政，但睿亲王多尔衮佐兴，醇亲王载沣助亡。两次摄政，效果悬殊。难怪前人提起载沣来，要说他"回思多尔衮，功罪两相殊"了。

醇亲王先后有两座王府，一座是宣武门内太平湖的旧府，另一座是什刹海后海北岸的新府。载沣摄政期间，新府改称为"摄政王府"，同时又称"北府"（系指太平湖旧邸为南府而言）。

受贿从来没个够

——庆亲王奕劻

爱新觉罗·奕劻（1838—1917年），镶蓝旗人，爱新觉罗氏，乾隆帝第十七子永璘之孙。光绪十年（1884年）任总理各国事务大臣、封庆郡王，十七年迁总理海军事务大臣，二十年晋封庆亲王，三十年任军机大臣。宣统三年（1911年）任内阁总理大臣。清帝退位避居天津，谥号为“密”（追补前过之意），为清代亲王谥号中，最差的一个字。他是清朝第十二位也是最后一位世袭罔替的“铁帽子王”。

奕劻位高权重，但庸碌无为，生性贪鄙，与其子载振、大臣那桐卖官鬻爵，被时人讥为“庆那公司”。1904年，御史蒋式理奏劾他任军机大臣以来，“细大不捐，门庭如市”，宣统帝退位后，奕劻避居天津租界。1917年1月28日病死。

联姻慈禧，关系非常

奕劻是乾隆第十七子庆僖亲王永璘之孙，其父绵性是永璘的第六子。初袭辅国将军，咸丰二年（1852年）封贝子，十年封贝勒，同治十一年（1872年）加郡王衔，光绪十年总理各国事务衙门，并封庆郡王，二十年封亲王。自1861年祺祥政变至辛亥革命的五十年间，奕劻能力不高，学问不行，做官却始终顺风顺水。有一说法称，慈禧在咸丰年间与其弟桂祥通信，常由奕劻代为捉笔，奕劻虽无学问，却写得一手好字。故而政变之后，受慈禧重用，恩宠终身不衰。但庆亲王之所以能在晚清政坛的惊涛骇浪中始终如鱼得水，其才具，绝不是一个捉笔小吏所能概括的。奕劻做事，作风稳重，滴水不漏，“荣辱忽焉，皆在圣意”。

其实，这些都有赖于种种事件的发生使得他获得了慈禧太后对他的信任，两人的关系也因此非比寻常。

慈禧作为一个从未受过科班教育的普通八旗女子，能够在入宫之后，学会插手朝事，阅读奏章，处理政务，有一个逐渐熟悉的过程。除了其本人天资聪颖之外，另一个重要渠道是社会和环境之影响，其中，奕劻之影响尤其不应该忽略。

沃丘仲子于《慈禧传信录》中揭示：

后，内务府旗人，父惠征，官徽宁池太广道，初以常在侍文宗，既生穆宗，乃立为妃。时洪杨乱炽，军书旁午，帝有宵旰劳痒，以后书法端腴，常命其代笔批答章奏，然胥帝口授，后仅司朱而已。迨武汉再失，回捻交作，帝以焦忧致疾，遂颇倦勤。后窥状渐思盗柄，时于上前道政事，帝浸厌之，尝从容为孝贞后言妃浸机诈。孝贞素宽和，殊无裁制之术。帝复以告恭亲王奕䜣对：妃实诞育元子，望上矜全，帝意少解，后亦敛迹。时其弟桂祥共宗人奕劻居，皆贫困不足自存，赖奕劻与内务府总管瑞麟恤以资，始得贿阉侍，与后通书问，多劻为属稿，颇泛论时事，自是后益稔外政。

沃丘仲子称，慈禧“弟桂祥共宗人奕劻居”，据此可知，奕劻与慈禧的关系，桂祥起了牵线搭桥的作用。对于沃丘仲子的上述记载，黄濬在《花随人圣盦摭忆》中，曾予以相信采录。

又据文廷式《闻尘偶记》所载：

庆邸以罪人子，本不应继近支袭爵，乃先行过继别房，然后转继。其初由恭邸援引时，谬为恭谨，光绪九年以后，事权渐属，遂事贪婪。后又与承恩公桂祥为儿女姻亲，所以固宠者，无所不至，召戎致寇，其罪浮于礼亲王世铎云。

此外，当时《中外日报》所载文章，亦有类似记载称：

庆邸之进也，由桂祥。桂祥者，太后胞弟也。庆邸本罪人子，凡再入继，而后为庆王嗣。初为贝勒，与桂祥结姻后，始袭封庆王，其子载振，亦颇有非分望，以属疏而止。

总之，慈禧之弟与奕劻结为儿女姻亲，使奕劻与慈禧之间关系愈加

亲密。实际上，慈禧之所以能从容自如地驾驭朝政数十年，一个重要的手段，即是利用其错综复杂的姻亲关系。

任人唯亲是封建专制政权的一个重要特征，想利用谁，就设法结为姻亲，然后这位姻亲便会飞黄腾达。慈禧垂帘听政数十载，她所颁布的每一项清廷上层高官任命，包括皇位继承，几乎都有其姻亲因素在起作用。

慈禧的姻亲关系，主要有两支，一支是其娘家的兄弟姊妹；另外一支更重要，是其夫君咸丰皇帝这一支。在慈禧的政治生涯中，几乎无时不在考虑处理同这几位近支亲王的关系。咸丰皇帝病故热河时，同治帝尚在幼冲。慈禧与慈安在避暑山庄召见了前来奔丧的恭亲王奕䜣，秘密策划了捕杀了载垣、肃顺、端华等政敌，实施祺祥政变。之后，奕䜣主持军机处，恭亲王之势力急剧扩展。慈禧又开始扶植妹夫醇亲王奕譞。光绪十年（1884年）的甲申易枢事件中，慈禧将奕䜣彻底赶下台。奕䜣在离开政坛后，发出了“猛拍栏杆思往事，一场春梦不分明”的不平呼喊。随着权势欲望的膨胀，慈禧于甲申易枢后仅数年，即对即将亲政的载湉及其生父醇亲王，逐渐猜忌排斥，其结果是使五十岁出头的奕譞，在小心翼翼、忧郁惊惧中过早去世。

恭亲王下台，醇亲王过世，使得从光绪十年（1884年）即任总理衙门大臣的奕劻，与慈禧之关系变得更加非同一般。一份光绪二十三年（1897年）《宗人府造送光绪朝二十三年王公生辰册》中可以看出奕劻与慈禧年龄相近，只差三岁。这也说明，在柄政的近支王公大臣中，只有奕劻与慈禧年龄最为相近。

其次，在爱新觉罗皇族中，奕劻论辈分，应该是咸丰皇帝之堂弟，与慈禧为叔嫂关系。咸丰帝病故热河之时，慈禧的年龄仅为27岁。慈禧与奕劻之特殊关系，理应予以考量。曾有学者指出，奕劻不仅是筹划戊戌政变的核心人物，还全力支持“己亥建储”。政变以后，随之而来的是“己亥建储”。奕劻他既然支持慈禧将光绪皇帝囚禁于瀛台，自然也不会反对立储。奕劻作为神机营的主管，他在“己亥建储”过程中对慈禧的支持，显得格外重要。

另外，他还不辨是非，盲目跟随慈禧，立场摇摆不定。庚子初春，当义和团波及京师之后，奕劻作为总理衙门大臣，屡次领衔上书，请求朝廷镇压义和团。可是，当刚毅、赵舒翘由涿州回京后，慈禧决定招抚义和团，对付八国联军。据《拳乱纪闻》记载，庚子五月，奕劻之立场全然改变，决然不提镇压义和团之事。相反，他同载漪一起，帮助慈禧欺骗搪塞列强使臣，致使北京局势失控，出现了一面进攻东交民巷、西什库教堂等处洋人，一面却想方设法与洋人讲和的荒诞局面。对奕劻来说，国家利益、民族利益全不重要，重要的只有一条，即讨取慈禧欢心，一切照慈禧意志行事。到了庚子七月，慈禧几乎每天都离不开奕劻了。

还应该指出的是，辛丑议和是奕劻一生中最重要的事件，他竭尽全力，保持慈禧权位。既为西太后尽了力，使她躲开了祸首的名义，也让八国联军在条约上满意。

慈禧在庚子夏季恣意妄为，终于酿成大祸，遂于七月二十一日逃离京师。时列强已入京城，情况十分危迫，意想不到的事件，随时会发生。日久见人心，患难现真情。在此关键时刻，慈禧的两名亲信荣禄与奕劻，各有不同的表现。荣禄于城破之际，选择了个人夺路出逃。奕劻的行为，则与之全然相反。据《庚子记事》所载：廿一日，黎明时，皇太后御蓝布夏衫，坐澜公之车，皇上御黑纱长衫，骑马；率同皇后、大阿哥，由神武门出西直门，至颐和园少憩。两宫本定于十六日启銮，出居庸关西行，派东阁大学士崑冈监国，而令军机章京为前站，先行至长辛店候驾。后因车辆不齐，各太监执香跪留，故未启銮。此次仓猝出京，所有御用服食，概未备带。妃嫔宫女均留京城。内侍亦未多带。随扈王公大臣仅端王、庆王、

那王、肃王、伦贝子、木肃贝子、澜公、刚毅、王文韶、赵舒翘、溥兴各部院司员二三十人而已。可见，奕劻在此危难时刻，与荣禄不同，始终与慈禧在一起。

义和团高潮期间，凡是支持慈禧利用义和团攻击外国使馆的清廷要员，如端郡王载漪，军机大臣刚毅、赵舒翘等，均同奕劻一样，选择与慈禧一起出逃。奕劻逃出京城之后，并没有一直随同慈禧逃往太原、西安，而停留在京师附近，“病滞怀来行馆”。这其实是慈禧布置的另一招高棋。八月初，留京办事大臣崑冈等上书称：“庆王爷在总署办事多年，谨慎和平，为各国所钦佩，是以各国均愿庆亲王爷早日商议和局大事。”于是，慈禧即命奕劻“即日驰回北京，便宜行事”，开始与列强议和。在议和过程中，奕劻坚持慈禧交付的“切实妥商，向各使极力磋磨。如有万难应允之事，先为驳去，是为至要”的方针。

正因为如此，奕劻在辛丑议和过程中，处处以保持慈禧之地位不动摇为出发点，想方设法说服列强，终于如愿以偿。义和团运动失败后，奕劻大权在握，圣眷不衰。光绪二十九年（1903年）荣禄病死之后，奕劻入值军机处，任领班军机大臣，集内外大权于一身，权倾中外。即使在丁未政潮中，奕劻父子贪婪受贿，玷污朝政之行为，遍传都下，慈禧仍然千方百计地袒护奕劻过关。奕劻成了同治、光绪、宣统三朝政治上的不倒翁，这一切均与奕劻在义和团运动中的表现有直接关系。

结交袁世凯，引慈禧警惕

在西太后时代，能得到太后欢心就等于得到了远大前程。要想讨西太后的欢心，首先必须能随时摸得着太后的心意，才能做到投其所好。荣禄贿赂太监李莲英，让荣禄的太太陪伴太后游乐，得到不少最好最快的情报，因此他的奉承和孝敬，总比别人更让太后称心满意。如果说奕劻的办法和他有什么不同的话，那就是奕劻在李莲英那里花了更多的银子，而奕劻的女儿即著名的四格格也比荣禄太太更机灵。如果西太后无意中露出了她喜欢什么样的坎肩，或者嵌镶着什么饰品的鞋子，那么不出三天，那个正合心意的坎肩、鞋子之类的玩意就会出现在西太后的面前。奕劻的官运就是从这里开始的。在西太后的赏识下，奕劻一再加官晋爵，以一个远支宗室的最低的爵位辅国将军，逐步进到亲王，官职做到总理各国事务衙门。他得到了这个左右逢源的差使，身价就更加不同，无论在太后眼里还是洋人的眼里，都有了特殊的地位。

然而，最使西太后担心的，是袁世凯和奕劻的特殊关系。戊戌政变后，西太后对袁世凯一方面是十分重视的，几年工夫把他由直隶按察使提到直隶总督、外务部尚书，恩遇之隆，汉族大臣中过去只有曾、胡、左、李才数得上。另一方面，西太后对这个统率着北洋新军并且善于投机的汉族大臣，并不放心。当她又听说袁世凯向庆王那里大量地送银子时，就警惕起来了。

西太后曾经打过主意，要先把奕劻开缺。她和军机大臣瞿鸿露出了这个意思，谁知这位进士出身后起的军机，太没阅历，竟把这件事告诉了夫人。这位夫人有位亲戚在一家外文报馆做事，于是这个消息便辗转传到了外国记者的耳朵里，北京还没有别人知道，伦敦报纸上就登出来了。英国驻北京的公使据此去找外务部，询问有无此事。西太后不但不敢承认，而且派铁良和鹿传霖追查，结果，瞿鸿被革了职。

西太后扳倒奕劻不成，同时因奕劻有联络外国人的用途，所以也就不再动他，但对于袁世凯，她没有再犹豫。光绪三十三年（1907年），内调袁为外务部尚书，参加军机。明是重用，实际是解除了他的兵权。袁世凯心里有数，不等招呼，即主动交出了北洋新军的最高统帅权。西太后明白，袁对北洋军的实际控制能力，并非立时就可以解除，袁和奕劻的关系也不能马上斩断。正在筹划着下一个步骤的时候，她自己病倒了，这时又忽然听到这个惊人消息：袁世凯准备废掉光绪，推戴奕劻的儿子载振为皇帝。不管奕劻如何会办外交和会奉承，不管袁世凯过去对她立过多大的功，也不管他们这次动手的目标正是被她痛恨的光绪，这个以袁世凯为主角的阴谋，使她马上意识到了一种可怕的厄运——既是爱新觉罗皇朝的厄运，也是她个人的厄运。因此她断然地作出了一项决定。为了实现这个决定，她先把奕劻调开，让他去东陵查看工程，然后把北洋军段祺瑞的第六镇全部调出北京，开往深水，把陆军部尚书铁良统辖的第一镇调进来接防。等到奕劻回来，这里一切大事已定：慈禧宣布了立醇亲王载沣之子溥仪为嗣，封载沣为摄政王。但是为了继续笼络住这位有八国朋友的庆王，给了他亲王世袭罔替的恩荣。

奕劻与清末宪政

奕劻多年掌管总理各国事务衙门和外务部，广泛接触外部事物，对宪政有深刻的理解，积极主张并参与清末宪政改革，从事了一系列的宪政活动。他是清末预备立宪的推动者。

在日俄战争以后，清廷朝野上下与海外掀起了一波强烈要求立宪的热潮。慈禧太后迫于海内外立宪的舆论压力，召开了一系列御前会议，听取王公大臣关于立宪的意见。在这些王公大臣中，庆亲王奕劻的“从速立宪”主张对慈禧决定实施预备立宪起到了至关重要的作用。因为庆亲王奕劻当时任外务部的总理大臣，同时在军机处任领班军机大臣，集内外大权于一身，他的地位之重是其他王公大臣无法替代的。并且，在慈禧眼里，他老成持重，比年轻一代的亲王更具有政治阅历。“他的立宪主张是持续升温的，到颐和园廷辩时，他的主张也可以说最倾向于立即立宪的贵族，这也就使慈禧最终决定立宪施加了关键性的影响。”

1906年8月28日，清廷在颐和园召开第二次御前会议商讨立宪问题。庆亲王奕劻首先发言：“今读泽公及戴端两大臣折，历陈各国宪政之善，力言宪法一立，全国之人，皆受治于法，无有差别，既同享权利，即各尽义务。且言立宪国之君主，虽权利略有限制，而威荣则有增无减等语。是立宪一事，固有利而无弊也。比者全国新党议论，及中外各报海外留学各生所指陈所盼望者，胥在于是。我国自古以来，朝廷大政，咸以民之趋向为趋向。今举国趋向在此，足见现在应措施之策，即莫要于此。若必舍此他图，即拂民意，是舍安而趋危，避福而就祸也。以吾之意，似应决定立宪，从速宣布，以顺民心而副圣意。”可见奕劻的政见非常明确：认为“立宪一事，固有利而无弊”，主张从速立宪。

在奕劻等王公大臣的推动下，1906年9月1日（光绪三十二年七月十三日），光绪皇帝在慈禧太后的首肯下，谕令京师和地方高级官员开始宪政的准备工作，颁发《宣示预备立宪先行厘定官制谕》。该上谕在叙述了中国国势不振和各国富强的原因之后写道：“时处今日，唯有及时详晰甄核，仿行宪政，大权统于朝廷，庶政公诸舆论，以立国家万年之基。但目前规制未备，民智未开，若操切从事，涂饰空文，何以对国民而昭大信。故廓清积弊，明定责成，必从官制入手，亟应先将官制分别议定，次第更张，并将各项法律详慎厘订，而又广兴教育，清理财务，整饬武备，普设巡警，使绅民明悉国政，以预备立宪基础。著内外臣工切实振兴，力求成效，俟数年后规模粗具，查看情形，参用各国成法，妥议立宪实行期限，再行宣布天下，视进步之迟速，定期限之远近。”这道上谕确立了清廷实行立宪的基本国策，国家由此进入预备立宪时期，即由封建专制政治向宪政民主政治过渡的新时期。

在清廷宣布预备仿行立宪之后，奕劻又力促慈禧宣布九年立宪。最终，在1908年9月22日（光绪三十四年八月二十七日），清廷宣布了以九年为期筹办立宪预备事项，并颁布了中国历史上第一部宪法性文件——《钦定宪法大纲》，以及《议院法要领》《选举法要领》和《逐年筹备宪政事宜清单》。

其次，他设计了清末官制改革方案。

1906年11月2日（光绪三十二年九月十六日），庆亲王奕劻等向慈禧太后递交了《奏厘定中央各衙门官制缮单进呈折》，该奏折对官制改革进行了周详的设计。在奏折中奕劻首先指出此次官制改革的目的是清除行政体制的弊端，建立责任内阁，以期提高行政效能。“唯此处改革官制，既为预备立宪之基，自以所定官制与宪政相近为要义。按立宪国官制，不外立法、行政、司法三权并峙，各有专属，相辅而行，其意美法良，则谕旨所谓廓清积弊，明定责成，两言尽之矣。”

奕劻等拟定的官制改革方案得到了清廷最高统治者慈禧的首肯，1906年11月6日（光绪三十二年九月二十日），清政府宣谕按照奕劻等厘定的新官制进行改革。

奕劻等人推动的官制改革，虽未设立责任内阁，但对晚清的封建中央集权官僚体制进行了较大的改革，初步建立了三权分立的宪政体制。有利于使政府结构更趋合理与科学和提高行政效率，有力地促进了官僚机构的现代化。

他还奏请设立宪政编查馆。

1907年8月13日（光绪三十三年七月初五），为适应开展预备立宪各项工作，庆亲王奕劻等奏请《改考察政治馆为宪政编查馆》：“预备立宪以来，天下臣民，喁喁望治。现在人手办法，总以研究为主，研究之要，不外编译东西洋各国宪法，以为借镜之资，调查中国各行省政俗，以为更张之渐。凡此两端，皆为至当不易、刻不容缓之事。”宪政编查馆“专办编制法规，统计政要各事项。嗣后遇有关系宪政及各种法规条陈，并请饬交该馆议覆，以归一律”。同日，清政府发布了上谕，同意奕劻的请求，改考查政治馆为宪政编查馆，专办宪政。宪政编查馆的设立，使清朝具备了实施预备立宪的办事机构。

宪政编查馆作为清末预备立宪时期的主要办事机构，下设总务处及编制、统计两局，另有官报局，后增设考核专科。为使宪政编查馆将来编订各种法案有所依据，1907年10月22日，奕劻等又奏请让各省设立调查，考察调查本省民情风俗、历史现状，随时汇报编查馆。10月26日，《政治官报》创刊，除军机、外交秘密外，凡立法、行政之上谕，官员奏折及咨牍，各项章程等，均予选登。旨在公开庶政，让官民传观研究，增加透明度。

宪政编查馆作为清末宪政改革的枢纽机关，在清末预备立宪运动中发挥了重要的作用，有力地推动了宪政体制在近代中国的发展。在宪政编查馆存在的四年间，起草和拟定了《钦定宪法大纲》《议院法要领》等法律文件，还编译了大量的宪法类书籍，如：《日本宪政略论》《日本丙午议会》等，这些法律书籍为清末宪政改革提供了理论依据。宪政编查馆于1908年设立了“考核专科”，分两期派人分赴各省考察筹备宪政情形，可以说宪政编查馆为筹备立宪做了许多基础性的工作。

总体来看，在具有几千年封建专制传统的晚清中国，在民情和传统文化均未发生根本变革的前提下，面临外忧内患、中华民族处于生死存亡的

紧急关头，奕劻力图用君主立宪来维持风雨飘摇中的晚清王朝苟延残喘是徒劳的。不仅奕劻用“大权在君”的君主立宪挽救清王朝覆亡的企图落空了，他的理想“立宪”政体中的“三权分立”政权组织形式也被超越。

庆王受命组阁

根据君主立宪的一般原则和朝廷的规划，清廷于1910年就决定将官制厘订，提前试办，并即组织内阁。后又经宪政编查馆研究对宪政筹备事宜进行微调，提出修正方案，朝廷决定在宣统三年（1911年）颁布内阁官制，设立内阁，以统一政治，确定方针，使之符合君主立宪政体。规定内阁由国务大臣组成，而国务大臣包括内阁总理及各部大臣。国务大臣的职责是辅弼皇帝，担负责任。总理大臣为内阁首脑，为国务大臣领袖，决定内阁政治方针，保持行政统一；有权停止执行各部大臣的错误命令或处分；有权对各省及藩属长官发布行政训示，实行监督，并停止其错误命令或处分；有权发布内阁令，随时入对。内阁就是国家的行政中心，在皇帝领导下，享有处置全国行政事务的大权。

当时颁布的《内阁官制》及《内阁办事暂行章程》并没有引起什么问题，而第一届责任内阁名单一经宣布，立即引起舆论哗然，全国充满一片反对的声音。

第一届责任内阁弄成了皇族内阁，弄成了一个太子党，确实违反了君主立宪的一般原则，也即违背了1908年的《钦定宪法大纲》的规定。因为根据其中的原则和规定，皇族亲贵不得出任政府要职，不得担任任何享有政治权力的行政职务。这是一个非常原则性的规定，反对的声音也就是基于此而发出的。1911年5月8日，清廷宣布的第一届内阁组成名单如下：

内阁总理大臣：庆亲王奕劻（皇族）；

内阁协理大臣：那桐（满）、徐世昌（汉）；

外务大臣：梁敦彦（汉）（邹嘉来署理）；

民政大臣：善耆（皇族）；

度支大臣：载泽（皇族）；

学务大臣：唐景崇（汉）；

陆军大臣：荫昌（满）；

海军大臣：载洵（皇族）；

司法大臣：绍昌（皇族）；

农工商大臣：溥伦（皇族）；

邮传大臣：盛宣怀（汉）；

理藩大臣：寿耆（皇族）。

从总理大臣至各部大臣，总计13人，如果按照他们的出身进行分析，确实有点奇怪。这13个人，皇族出身的竟然占了7人，一半以上；汉族出身的只有4人，不到1/3。这就是后来所说的所谓皇族内阁，当然使许多人大跌眼镜。

在同一天公布的其他方案中，清廷宣布裁撤旧设内阁、军机处及会议政务处；裁撤旧设内阁，所有大学士、协办大学士，一律归属翰林院；设立弼德院，以大学士陆润庠为院长，大学士荣庆为副院长；改军咨处为军咨府，以贝勒载涛、毓朗为军咨大臣；命内阁总理大臣、协理大臣，均兼充宪政编查馆大臣。

内阁官制的公布和责任内阁的出台，是1911年的头号重大事件，内阁官制问题不大，而责任内阁的名单引起了很多人的反对和猜疑。所以到了第二天，内阁总理大臣奕劻和协理大臣那桐、徐世昌一致向摄政王表示

难以胜任，请求摄政王收回成命，另请高人。摄政王当然不会同意，于是奕劻在第三天也就是5月10日再次请辞，并明确表示由于责任内阁的人员构成太偏皇族成员，这与立宪体制明显不合。现在的中国正处在改革的关键时期，绝不应该以“皇族内阁”为发端，以辜负皇上的期待和天下臣民的厚望。皇族内阁既不利于天下，也有害于皇室。奕劻对此已经说得很明白。庆亲王奕劻的第二次请辞依然被摄政王拒绝，摄政王当然明白奕劻的理由，但权衡利害，摄政王坚持让奕劻走马上任，出任责任内阁第一任总理大臣。

摄政王之所以坚持既定方案，显然有着自己的考虑。这个考虑就是，现在公布的内阁名单，只是一种过渡时代的过渡形态，还不是完全意义上的责任内阁。这是第一。第二，立宪国家的政治改革，是泯灭一切民族身份，所有民族一律平等，所有出身都不再区分贵贱。汉族人可以出任内阁总理大臣，满洲人乃至满洲贵族也同样可以出任内阁总理大臣。立宪政治人无分贵贱，是对所有人而言，那么为什么要限制皇族成员出任政府要职呢？更何况，从当时实际情况看，这几个出身皇族的内阁成员，也并不是五谷不分的草包饭桶吧？第三，当时中国的政治精英似乎也就那些人那么多人，可供摄政王选择的实在太少了。汉族出身的高官自老一代李鸿章、张之洞相继去世，袁世凯被开缺回籍后，真正有力量有影响的人物实在还没有出来，北洋系自袁世凯以下的政客如段祺瑞、冯国璋等都还不算成熟，汉族士大夫中的杨度、张謇等人，给人的感觉是还差那么一个层次。满洲贵族统治集团的人才其实也是如此，自恭亲王奕䜣去世后，中间虽然也出现过端王之类的人物，但真正在大清王朝台面上撑起门面的，也就只有庆亲王奕劻，至于新内阁中另外几个满洲贵族统治集团中的政治新秀，那都是最近若干年刻意培养出来的，现在除了他们，也真的没有多少可用之才。

而慈禧太后、光绪帝之所以相继同意恭亲王、礼亲王、庆亲王担任政府首席，可能有多种考虑，其中一个重要的考量，可能与清廷在同治年代开始重用汉大臣有关，汉大臣曾国藩、李鸿章、左宗棠、胡林翼等人在平定国内骚乱过程中发挥过重大作用，他们在后来的政治生态中也就拥有非同寻常的地位，如果不能对这些重臣进行有效制衡，如果这些重臣不能具备曾国藩那样的忠诚，对大清王朝来说，肯定是非常危险的。这大概是皇室亲贵相继出任政府要职的一个重要原因。

皇室贵胄当然有从事政治的权利，当然享有国民的一般待遇。只是如果这些皇室成员执意要从政，执意要享有一般国民权利的时候，其实就应该放弃自己的皇室地位，否则就是一种不公正，就会伤害皇室。然而摄政王载沣并没有弄明白这一点，所以在他接手大清王朝的权力后，不仅没有改变或扭转先前政治的弊病和偏差，反而较先前更严重。或许是因为他个人觉得自己威望不足以服众，或许是他真的担心汉人势力坐大，影响满洲贵族统治集团的利益，总而言之，在他接管权力之后不久，就任命其弟贝勒载涛和贝勒毓朗、陆军部尚书铁良等为新成立的中央禁卫军训练大臣，掌控禁卫军的权力。稍后，又任命毓朗、载涛为新设立的军咨府的负责人，另外一个弟弟贝勒载洵为海军部大臣、参预政务大臣，毓朗为军机大臣，溥伦为农工商部尚书。这些皇亲国戚不是说不能从事政治活动，不是说不能担任政治职务行政职务，更不是说他们没有这个能力，而是说他们担任了这些职务之后，一定会影响政治中心的权力运作，特别是在预备立宪过程中，在九年筹备过程中，一定会使汉人的观感发生很不愉快的印象，一定会使汉人觉得，还是孙中山等革命党人说得对，满洲贵族对权力是高度垄断的，满洲人推动的政治改革都是骗人的，你看，《钦定宪法大纲》明明规定皇亲国戚不得担任要职，干预国政，更不能掌握兵权，可是这些规定在满洲贵族统治集团那里，却从来都没有准备遵守。清廷的政治威望随着皇亲国戚在中央政府席位增加而下降了。

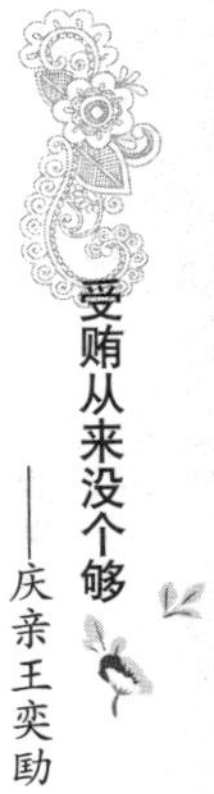

信任袁世凯，真是“瞎了眼”

庆亲王是慈禧太后晚年最信任的亲王，在他还是外务部尚书的时候，时任直隶总督的袁世凯就得到风声，庆亲王不久必将出任领军机大臣（即后来的内阁总理大臣）。于是，袁总督派亲信杨士琦带去了一张十万两银子的银票孝敬庆亲王。庆亲王初见银票面额以为眼花，揉眼仔细再看，确是十万两。从此庆袁二人便结下了深厚交情。

交情是要好好呵护的，庆亲王明白这个道理，好在已经秉持国政，正可回报袁世凯。北洋军要扩编，奕劻支持。北洋新军由一镇渐渐扩展为四镇，后又扩充为六镇，冯国璋、段祺瑞、曹锟等心腹将领牢牢把持兵权。六镇中其余重要干部，几乎都由袁世凯小站练兵时的中下级军官升任而来。这些人的事业前途都出于袁世凯的提拔，对袁自然是感恩戴德、忠心耿耿。庆亲王索性让自己的儿子载振同袁结成把兄弟，变成一家人。这一时期里，北洋势力迅速膨胀，袁世凯得以身居地方而左右全国政局，俨然成为清末政坛的中心人物。

光绪三十四年（1908年）十月，袁世凯最大的靠山慈禧太后去世，小淳王载沣摄政监国。当时，民间流传载沣为其兄光绪皇帝报仇，已将袁世凯秘密处死，一时流言四起。

庆亲王以实际行动证明，自己没有白拿袁世凯的银子，他设计利用载沣会晤各国驻华公使的机会，让袁世凯陪同出席，使谣言不攻自破。谣言虽破，但满族年轻新贵们杀袁夺权的计划已经酝酿成熟。庆亲王在养心殿力争说：“袁世凯人虽不在北洋，段祺瑞、冯国璋，还有江北提督王士珍，都听他的。如果他们提兵问罪，说为什么杀袁世凯，铁良（时任陆军部尚书）能挡得住吗？如果挡得住，可以杀，挡不住，不能杀。”一席话先把载沣吓了一跳，载沣又想了个理由：“袁世凯当年告密，大行皇帝（光绪）很吃了亏，如今是要为大行报仇。”庆亲王立即接口：“对不起大行皇帝的，恐怕不止袁世凯一人。”意在言外，矛头暗指慈禧太后，为了保住袁世凯，庆亲王甘冒极大的政治风险。

最后，载沣还是解除了袁世凯的官职，袁世凯被迫离开北京，在河南彰德的洹水北岸买了一座宅院开始了安身隐居的生活。归隐期间的袁世凯，每天的生活都很有规律：清早出去散步，随后与亲戚朋友下棋，要不就是和一些来访的文人墨客喝酒吟诗，以打发落寞的时光。当时的《东方杂志》上曾刊登了一幅著名的“披蓑垂钓图”，袁世凯以此来表示自己归隐山林、不问世事的取意。不过，从那幅图上看，袁世凯虽然头戴斗笠，手执钓竿，看似闭目养神，似有决裂于仕途之象。但其凝望沉思，又隐隐作姜太公钓鱼之状。

事实上，“退隐”后的袁世凯貌似与世无争，流连于山水之间，但实际上却时刻注视着北京的动向。袁世凯是胸怀大志的奸雄，自不甘退隐，他继续以厚币贿赂庆亲王，请他为之疏通。庆亲王也与袁世凯暗通声气，并扶植徐世昌等袁党，使袁的势力并未真正削弱。

1911年，辛亥革命爆发之后，山西、湖南等省便纷纷响应，其他各省督抚的警报也如同雪片般直飞朝廷，要求增派军队，以防不测。摄政王载沣接到那些警报后，一下子就变得手足无措，只得慌忙召集内阁的一班大臣前来商议。皇族内阁的这些人，都是一群无能之辈，平时就知道吃喝享乐，这下要动真格的了，一个个面面相觑，束手无策。看到这般景象，摄政王载沣气得是手脚冰冷，几乎要掉下泪来。

庆亲王奕劻资格最老，不得不出来打破这尴尬的局面。奕劻说要保荐一个人，一定可以镇压住革命党。奕劻不说则罢，一说便说到了载沣的痛脚上——此人正是被载沣赶出京城的袁世凯。载沣听完，沉默良久，不作回答。奕劻看到载沣迟迟不作回应，心急如焚，他知道载沣和袁世凯之间的矛盾，但眼下已经是火烧眉毛的时刻，唯有掌握北洋重兵的袁世凯才能解救清朝，别无他人可选，就苦苦劝说载沣招袁世凯回朝。在万般无奈之下，载沣也只得厚着脸皮派人去请袁世凯。三天后，奕劻的亲笔信便送到了河南彰德的洹上村，开出的价码是请袁世凯出任湖广总督。

虽然庆亲王费尽心力使袁复出，但是此时的袁世凯早已不是当年的袁世凯。他先是以“足疾未愈、难肩重任”推却，吊足清廷胃口，后又放出话：“要我干呢，未尝不可；要我干得好，须听我的。”开出总揽兵权、召开国会、组织责任内阁等条件，由湖广总督变为钦差大臣督师，后又成为内阁总理大臣，不客气地将老领导庆亲王挤走。

之后，袁世凯拥兵自重，先逼迫摄政王载沣以藩王身份归邸，乖乖交出大权。1911年年末，清廷在武昌起义的硝烟中召开了一次御前会议。内阁总理大臣袁世凯在会上提出，应当接受革命政府要求清室退位，建立民国，实现和平的要求。一时间，朝堂大哗，满屋红顶子们做梦也想不到，被视为救命稻草的袁大人竟是自己荣华富贵的掘墓人。

袁世凯的前任、庆亲王奕劻怒不可遏，手持拐杖对袁大打出手，恶狠狠骂道：“我瞎了眼，看错了人！”袁世凯冷冷回了一句：“王爷，咱们原本就没什么交情。”

最后，内外交困的清廷宣布年幼的皇帝退位，袁世凯如愿当上了民国大总统。于是，庆亲王奕劻被视为出卖祖宗的叛徒，皇族、亲贵无人不诟骂。

巨贪离世，贬多于褒

1901年，两宫回銮，护驾有功的岑春煊奉太后召拜访奕劻。岑春煊粗鲁率直，回禀说："彼处例索门包，臣无钱备此，纵有钱亦不能作如此用。"在辛丑年，奕劻尚未出任领班军机，其贪鄙好货，已是人人知晓了。时人称庆亲王府邸为"老庆记公司"，专卖官鬻爵。岑春煊所言门包，是给看门人的钱。门包的多寡，也可以看出求见者的地位轻重，钱多办大事，无钱寸步难。据传奕劻桌上，常备一锦盒，内置各地官员名录及缺员名单，依官之肥瘠索贿。

1908年，奕劻七十诞辰。庆亲王府门庭如市，各地进献者络绎不绝。奕劻令属下做四个册籍。将送礼者按多寡厚薄分为四级。一级记入福字册，凡现金万金以上及礼物三万金以上者，入一级福字册；凡现金五千以上者，入二级禄字册；凡现金千金以上者，入三级寿字册；凡现金百金以上及礼物值数百金者，入四级喜字册。同是送礼者大小多少不拒，甚至将物不满百金者列为一册。据传这一次七十寿旦，奕劻所得现金五十万两白银之多，礼物价值更为百万以上。

1911年《泰晤士报》刊发《庆亲王外传》一文，称奕劻："彼之邸第在皇城外之北，北京大小官员，无一不奔走于其门者，盖即中国所云'其门如市'也。"该报还爆料称，庆亲王仅在汇丰银行一地的存款，就达到200万两之巨。有清一代，奕劻之贪，与和珅不相上下。

在众多贿赂者中间，袁世凯可能是出手最大方的，行贿方式更是无微

不至。1903年，领班军机荣禄病重，袁世凯计算奕劻将继任，遣杨士琦持银10万两相赠。庆王正式履新之后，袁世凯月有月规，节有节规，年有年规，遇庆王及福晋的生日唱戏请客，儿女成婚，皆由袁一手布置，不费王府一分钱。当时的知情人刘厚生说："弄到后来，庆王遇有重要事件，及简放外省督抚藩臬，必先就商于袁世凯，表面上请他保举人才，实际上就是银子在那里说话而已。"庆亲王入主军机处仅仅11个月，其在汇丰银行的存款便有百万之巨，其中大部分来自袁世凯的孝敬。时人都说"奕劻本受北洋之奉养而供驱策"。

1911年11月1日这一天，奕劻50年的官宦生涯，差不多到了尽头。该日，奕劻、那桐、徐世昌联名上书，请"迅简贤能，另行组织完全内阁"。诏以袁世凯为内阁总理，以奕劻为弼德院院长，那桐、徐世昌为弼德院顾问大臣。在革命浪潮中，这个人事安排，为奕劻留足了退路。不过奕劻的政治生涯，并没有全部结束。这一年年底，南北和谈进入关键阶段，清帝逊位与否，南北双方难以达成一致见解。

1912年1月17日，第一次御前会议，奕劻、溥伦主张自行退位，颁布共和，但溥伟、载泽坚决反对，没有结果。第二天再开御前会议，仍无结果。会后，以良弼为首的宗社党等十余主战派前往庆邸，围攻奕劻，但奕劻不改主意。据宗室溥润回忆，隆裕宣召奕劻进宫，奕劻念叨"革命军队已有五万之众，我军前敌将士皆无战意"。溥润称奕劻是秉承袁世凯旨意。2月12日，清帝逊位，家人劝奕劻前往天津避难，奕劻执意不肯。亲家孙宝琦与长子载振强行"绑架"奕劻至轿车，天未亮即出正阳门，赶头班火车奔赴天津。车发北京，奕劻如释重负，卧塌而眠。至天津，奕劻饮食如故。

在天津小住一段时日后，听闻袁世凯出任临时总统，革命风潮已经平息，劫难已过，奕劻终究舍不得北京的一片家业，遂再回北京。一进庆王府，但见满目狼藉，犹如抄家。问下人，回禀称："您前脚刚离府，二阿哥和五阿哥后脚就进府了。还有几位挎枪的洋兵陪着，一溜十几辆车把能拉的都拉走了。"奕劻面色坦然，"罢了，拿去就拿去吧"。二阿哥和五阿哥，即奕劻二子与五子，一喜狎妓赌博，一嗜田猎玩耍。至20世纪30年代，费行简著《近代名人小传》，就称，庆王府的钱，"其赀已罄尽"。

1917年，清廷授封的最后一个"铁帽子王"奕劻死在天津，时年79岁。庆王府按惯例，向北京紫禁城中的小朝廷讨谥号，为其评定一生功业，故而停尸不殓。内务府大臣初拟谥"哲"，按谥号解，知人曰哲。溥仪不同意，亲选四字，让内务府选择，为"谬、丑、幽、厉"。谬丑者，南宋孝宗憎秦桧之恶，封以此谥；幽厉者，周朝之幽王、厉王，皆为残暴昏庸之君。溥仪之父载沣闻此，终觉同为宗室，有所不忍，劝溥仪网开一面。溥仪仍不肯。后在亲贵力争之下，才赐谥"密"字，密者，"追悔前过"，毫无褒美之意，仍是隐隐谴责他是出卖祖宗的罪人。

清帝逊位之后，清廷的孤臣孽子，大多迁居青岛，以示远离政治，避居海角，不食周粟。而七十余岁的老亲王奕劻独独选择在天津，与这些宗室或遗臣，往来无多。直到死，都没有和他们见过面。宗室遗臣谈及奕劻，态度大抵与溥仪相近，或嗤之以鼻，或不屑一顾。